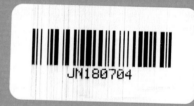

プリメール会社法〔新版〕

高橋公忠・砂田太士・片木晴彦
久保寛展・藤林大地　著

法律文化社

はしがき

2005年に商法から独立した会社法（平成17年７月26日法律26号）は，翌年５月より施行されている。その後も，よりよい会社法制についての検討が行われ，会社法は一部改正され2015年５月から施行されている。前回の改正のように商法から会社法が独立したような大幅な改正ではないものの，監査等委員会設置会社の創設をはじめとする企業統治に関する規制の改正，多重代表訴訟制度をはじめとする企業結合に関する規制の改正等，重要な改正が行われた。

そこで，『プリメール会社法』（2006年）の改訂作業を行うことにした。一部改正に伴う諸規則の改正を待ったこと，また，執筆者についても一部交代したことから，本書の発刊が遅れたましたこと，ご容赦いただきますようお願いいたします。またこの改訂を機に，本書のタイトルも『プリメール会社法〔新版〕』とした。

周知のとおり，近年，会社をめぐる事件は後を絶たない。企業買収，経営者間の対立，株主間の対立，粉飾決算の問題，不正な取引またはデータの改ざん等，日々のニュースとしてテレビ，新聞，インターネット等を賑わした事件は，当該企業の問題であることのみならず，会社法制の抱える問題でもあった。日本経済，ひいては世界経済を含め，会社を取り囲む環境は厳しいものの，会社が会社として存在すること，会社経営者が経営者らしく行動すること，これらの根幹をなすのが会社法であり，そこに示されている考え方である。会社は，それぞれの会社ごとに定款にその目的が示されており，この目的を遂行するためにどのように対応をして進んでいくのかが，上述した会社をめぐる問題点の発端であると言っても過言ではない。しっかり対応している会社は問題が生ずることはなく，また問題が生じたとしても適切な対応をすることができる。一方，対応をすることができなかった，対応を誤った等の場合には，会社活動の停止，会社の解散に至るような状況に陥る。このような重要なことも，会社法の捉え方ひとつで理解も変わってくる。

本書は，『プリメール商法２（会社法）』（2001年）の初版以来の条文構成にとらわれない独自のスタイルを踏襲して，記述をしている。『プリメール商法２（会社法）』のはしがき（片木教授執筆）で述べられていたように，主として大学の学部にて会社法を学ぶ者を対象として，会社法の概要に述べるだけではなく，制度趣旨はじめ本書の基本的な説明は，何かを考えてみるときに役立つように述べている。本書の本文による基本的な説明および**WINDOW**による論点の細かな検討・関連事項の解説は，読者に基礎知識と知的好奇心を提供するものである。したがって，読者の方々には，日々のニュースとして見聞する会社をめぐる問題を，是非，本書を基礎に自分なりに考えていただきたい。すなわち，本書により会社法の規定を理解し，それを諸状況に当てはめて考えていただきたい。本書が前書と同様に，多くの読者に支持されることを願っている。

本書は，多くの文献を引用または参照して執筆されているものの，会社法の概説書としての性格上，逐一，引用・参照箇所を示していないことをお断り申し上げる。

本書の刊行にあたり，私たちの執筆を支えてくれた法律文化社の梶原有美子氏には，心より御礼申し上げる。

2016年７月20日

執筆者を代表して
砂田太士

目　次

第2編　株式会社の統治

第3編　株式会社の財務

第4編　会社の生成と変動

◆WINDOW 目　次◆

凡　例 ＊頻度の高いもの

会社法施行規則＝会社規
会社計算規則＝会社計算
金融商品取引法＝金商
公認会計士法＝公認会計士
商法＝商
民事訴訟法＝民訴
民法＝民
民事保全法＝民保
社債，株式等の振替に関する法律＝振替
担保附社債信託法＝担信
私的独占の禁止及び公正取引の確保に関する法律＝独禁

民集＝最高裁判所民事判例集
高民＝高等裁判所民事判例集
下民＝下級裁判所民事裁判例集
判時＝判例時報
判タ＝判例タイムズ
金判＝金融・商事判例

百選〔第３版〕＝江頭憲治郎ほか編・別冊ジュリスト会社法判例百選〔第３版〕（有斐閣・2016）

第1編
総　　説

【本編で学ぶこと】

第1編は，本書が対象とする会社とはなにか，特に株式会社とはなにかについての総論的解説である。**第1章**では，会社法の成立の経緯を概観し，株式会社を企業制度の中で位置づける。

第1章第2節で示されるように，法人企業にはさまざまの形態がある。その中で会社，特に株式会社は多数の人々から資本を集め，大規模な事業，リスクの高い事業を実施するのに適している（特に**第2章**第1節）。会社法は，このような会社制度の有用性（効率的であるとともに利害関係者にとって公正であること）を最大限に高めることを意図している。

第2章では対象を株式会社に絞り，その特色，株式会社の利害関係者，そして関係者の利害関係の調整のために法が用意している制度について解説する。**第1章**から**第2章**前半にかけて，会社法の学習にとって不可欠な基本用語がほぼ登場する。一方，本編で簡単に記している企業の統治，財務，組織の変動については，**第2編**以下で詳細に解説されている。本編の使い方として，最初にその内容にざっと目を通し，本書を最後まで読み進めた後に全体の復習，また基本用語の確認のために改めて本編を読んでみると有効だろう。

第2章第2節および第3節は，会社法の各所に散在する制度をまとめて記している。総説以外では扱い難い内容なので，やや詳しく解説した。会社法の応用問題の練習に利用してほしい。

会社制度を理解するためには，現実社会における会社の実態の理解が不可欠である。現実の企業の理解には，新聞，テレビなどの時事解説にも大いに興味をもってほしい。理解が進めば，会社法の学習が楽しくなるはずである。

第1章　総　　論

1・1　会社法制の歴史

1・1・1 「会社法」の成立

平成17年に，「会社法」（平成17年法第86号）が成立した。会社法は，平成14年２月に法務大臣より法制審議会に対して，わが国の会社法制に関する商法，有限会社法等の現代化について諮問がなされて以降，続けられてきた立法作業の集大成であり，明治時代に成立した「商法」（明治32年法第48号）に基づくわが国の会社法制を根本的に改正するものとなった。

本章では，主として第二次大戦後のわが国の会社法制の変遷の歴史を概観する。

1・1・2 「会社法」が成立するまで

商法は，第２編で会社（合名会社，合資会社および株式会社）について定めていたが，当時のドイツ法の影響を強く受けていた。昭和13年に株式会社法を含む商法の大規模な改正がなされるとともに，小規模な閉鎖的企業が有限責任形態の営利法人制度を利用しうるように，有限会社法（昭和13年法第74号）が制定されている。

昭和25年商法改正では，アメリカ法の影響を強く受け，取締役会制度が設けられた。昭和49年改正では，株式会社の監査制度の強化を目的として，監査役の業務監査権限を規定し，さらに「株式会社の監査等に関する商法の特例に関する法律」（商法特例法：昭和49年法第22号）が制定され，特例法に定める大会社について会計監査人による会計監査が義務づけられた。

その後も商法および商法特例法の改正が相次いだが，特に平成になって以降，改正の頻度が極めて高くなっていた。一連の改正は，平成以降のわが国経済の長期の停滞を受けて，企業の競争力を回復させるために，その組織再編を容易にし，また企業の資金調達あるいは財務内容の改善の手段を多様化することを大きな目標としていた。合併手続の改正（平成9年），株式交換・株式移転制度の新設（平成11年），会社分割制度の新設（平成12年）は，前者の例であるし，自己株式取得規制の緩和（平成6年および13年），種類株式制度の充実（平成13年および14年），新株予約権制度の整備（平成13年），準備金制度の緩和（平成13年）などは，後者の例であろう。他方で，この間に相次いで明らかになった会社の不祥事に対応するため，また経営の改善の成果に関して経営者に対する監督を効率的に実現するために，企業統治や監査の仕組みを強化する改正も実現している。株主代表訴訟制度の改正や監査役会制度の新設（平成5年），委員会設置会社の新設（平成14年）などである。

1・1・3　「会社法」の成立の意義

上記のように，会社法成立前の商法および商法特例法は，わが国の経済活動の進展がもたらす要請に応えるべく，幾多の改正を経験してきた。しかし，これらの度重なる改正自体が，会社法制を複雑にし，かつ，ときに矛盾したものとする要因となっていた。中小企業は有限会社法の適用を受ける有限会社と，商法の株式会社に関する規定および商法特例法の小会社に関する特則の適用を受ける株式会社とに別れて規制される。規模の大きな株式会社についても，商法の規定に加えて，商法特例法による監査役会制度，あるいは委員会設置会社に対する規定が重なって適用される。そして法制度間の矛盾や，合理化し得ない区別もみられた。

会社法は，平成17年改正前商法第2編，有限会社法，そして商法特例法の3の法律を統合する。会社法の会社形態は，株式会社と，持分会社（合名会社，合資会社，および新たに制定された合同会社）であり，有限会社制度は廃止された。株式会社に関する規定（会社法第2編）は，わが国の企業の大部分を占める小規模で閉鎖的な会社に関する規定から出発し，規模の大きな会社，あるいは株式取引が自由な会社について，次第に統治制度や監査制度を強化する構成となっている。

なお，平成26年に会社法について一連の改正が実現している。一方で会社法成立以降の企業実務の進展に対応し，他方で会社法制定時に積み残されていた課題である，親子会社の規律の整備と，経営者に対する監督（コーポレート・ガバナンス）の強化を実現するためである（**第5章*5・2・3*の多重代表訴訟**参照）。

1・2　企　　業

1・2・1　会社とはなにか

わが国をはじめ，先進資本主義諸国では，企業の自由な活動が最大限保障され，企業がその利益の最大化を目指して（営利性），市場で相互に競争することで，国の経済活動の効率性を高め，国民の生活を豊かにしようとしている。そしてこの企業活動の大部分は，「会社」という組織形態の企業によって担われている。

「会社」とは，会社法に基づいて設立された営利を目的とする法人企業のことである。

「会社」の種類　会社法では，会社を株式会社，合名会社，合資会社および合同会社の4種類とする（2条1号)。合名会社，合同会社，合資会社は「持分会社」と総称される（575条1項）。

会社は出資した者が構成員（社員という。株式会社では株主とよぶ）となる社団法人であり，各社員は会社に対する一定の権利（持分。株式会社では株式とよぶ）を有する。各会社の基本的相違は会社債権者に対して会社の構成員がその出資額を超えて責任を負うかどうか（有限責任・無限責任)，また会社の内部関係などについて当事者の自治をどの範囲まで認めるかにある。

株式会社　株式会社では株主は，会社に対して引受価額を出資する義務を負うだけで（104条)，会社債権者に対しては直接責任を負わない（間接有限責任)。

株主はみずから業務を執行することはない。「所有と経営の分離」が前提とされている。株主は株主総会を構成して業務執行を担当する取締役を選ぶ（326条1項)。

株式会社に必ず設置が求められる機関は，出資者たる株主の意思決定機関である株主総会と，業務の執行機関である取締役のみである。株式の譲渡が制限されている株式会社（⑴で述べる「公開会社」ではない株式会社）では，株主が閉鎖的な集団を形成しており，株主自身による経営の監督が期待されるからである。このような株式会社では，株主総会は万能機関であり，株式会社に関する一切の事項について決定することができる（295条1項）。

株式会社は，定款に定めることにより，取締役会や監査役，会計監査人や委員会など，より高度な監査・監督機関を設置することができる（326条2項）。会社法は，株式の自由な取引が認められている場合（公開会社）や，会社の規模が一定以上である場合には，このような高度な監査・監督機関の設置を義務づけている。

(1)　**公開会社**　株式会社はその株式の譲渡につき会社の承認を必要とする旨を定款に定めることができるが（2条17号［譲渡制限株式］），このような制限のない株式を発行することを定めている会社を，公開会社とよぶ（2条5号。会社が複数の種類の株式を発行する場合には，そのうち少なくとも1つが譲渡制限株式でなければよい）。

公開会社では，株主が絶えず変動することが想定されており，株主自身による執行機関の監督に大きく期待することはできない。そこで，経営の監督機関として取締役会の設置が義務づけられ（327条1項1号），業務の執行は，取締役会が選定ないし選任する代表取締役（362条3項・363条）または執行役（指名委員会等設置会社の場合。402条2項・418条）が行う。株主総会の権限は，法律および定款に定める事項に限定される（295条2項）。また職務執行機関の職務執行を監査するために，監査役または監査等委員会（監査等委員会設置会社の場合）もしくは監査委員会（指名委員会等設置会社の場合）を設置することが求められる（327条2項）。

(2)　**大会社**　最終事業年度の貸借対照表における資本金の額が5億円以上である株式会社，または負債の額が200億円以上である株式会社を，大会社とよぶ（2条6号）。大会社は，その規模ゆえに，多くの利害関係者を有する。そこで，公開会社であると否とにかかわらず，会計監査人を設置し，計算関係書類について会計監査を受けることが義務づけられている（328条）。また会計監査人の職務を補佐し，取締役ないし取締役会からの独立性を確保するために，監査等委員会設置会社や指名委員会等設置会社以外では（取締役会を設けていると否とにかかわらず）監査役の設置が義務づけられる（327条3項）。

持分会社　持分会社では，「所有と経営の分離」は想定されておらず，社員それぞれが業務を執行することを原則とする。ただし，定款で業務を執行する社員を定めることは可能である（590条1項）。

持分会社の中の会社類型は，各社員の責任によって決まる。すべての社員が会社債権者に対して，無限の人的責任を負う会社が合名会社であり，無限の人的責任を負う無限責任社員と出資価額の限度でのみ責任を負う有限責任社員とからなる会社が合資会社である。そして有限責任社員のみからなる会社が合同会社である（576条2項～4項）。

合同会社では，社員は会社が設立されるまでにその出資価額を全額履行することが求められるので（578条），株式会社の株主と同様，その社員が直接債権者に責任を負うことはない（間接有限責任）。また合同会社の社員に対する利益の配当や持分の払戻しについては，株式会社に準じた規制が課せられる（626条～636条）。ただし，会社の規模が大きくなっても会計監査人の設置義務はない。

1・2・2　会社以外の営利企業

企業という言葉は，一定の経済活動を継続的に行うために，組織化された人や資産を有する経済単位をさす。その中でも利益の獲得を目的として活動を行うものは営利企業とよばれる。会社は営利企業の典型であるが，そのほかにも各種の営利企業の形態がある。

個人企業　個人が営業主体となり，事業を営む。企業数としては，最も多数の企業形態である。経済的には，営業活動と私生活，また営業資産と個人資産は区別される。商業帳簿を作成し，家計と区別することは法律上も求められる（商19条）。しかし，債務の弁済にあてるべき資産（責任財産）は，個人の財産すべてであり，営業債務と個人生活上の債務とで責任資産を区別することはできない。

民法上の組合　民法上の組合によっても，営利事業を営むことはできる。民法上の組合は，複数の者がそれぞれ出資をなし，共同の事業を営むことを契約することによって成立する（民667条1項）。

民法上の組合は，法人格を有しない。事業に供された資産や，営業活動により取得した資産は，組合員の共同資産となる（民668条）。通常の共有（民249条）と異なり，共同事業遂行のための制約を受ける（「合有」とよばれる）。組合の営業により負担した債務は，各組合員が負担する。組合の事業によって損失をこうむれば，各組合員が出資額以上の債務弁済を求められるおそれもある（ただし，平成17年に成立した「有限責任事業組合契約に関する法律」により，各組合員の責任が有限である，「有限責任事業組合」の成立が認められている）。

匿名組合　経営能力（人的資源）と資本とを結合させる別の方法としては，匿名組合がある。当事者の一方（匿名組合員）が，相手方（営業者）のために出資をなし，営業より生じる利益を分配することを約することで成立する（商535条）。

匿名組合では，事業は営業者によって行われる。匿名組合員は事業の執行をなしえず，財産および業務の調査をなしうるのみである（商536条・539条）。営業者が複数の匿名組合員と契約することも可能であるが，匿名組合員相互の間には特別の法律関係は生じない。出資資産は営業者の所有となり，匿名組合員は営業者の行った行為について，第三者に対して権利義務を有しない（商536条4項）。したがって営業者の事業が失敗に帰しても，匿名組合員の損失は最大で出資額に限定される。

1・2・3　営利企業以外の企業形態

わが国では，多様な非営利法人（剰余金を社員に分配することを目的としない）が経済活動を行っている。非営利法人の活動の中には，事業性を有しないもの（例えば収入のほとんどを寄付に頼り，活動の受益者に対しては無償でサービス等を提供する場合）もあるが，営利企業と重複する分野で事業を行っているものもある。交通事業等の公益産業，介護事業や出版事業などは営利企業と非営利企業が共存している分野である。

協同組合　協同組合は，農林水産業の従事者や消費者が集団で活動するために設ける非営利企業であり，それぞれ個別の法規によって法人格が認められる（農協5条，水協5条，生協4条，中企協4条1項）。原則として協同組合の構成員（組合員）に対して必要物資の共同購入や共同販売，その他のサービスを提供することを目的とする。中小企業協同組合のうち，金融業務を営むものを信用協同組合という（中企協9条の8，協同組合による金融事業に関する法律)。信用金庫（信用金庫法）も，基本的な仕組みは協同組合である。

日本の大手生命保険会社および損害保険会社の一部は相互会社の形態で営まれている。相互会社も協同組合と同様の構造を有し，保険契約者は同時に相互会社の構成員となる（保険業2条5項・18条)。

公企業　企業活動は，私人によって担われる（私企業）のみではない。国や地方公共団体が設立し，運営する企業組織を公企業という。水道局や都市交通局などは，企業としての実体を備えているが，独立した法人ではなく，地方公共団体の一部である。公企業でも各種の公社や公団のように，国や地方公共団体が設立する独立法人によるものもある。

その他の非営利法人　非営利法人の設立については，基本法として平成18年に「一般社団法人及び一般財団法人に関する法律」（平成18年法第48号）が制定されたが，私立学校法（学校法人)，社会福祉法（社会福祉法人)，宗教法人法（宗教法人)，医療法（医療法人)，特定非営利活動促進法（特定非営利活動法人＝NPO)，その他特定の非営利法人を設立させるための特別法（日本赤十字社法等）をはじめとする特別法に基づく非営利法人が多数存在する。

1・3　会社と法人格

1・3・1　会社が法人格を有することの意味

法人の一般的性質　会社は法人である（3条)。会社が法人であることの意味は多様であるが，最も基本的な性質として，以下のようなものがあげられる。

①会社は独立した権利義務の主体となる。組合では，組合活動に供される資産は組合員の共有資産となり，組合の事業により取得した債権，また負担した債務も共同債権・共同債務となる（*1・2・2* 会社以外の営利企業参照)。会社では，出資者たる社員から離れて出資資産は会社自身の所有となり，債権・債務も会社に帰属する。これにより，法律関係の簡便な処理が可能となる。

②①の性質から派生して，会社はその名において訴えまた訴えられる（民事

訴訟法上の当事者能力。ただし民事訴訟法29条は，法人でない社団等にも訴訟上の当事者能力を認めている）。

③会社を名宛人とする債務名義（民執22条）によってのみ会社財産に対する強制執行を行うことができる。

④③の性質に対応して，会社債権者以外の者（例えば社員・株主の債権者）は，会社財産に対して強制執行を行うことはできない。

これに対して，⑤会社債権者が，会社財産から弁済を受けることができないとき，社員は会社債権者に対して無限の責任を有するのか否か（無限責任・有限責任）は，前述したように，会社の種類によって異なる。

責任財産の分離　法人の一般的性質により，法人の財産は，出資者の財産から区別され，法人の定める事業など，定められた目的にのみ利用され，法人の債権者のみに対する責任財産となる。このような責任財産の区分機能は，社員の責任が有限であると無限であるとを問わず，また会社以外の法人にも共通してみられる。

「資産の流動化に関する法律」によって設立される「特定目的会社（SPC）」や「投資信託及び投資法人に関する法律」によって設立される「投資法人」は，一定範囲の資産を区分・独立させる目的のみに使用され，これらの法人が独立して活動することは予定されていない。

責任財産の区分は，信託制度によっても実現することができる。実際に，資産の流動化や投資信託制度では，上記のような法人の利用と信託制度の利用が併存している。

1・3・2　営利社団法人としての会社

会社の営利性　会社は「営利法人」である。会社は，営業活動によって利益を得て，社員ないし株主に配当や残余財産の分配で利益を還元することを目的とする。「営利法人」という意味は，単に事業から剰余を得るという意味ではなく，得た利益を出資者に還元することをも含んでいる。株主に配当請求権と残余財産の分配請求権のいずれをも認めない旨の定款は無効である（105条２項）。逆に，一般社団法人及び一般財団法人に関する法律は，一般社団法人や一般財団法人が剰余金や残余財産の分配に関する定款の定めを置くこと，また社員総会が社員に剰余金を分配する旨の決議をすることを禁じる（一般法人法11条2項，35条3項）。

法人の目的が法人の存在意義として重要な意味を有する非営利法人と異なり，営利法人にとっての目的（事業の内容）は社員ないし株主に対する配当や残余財産の分配という目的のための「手段」であり，会社はより高い収益が見込まれる事業を求めて自由にその事業内容を変更しうる（造船会社から健康飲料を製造販売する会社に転換してもかまわない）。会社法のこのような柔軟性により，社会の資本が，収益性の低い事業から高い収益性の見込まれる分野に円滑に移動することが可能になる。

会社の社団性

(1)　**社団と組合**　構成員の個性が希薄で，構成員とは独立した集団の存在を認識できる団体を社団とよんでいる。これに対して組合とは，構成員の個性が重視され，構成員相互が契約関係によって結びついている団体のことをいう。

(2)　**社団法人と財団法人**　社団法人は，前述のような人の集団を前提として設立される法人である。

社団法人では，その設立の基礎をなす集団の構成員が法人の構成員（株主，社員，組合員）となり，構成員の集団的意思を形成する機関としての社員総会や総代会が設けられる。法人の業務執行は社員総会で選任された者（理事，取締役）が担当する。ただし持分会社では社員の集団的意思形成の機関は規定されていない。

社団法人と対比される法人組織に，財団法人がある。設立者が拠出した財産に法人格を与える制度である。構成員が存しないので，社員総会に相当する機関は設置されない。一般財団法人のほか，学校法人（私学25条以下）や医療法人の一部（医療39条。社団法人たる医療法人を設立することもできる）も財団法人の例である。公益を目的とする事業を実施する一般社団法人または一般財団法人は，行政庁の認定を受けて公益社団法人または公益財団法人となることができる（公益社団法人又は公益財団法人の認定等に関する法律4条）。

(3)　**会社の社団性**　会社法は会社が社団であることを明示していないが，株式の譲渡による社員の交替が自由で，株主総会という機関を有する株式会社は，明らかに社団の存在を前提とした組織であろう。持分会社も，社員の退社や持分の譲渡による社員の交代が想定されており，社団としての性質を一応有していると考えられる。ただし，持分会社では無限責任社員，および業務執行社員の持分の譲渡については他の社員全員の同意を必要とし（585条１項・２項），組合的な性質を多分に有している。

なお，株式会社も持分会社も発起人ないし社員１人で設立することができ，株主や社員が１人であることは会社の解散事由ではない（471条・641条）。実際にも株主・社員が１人の一人会社《いちにんかいしゃ》が多数存在する。会社の社団性は，潜在的なもので足り，現実の個々の会社が社員ないし株主の集団をつねに前提とすることは求められていない。

1・3・3　法人格否認の法理とはなにか

意　義　会社と社員の法人格，あるいは責任財産の異別性などの法人の属性を機械的に適用すると，正義・衡平に反する結果となる場合に，ある特定の法律関係についてのみ，法人の属性を否定することが，判例で認められている。問題となる会社の多くが実態としては個人企業と同等の閉鎖的な零細会社であるが，親子会社において子会社と親会社の法人格の異別性が否定された例もある。

最判昭和44年２月27日（民集23・２・511百選〔第３版〕３事件）は，法人格の否認が認められるのは，「法人格が全くの形骸にすぎない場合，またはそれが法律の適用を回避するために濫用される」場合であるという。

濫用事例　法人格の濫用の具体例としては，①競業避止義務などの契約上の義務を負担する者が別会社を作り，義務を回避しようとする場合，②会社債権者より債務の弁済を迫られているときに，新会社を作り，旧会社の財産を別会社に移転させて，旧会社債権者の追及を回避しようとする場合（最判昭48・10・26民集27・９・1240），③親子関係にある会社で，子会社で労働争議が生じているときに，もっぱら労働法上の義務を回避する目的で，親会社が子会社を解散させてしまう場合（仙台地判昭45・３・26判時588・38〔仙台工作事件〕）があげられる。

形骸化事例　これに対して，法人格の形骸化という類型は内容が曖昧であるが，具体例としては，④会社と社員，あるいは共同の社員の支配下にある複数の会社の間で，資産の維持・管理が区分されず，資産が混同している場合（東京地判平2・4・27判タ748・200），⑤取引をなすにあたり，会社としての取引なのか社員個人の取引なのかが明確にされていない場合（前掲最判昭44・2・27）などをあげることができる。

狭義の法人格否認
広義の法人格否認

①や⑤の事例は，契約の解釈や21条（事業譲渡会社の競業禁止）などの解釈によって解決できたと指摘されている。端的に信義則や権利濫用（民1条2項・3項）によって法人格の異別性を否認する（狭義の法人格否認）のではなく，契約や法規定の課す義務が，それらの合理的解釈により，形式的には法人格を別にする主体にも及ぶと理解することで解決できる事例は少なくないと考えられる（広義の法人格否認）。

狭義の法人格否認についても法人の属性を否定するためにどのような要件が求められるか，事案ごとに検討する必要がある。例えば，②や④の事例では，結果として有限責任や責任財産の異別性が否定されることになるが，そのためには資産回避の意図や責任財産の混同が特に重要であろう。これに対して，③のような事例で，子会社の不当労働行為に基づく責任を親会社にも負担させるためには，財産の混同は必要でなく，子会社の人事管理政策が親会社によってどの程度支配されているかが重要であろう。

第2章　株式会社の特色

2・1　株式会社の特色

株式会社では出資者たる社員（株主）の持分（株式）は，細分化された割合的単位という形態をとり，かつ株主の会社債権者に対する責任は間接有限責任である。この2つの特色は，株式会社が社会に散在する遊休資本を集積し，不確定性（リスク）の高い事業に投じることを可能とする。

会社法は，すべての株式会社が多額の資本を不特定多数から集めることを想定しているわけではない。しかし，沿革的にも，株式会社制度は大規模な事業（運河や鉄道の建設，より初期には植民地の経営など）を営むために資金を社会から広く募る手段として考案された。

現在でも，株式会社制度のみが，不特定多数からの資本の集積を最も効率的に実現するための仕組みを備えており，持分会社，さらには他の企業形態からも区分される株式会社の大きな特色となっている。

2・1・1　株式制度について

細分化された割合的単位

株式会社では，社員の持分を株式とよび，株式の権利者（社員）のことを株主とよんでいる。株式は，細分化された割合的単位の形をとる。株式会社に多額の出資をする者は1000株，2000株というように複数の株式を所有する。

同じ種類の株式の内容は原則として同一である。誰が所持人であるか，所持人の資産の多寡によって変化しない。株主が株主総会で行使する議決権は，原則として各株式に1個ずつ与えられる（308条1項［一株一議決権の原則］第**2**編第2章*2・3・1* **一株一議決権の原則**参照）。配当も原則として1株ごとに同一の金額が支払われる（454条3項）。株主の権利が持株数に応じて平等であることを「株主平等の原則」とよぶ（第**2**編第**1**章*1・3* **株主平等原則**参照）。

株式譲渡の自由　株主は，株式を譲渡することができる（127条。**第3編第2章** ***2・3*** **株式の譲渡**参照）。出資金の払戻し（624条）が認められている持分会社と異なり，株式会社では出資金の払戻しは厳しい制約を受けており，株式の譲渡は出資者が任意に投資資金を回収する主要な方法となる。株式会社は定款で株式譲渡につき会社の承認を要件とすることはできるが（107条1項1号・108条1項4号），会社が譲渡の承認を拒否するときには，会社または会社の指定する買受人が当該株式を買い取ることが求められ（140条），株主の投資資金の回収の途は保障されている。

各株式が細分化された均一の単位の形を取ることは，株式の譲渡を容易にする。株式の内容（したがってその価値）は，株式を発行する会社の企業価値のみによって定まり，誰が株主になるかによって変化しない。少数の株式を有する多数の株主から株式を買い集め，多数の株式を買い占めることもできるし，逆に多数の株式を有する者がその全部または一部を多数の者に分売することもできる。各株主の権利内容は，その持株数に応じて決まるので，会社が各株主の権利内容を把握することも容易である。

株式の譲渡をより容易にするために，株式会社は，定款に株券を発行する旨を記載して，株式を有価証券の一種である株券に表章させることができる（214条〈**第3編第2章** ***2・3・4*** **株券発行会社における株式譲渡参照**〉）。証券市場で株式が取引されている会社については，より一層効率的な株式譲渡を実現するために株券による譲渡に代わって株式振替制度が整備されている。

2・1・2　有限責任制度について

間接有限責任　株式会社の株主は，会社に対して引受価額を出資する義務を負うだけで（104条），会社債権者に対しては直接責任を負わない（間接有限責任）。株主は，会社の設立，または新株の発行が効力を有する前に，引受額の全額を会社に支払いないしは出資することを求められている（34条1項・63条1項・208条）。したがって株主は，株主となった時点で原則として会社に対してなんらの義務を負わない。

有限責任とリスク分散　有限責任の結果，株主は会社が倒産しても，出資額相当の損失をこうむるのみで，それ以上の責任を会社債権者に対して負うことはない。会社の事業に全資産を投じる者にとっては，有限責任も無限責任もそれほど大きな違いはないかもしれない。しかし，会社の経営に直接関与せず，自己の資産の一部のみを会社に投資する者にとっては，会社が倒産したときの損失が限定されていることは極めて重要である。会社の債権者に対して無限の責任を負う持分会社の無限責任社員の場合には，多額の個人資産を有する者が，会社への投資の多寡にかかわらず，債権者に対する弁済を迫られることになりかねない。

投資の危険（リスク）が限定されているかぎり，リスクの高い事業への投資であっても，投資者は複数の事業に分散投資することで自己の全体としてのリスクを軽減させることができる。有限責任制度により，鉄道建設のような多額の資本を要する事業や，鉱山開発や薬品開発のように社会にとって有用であるが不確実性（リスク）の高い事業に対しても多数の投資家の資金を集めることが可能になる。

2・1・3　資本の維持・充実

資本金による資産の維持

間接有限責任形態をとる株式会社では，会社の資産のみが会社債権者に対する担保となる。会社資産をめぐる株主と債権者の利害対立を調整するため，会社法は株式会社が剰余金の配当または自己株式の買入れによって株主に分配しうる限度額を，資本金概念等を使って規定する。

資本金は，法律の規定（445条）によって定められる計数である。会社の純資産の額から，資本金，さらに準備金の額を控除して得られる残額を中心として剰余金の額が算定され（446条），剰余金の額を出発点としてさらに分配可能額が算定される（461条2項。**第3編第1章*1・3・2*会社法の分配規制**参照）。

株式会社に欠損（おおまかには，純資産の額が資本金・準備金の額を下回ること）が生じている場合には，株主への分配をなしえない。

資本金額を基準とする資産の維持機能は，「資本維持の原則」とよばれている。ただし，資本の維持は，会社に欠損が生じているときに，会社が配当や自己株式の買入れにより，さらに会社の資産を流出させることを抑止するという，消極的な働きのみを有する。資本金制度は，会社が事業活動の結果損失をこうむり，会社の資産を減少させることまで防ぐことはできないし，事業活動に伴う損失の結果，会社の純資産の額が資本金の額を下回っている場合でも，純資産の額を回復させるための措置（あらたな出資の確保など）をとること，あるいは会社の解散や再生のための措置をとることが強制されているわけではない。

資本充実の原則　会社が新株を発行した場合には，会社が出資として受け入れた金銭や資産の価額の範囲内で，会社の資本金や準備金が増加する（445条，会社計算14条など）。会社法は，資本金や準備金の額の増加に見合う資産が，現実に会社に拠出されることを確保するため，一連の規定を設けている。このような資産確保の機能は，「資本充実の原則」とよばれている。

株式の引受人は，会社の成立や新株発行の効力の発生前に出資額全額を払い込むことが要求され（34条１項・63条１項・208条），払込金の受領につき払込取扱銀行を指定することが求められる（34条２項・64条・208条１項）。金銭以外の資産が出資の対象となる場合（現物出資）には，資産の過大評価を防ぐために原則として検査役の検査が求められ（33条・207条），出資資産の実際の評価額が当初定められた価額に満たない場合には，差額をてん補する責任が役員や出資者に生じる（52条・212条１項２号・213条）。また株式の引受人は，会社に対して有する債権をもって払込義務と相殺することはできない（208条３項）。

平成26年改正会社法は，払込みの仮装があったときには，仮装の払込みをした発起人や引受人のみならず，出資の履行に関与した発起人や取締役等に対して仮装の払込額を会社に支払う義務を課する（52条の２・102条の２・103条２項・213条の２・213条の３）。

平成17年改正前商法では，会社成立後になお引受けや払込みのない株式，新株発行の登記後になお引受けのない株式について，発起人や取締役に引受・払込担保責任を負わせていた（平成17年改正前商192条・280条ノ13）。改正会社法の仮装払込みに関する規定は，これらの規定の復活であるとも考えられる。

もっとも，平成17年改正前商法では，発起人や取締役の責任は無過失責任であったのに対して，改正会社法の下では，関与した発起人や取締役等は，職務を行うについて注意を怠らなかったことを証明してその責任を免れることができる（52条の2第2項但書・103条2項但書・213条の3第1項但書）。募集設立の場合（103条1項）を除いて，現物出資に対する価格てん補責任も同様である（52条2項2号・213条2項2号）。

2・2　株式会社法の目的

株式会社の株主，会社と取引をする債権者，会社の経営を委託される取締役等の役員らは，会社に対して異なる利害を有し，ときには利害が対立することがある。利害の対立は株主と債権者，株主と経営者以外に，株主の間でも生じうる。会社法のさまざまな規定はこれらの利害対立を，衡平を維持しながら解決することを目的としている。

2・2・1　株主と債権者の利害調整

債権者保護の必要性　株式会社が営業活動によって収益をあげ，債権者に利息と元本の支払いを終えた後に残る利益はすべて株主が取得しうる。一方，会社の営業活動から損失が生じ，欠損が生じた場合には，会社は株主への配当支払いを停止し，出資金を食いつぶしても債権者に対する元利金の支払いをしなければならない。会社の経営が破綻し，資産のすべてを使っても会社債務の完済をなしえない段階に至った場合（債務超過）でも，債権者は会社から回収し得なかった金額を株主に請求することはできず（間接有限責任），損失は債権者が負担する。

このように債権者は会社の事業から生じる損失（リスク）を分担する。特に会社の経営が逼迫しているときには，債権者と株主との利害関係の対立は深刻になる。第1に株主が配当等の手段を通じてその投資を回収しようとする危険が高まる。第2に過度にリスクの高い事業が遂行され，会社資産がさらに減少する危険が生じる。会社に利益が生じればその恩恵は株主が受け取るのに対し，会社にあらたな損失が生じてもその多くは債権者の負担に帰するからである。

第1の危険に対しては，分配可能額の規制により，株主にさらに資産が流出することが抑止される。

これに対して，第2の危険に対しては債権者が積極的にかかわる方法は規定されていない。

例外的な場合を除き，株式会社と取引をする債権者の保護は，主として開示制度による。もちろん資金の融資者などが会社との任意の交渉を通じて，営業活動の重大な変更について融資者の承認を求めることとしたり，会社の財務内容の変更に制限を設ける（例えばあらたな借入れの禁止，配当についての法定以上の制限）ことは可能である。

なお，社債権者については，同種の少額債権を多数の者が有するため，その集団的意思を形成するための社債権者集会の制度（715条以下）と，社債権者集会の決定を実行し，また日常的に債権の保全，回収に向けた行為を社債権者のために行う社債管理者の制度が規定されている（702条以下）。

債権者の保護手続

⑴　**債権者の異議申立て**　資本金や準備金を減少させる場合には，配当規制の前提となる計数を変動させるため，債権者の異議申立てが認められる（449条）。会社の組織変更や組織再編の場合にも，社員の責任の変動，会社の資産の減少，あるいは資本金や準備金の構成の変動が予想されるため，債権者の異議申立てが規定されている（779条・789条・799条・810条）。適切な手続が履践されなかった場合には，債権者は会社の行為の無効の訴えを提起することもできる（828条）。

⑵　**会社の倒産**　株式会社が倒産した場合には，債権者が手続に積極的に関与する。特に，会社の事業活動を継続させ，事業活動から得られる収入によって従来の債権者への弁済をはかる会社更生や民事再生の手続では，債権者の権利内容の変更について，債権者集会の多数決による同意を得る（会社更生196条，民再172条の3）。

会社法は，清算手続中の株式会社を除いて（484条），欠損の生じている株式会社や債務超過にある株式会社に，早期に倒産手続を申し立てる義務を課していない。ただし，債権者みずから破産手続その他の倒産手続の開始を申し立てることができる（破産18条，民再21条2項，会社更生17条2項）。

⑶　**違法配当**　違法な配当が支払われた場合には，債権者が会社のために違法配当額の返還を株主に請求することができる（463条2項）。資本の維持が害されたときに債権者みずからがその回復に努めることが認められている。

(4)　**任務懈怠責任**　職務を行うについて悪意または重過失のあった発起人や取締役・執行役等に対し，債権者をはじめとする第三者は損害賠償を請求することができる（53条2項・429条）。これらの規定は必ずしも会社倒産時にのみ利用されるわけではないが，資産の乏しい中小の株式会社の倒産によって債権の回収を受けられなかった債権者が救済を得る手段として重要な機能を果たしている。法人格否認の法理（**第1編第1章*1・3・3*法人格否認の法理とはなにか参照**）も，有限責任制度を濫用する株主から債権者を保護する役割を果たす。

2・2・2　経営者の監督

取締役と株主の利害対立

株式会社では，会社の業務執行は専門的知識や経験を有する経営者（取締役や執行役）に委ねられ，個々の株主には業務執行権は与えられていない（持分会社では，定款に特に記載のない限り，各社員が業務執行権を有する＝590条1項）。しかし，会社の経営者が株主の望む業績を実現するとはかぎらない。新しい事業に挑戦するよりも，現在の任期を安泰に全うすることを求めるかもしれない。また，経営者がその地位を利用して，会社の利益を犠牲にして，自己または第三者の利益をはかる危険もある。

会社法は，会社の営業活動の決定を原則として取締役ないし取締役会に委ねつつ，株主が個別に，あるいは株主総会を通じて経営者をコントロールする手段を確保する。

経営者をコントロール（監督）するための仕組み

(1)　**株主総会による監督**　取締役・監査役など役員の選任・解任は株主総会が決定する（329条・339条）。これらの者の報酬も同様である（361条・387条）。ただし，指名委員会等設置会社では，業務執行を担当する執行役の選任は取締役会の決議による（402条）。また，株主総会に提出する取締役の選任解任議案の決定および取締役・執行役の報酬の決定は，それぞれ取締役会の下に設置される指名委員会および報酬委員会に委ねられる（404条1項・3項），取締役会ないしはその下にある各委員会による業務執行者の監督が重視されている。監査等委員会設置会社では，取締役の選任解任議案や取締役の報酬に関する議案は，取締役会が決定するが，監査等委員会の委員である取締役が，意見を述べることができる（342条の2第4項・361条6項）。

定款の変更（466条）や事業譲渡（467条），会社の解散（471条3号），組織変更（776条）や合併，会社分割，株式交換・株式移転（783条・795条・804条）のような会社組織の根本的変動を内容とする決定，特に有利な条件による新株や新株予約権の発行（201条1項・240条1項。公開会社でない株式会社では，募集株式の発行等は，定款の特段の定めがない限りつねに株主総会の承認が求められる＝会社199条2項・202条3項・238条2項・241条3項），株式の併合（180条2項）などの株主の利益に直接かかわる事項は，株主総会の特別決議によることが求められる。株主総会の決議事項と規定される事項については，定款によっても取締役会等に権限を委譲することができない（295条3項）。

取締役会を設置しない株式会社では，株主総会はより積極的に会社の経営に関与することができ，株式会社に関する一切の事項について決定することができる（295条1項）。

⑵　**差止請求権等**　取締役に法令定款に違反する行為などがあり，その結果株式会社に著しい損害が生ずるおそれがあるとき（監査役，監査等委員会，指名委員会等設置会社では「回復することのできない損害」が生ずるおそれのあるとき）は，株主は当該行為の差止めを求めることができる（360条）。株主総会で当該取締役の解任が決議されないときには，取締役の解任を求める訴えを提起することができる（854条）。会社に損害が生じたときには会社に対して取締役の責任の追及を求め，さらには，みずから株主代表訴訟を会社のために提起することができる（847条）。

このほか会社の行為によって株主の権利が害されるおそれがある場合にも，株主は当該行為の差止めを求めることができる（171条の3［全部取得条項付株式の取得］・179条の7［売渡株式等の取得］・182条の3［株式の併合］・210条［募集株式の発行等］・247条［募集新株予約権の発行］・784条の2・796条の2・805条の2［合併・株式交換・株式移転・会社分割］）

⑶　**閲覧請求権等**　取締役の責任を追及する前提として，株主は会社またはその子会社の取締役会や監査役会等の議事録を閲覧することができる（371条・394条）。議決権総数または発行済株式の3％以上を有する株主には帳簿の閲覧請求権（433条），会社および子会社の業務および財産を調査する検査役の選任請求権（358条）も認められる。

2・2・3　株主間の利害調整

株主間の利害対立

株主の間で会社の経営方針について意見が食い違う場合にも，一株一議決権の原則のもとでは議決権の多数を支配する者の決定が株主総会の決定となる。会社の経営者の選任や営業内容の決定の帰結は，会社の業績に結びつき，すべての株式の価値に平等に反映される。したがって多数株主も原則として会社＝株式の価値を最大限に高めることを目指して決定をするはずであり，異なる見解が存するときに最も多額の投資を会社にしている者の判断を尊重することには合理性がある。

しかし，多数株主が少数株主の有しない特殊な利益を得る可能性があるとき，会社＝株主の一般的な利益に反する決定が多数株主によってなされるおそれがある。例えば，Ａ会社がＢ会社の議決権の多数を支配するとき，Ｂ会社の事業を著しくＡ会社に有利な（したがってＢ会社に不利な）条件で取得する場合などである。このとき，Ａ会社はＢ会社の株主としては他の少数株主と同じく損失をこうむるが，有利な条件で事業の譲渡を受けることで，それ以上の利益を独占的に得ることができる。

また，株式会社が複数の種類の株式を発行している場合には，会社が行う株式の併合や分割，あるいは株式の発行等が特定の種類の株主の利益を害する可能性がある。

株主間の利害対立の調整手段

⑴　**特別決議**　重要な決議事項には株主総会の特別多数決が要求される（309条２項以下）。より多くの株主の賛成が得られる内容の決定がなされることを保障するためである。

⑵　**決議取消しの訴え**　株主総会の決議について，すべての株主に共通する利益以外の特別の利害関係を有する株主が議決権を行使したことによって，著しく不当な決議がされたときには，裁判所に決議の取消しを請求することができる（831条１項３号。**第2編第2章*2・5・2*決議取消しの訴え**参照）。

⑶　**株式買取請求権**　株主の利害に特に大きくかかわる事項の決定については，決定内容に反対する少数株主は，自己の株式の買取りを請求することが認められる（116条・182条の４・469条・785条・797条・806条）。決定に反対する株主に，例外的に資本の払戻しを認めることになるが，実際には多くの買取請求がなされると，決定の実行は著しく困難になる。多数株主としても買取請求が生

じないように大多数の株主が賛同しうる内容の決定を成立させることになる。

⑷　**種類株主総会**　定款変更による株式の内容の変更や，株式の併合や分割，あるいは合併，会社分割，株式移転または株式交換などが，特定の種類株主に損害を及ぼすおそれがあるときには，これらの行為について，通常の取締役会決議や株主総会決議のほか，当該種類株主の種類株主総会による承認が必要である（322条。**第2編第2章*2・4・3*種類株主総会**参照）。会社は定款で種類株主総会の決議を要しない旨を定めることもできる（同条2項）が，このような定めをおいた場合には，会社の決定に反対する種類株主は，自己の株式の買取りを請求することができる（116条1項3号）。

2・3　法の規制手段

上記のように，株式会社をめぐる利害関係の調整のために，会社法が定める規制手段はさまざまである。特に特色的なものとして，開示制度，特殊な訴訟，また裁判所の後見的機能，商事刑法の制度をあげることができる。

2・3・1　公告・開示制度

債権者・株主への通知・公告

会社法は，さまざまな場合に会社が債権者・株主の利害にかかわる事項について各株主や知れている債権者に通知をするか，公告をすることを定めている。これにより，株主や債権者が自己の権利を守るために行動する機会を保障する。

株主に対する通知・公告事項には例えば以下のようなものがある。基準日の制定（124条3項），自己株式の取得（158条），特定の株主からの自己株式の取得時の売主追加請求（160条2項），特別支配株主の株式等売渡請求（179条の4），株式の併合（181条），株式無償割当て（187条2項），新株発行ないし自己株式の処分（201条3項・202条4項），株券を発行する旨の定款の定めの廃止（218条1項），株式併合や組織再編に伴う株券の提出（219条），新株予約権の発行（240条2項・241条4項），株主総会の招集（299条），反対株主の株式買取請求権に係る事業譲渡，組織再編等の通知（469条3項・785条3項・797条3項・806条3項），取締役等の責任を追及する訴えの提起（849条5項）などである。

債権者に対する通知・公告には例えば以下のようなものがある。資本金および準備金の減少（449条2項・3項），清算手続の開始（499条），特別清算の債権者集会（549条），社債管理会社の行う訴訟行為や倒産手続等（706条2項），社債権者集会の招集（720条），社債権者集会の決議の認可（735条），組織変更（779条），合併・会社分割・株式交換および株式移転（789条・799条・810条）など。

株式会社はその公告の方法（官報による方法，日刊紙による方法および電子公告による方法）を定款に定めることができる。定款に公告方法の記載のない会社は，官報による方法による（939条）。

開示制度　会社法は株式会社の財務内容やその他の重要な情報の開示制度を定めて，利害関係者の合理的な判断のための材料を提供する。会社の決算情報は株主や債権者の閲覧に供され（442条），特に貸借対照表（大会社では損益計算書も）は公告される（440条）。附属明細書以外の計算書類は株主総会の招集通知に添付される（437条・444条6項［連結計算書類］）。

金融商品取引法が適用される会社は，投資者の投資判断に資するために，より詳細な情報開示が求められる（**第3編第2章*2・8・1*証券市場参照**）。そこで，金融商品取引法に規定する有価証券届出書や有価証券報告書を提出している会社は，株式の発行等に関する公告，および計算書類の公告を免除される（201条5項・440条4項）。

全部取得条項付株式の取得，株式等売渡請求，株式併合，組織変更，合併，会社分割，株式交換・株式移転の場合には，事前（171条の2・179条の5・182条の2・775条・782条・794条・803条）および事後（173条の2・179条の10・182条の6・791条・801条・811条・815条）に，これら組織再編等の詳細および経過を開示する書類を作成し株主，債権者の閲覧に供する。

商業登記　商業登記制度は個人企業や株式会社以外の会社にも適用される。しかし，株式会社の登記事項は他の企業形態と比較して格段に詳細である（911条）。商業登記簿は，何人も閲覧し，その謄本または抄本の交付を請求することができる（商登11条）。登記事項は，登記の後でなければ善意の第三者に対抗できない反面，登記後は，正当な事由によって登記事項を知らなかった第三者を除き，すべての者に登記事項を対抗することができる（908条1項）。また，故意または過失によって不実の事項を登記した者は，登記事項が不実であることを善意の第三者に対抗することができず，登記事項に公信力が付与されている（908条2項）。

2・3・2　裁判所の介入

会社訴訟　会社法第7編第2章は，会社の組織に関する訴えについて，一連の民事訴訟手続上の特則を規定している。これらの訴えは，訴訟当事者に限らず，多数の利害関係者に影響を及ぼすため，訴訟の提起権者や提訴期間に制限が設けられる（828条）。法律関係を画一的に処理するために判決に対世的効力が与えられるとともに（838条），一部の訴訟の効力は将来に対してのみ効力を持つものと定められる（839条）。

①会社の設立の無効，②新株発行・自己株式処分・新株予約権発行の無効，③資本金の減少の無効，④組織変更の無効，⑤合併・会社分割・株式交換・株式移転の無効，⑥新株発行・自己株式処分・新株予約権発行の不存在の確認，⑦株主総会決議の不存在または無効の確認，⑧株主総会決議の取消し，⑨持株会社の設立の取消し，⑩株式会社および持株会社の解散の訴えが該当する（834条［会社の組織に関する訴え］）。さらに，売渡株式等の取得の無効の訴えについても，同様の規律が定められている（846条の2以下）。

このほか，株式会社の株主は，取締役等の役員の任務懈怠の責任を追及して会社に生じた損害を賠償することを求める訴え（847条以下［代表訴訟］）や，役員の解任を求める訴え（854条以下）をみずから提起することが認められる。

裁判所による後見的監督　裁判所は，訴訟以外でも例えば以下のようなさまざまの場面で，利害関係者の請求または職権に基づいて会社の活動に関与する。手続の詳細については，第7編第3章に非訟事件手続法の特則が定められている。

①　検査役の選任（33条・207条・284条［現物出資等］，306条［株主総会］，358条［会社の業務および財産］）。

②　一時役員の職務を行うべき者の選任（346条2項）。

③　各種少数株主権の行使（297条4項［株主総会の招集］，371条2項3項・394条2項・399条の11第2項・413条3項［取締役会等の議事録の閲覧］，125条4項・318条5項・433条3項・442条4項［親会社株主による子会社の書類の閲覧］）。

④　株式等の買取価格等の決定（117条2項・144条2項・172条・179条の8・182条の5・193条2項・194条4項・455条2項・470条・778条2項・786条2項・788条2項・798条2項・807条2項・809条2項）。

2・3・3　刑事罰

会社秩序を害する重大な行為については，会社法第8編で刑事制裁を規定している。主なものをあげると以下の通りである。

①　会社役員等の特別背任罪（960条〜962条）。

②　発起人や設立時取締役，または現物出資等の検査役等による虚偽の申述や事実の隠蔽，役員による違法な配当や自己株式の取得など，会社財産を危うくする罪（963条），預合い（仮装出資）の罪（965条）。

③　会社役員や株主の権限の行使に関し不正の請託を受けて利益を収受し，またはその要求もしくは約束をする罪（967条〜969条），株主の権利行使に関し利益を供与する罪（970条）。

④　そのほか義務づけられた手続をなさないこと，または不実の書類を作成することなどについて過料による制裁がある（976条）。

刑事制裁は金融商品取引法でも定められる。特に相場操縦等の不正行為（金商157〜159条・197条1項5号・197条の2第13号），内部者取引（金商166条・167条・167条の2・197条の2第13号〜15号），不実表示（金商197条1項1号〜4号の2・197条の2第6号）等の罪が重要である。

2・4　コーポレートガバナンス

2・4・1　コーポレートガバナンスの意味

意　義　コーポレートガバナンスという言葉は株式会社，特にその株式が市場で取引されている上場会社において公正かつ効率的な経営を確保すること，またはそのための仕組みをさす。上場会社では所有と経営の分離が進み，経営者が会社の活動について決定権を有しているのが通常なので，コーポレートガバナンスは，経営者をいかに有効にコントロールするかということでもある。

コーポレートガバナンスの変遷と現在

すでにみてきたように，会社法には経営者をコントロールするための一連の制度が設けてある。株式会社外のさまざまの制度も会社内の制度と相互に補完しあい，コーポレートガバナンスに一定の機能を果たす。したがって，各国の資本市場，株式の所有分布，金融機関に対する規制，企業と従業員との関係，政府と市場との関係などによって，コーポレートガバナンスの内容は多様であり，また1つの国の中でも，上記の要素をはじめとする経済・社会の状況の変化に応じて，コーポレートガバナンスも変化する。

わが国の株式会社の経営では，会社の主取引銀行（メイン・バンク）が経営のコントロールに重要な役割を果たしてきた。しかし，近年になって上場会社の資金調達形態が銀行融資から資本市場からの調達にシフトした結果，銀行の影響力が弱体化し，代わって年金基金や生命保険会社などの「機関投資家」がコーポレートガバナンスにおいて果たすべき役割が拡大しつつある。

コーポレートガバナンスは，変化する市場その他の環境に柔軟に対応しながら，会社が提供する財やサービスの競争力を維持・向上させ，会社の持続的な発展を確保することを究極の目標とする。そのためには，経営者の不正行為や違法な業務の執行を抑止することは重要かつ不可欠であるが，コーポレートガバナンスの内容はこのような消極的な機能に留まるものではない。むしろ，上記のような目標の達成のために，経営者が注意深くも積極的にリスクをとって事業の革新を遂行する環境を整え，ときには改革に消極的な経営者を規律することが求められる。平成14年商法改正で成立した委員会等設置会社（平成26年会社法改正で「指名委員会等設置会社に改称」）は，株式会社の業務の決定のうち，取締役会により決定すべきものを経営の基本方針等に限定し，業務の決定の多くを執行役に委任して，執行役による迅速かつ大胆な経営を可能にし，他方で取締役会およびその下にある委員会が執行役の経営成果の評価を含めて，経営者を強力に監督することを図っている。平成26年会社法改正で成立した監査等委員会設置会社も，指名委員会等設置会社と比較すると，委員会の権限は強くないが，同じ方向を志向している（**第2編第3章*3・5*，*3・6*委員会設置会社**参照）。

2・4・2　会社法のあらたな課題

本編の冒頭で述べたように，新しい会社法の制定は，21世紀の企業経営に対応した法制度を提供するためである。経営慣行の改善は法律の改正を必要としないものも多いし，また法を改正しても当然に経営が変化するわけではない。しかし，わが国の株式会社の将来を展望するために，法の改正をも含めて，検討すべき課題としては，例えば以下のようなものをあげることができよう。

上場会社のコーポレートガバナンス　金融庁と東京証券取引所は平成27年に上場会社のコーポレートガバナンスの向上を目指して「コーポレートガバナンス・コード」を策定し，同コードは証券取引所の上場規則に取り込まれた。上場会社は同コードの内容の遵守を無条件に求められるわけではない（コンプライ・オア・エクスプレイン，すなわち，内容を遵守するか，遵守しない場合にはその理由を説明することを求められる）。しかし，同コードは，上場会社に独立性の高い社外取締役を複数選任することを促すなど，コーポレートガバナンスの強化のための一連の規律を設けている。

また，金融商品取引法は，内部統制の状況についての取締役の報告や公開買付けの手続規制など，上場株式会社の経営や支配権についての重要な規定をおく。上場会社に対するこれらの規制と会社法との整合性が問われている（社外取締役に関する会社法の規律について，**第2編第3章*3・2・6*社外取締役**参照）。大規模公開会社に対する会社法の規定と，金融商品取引法の規定とを統合した新しい立法の必要性を指摘する見解もある。

従業員の経営参加　わが国では，終身雇用を典型とする，長期で安定的な雇用関係が大きな特色であった。メイン・バンクによる経営者へのコントロールと相まって，債権者志向の強い企業経営が実現していたと言えよう。

しかし，金融制度をはじめとする経営環境の変動により，メイン・バンク制度とともに長期的な雇用関係についても変化が生じる余地がある。このような状況では，従業員の権利を守るために，なんらかの労使協議制度を法律上制定することが必要になるかもしれない。諸外国では，従業員が経営者の監督機関の構成員として参加したり，職場環境に重大な変更を及ぼす経営上の決定について，従業員代表との協議を義務づけている例もある。

企業の社会的責任　法律で会社の社会的責任を積極的に規定すべきだという意見がある。

会社は，必ずしも法律で強制されなくとも，営業活動を行っている地域社会の利益や環境の保全に配慮することが求められる。公共の利益への配慮を欠いた企業活動を行う会社は社会からの支持が得られず，継続的・安定的な事業運営を期待することはできない。会社が直接営利とは結びつかない支出を行うことも，会社の企業体としての円滑な発展に結びつくものであるかぎり，当該支出によって取締役の責任が生じることはない。

効果の不明瞭な規定をあえて設ける必要性は乏しいというべきだろう。

支配・従属関係の規制　今日の企業活動の多くが，親会社の傘下で多数の子会社が活動するグループで行われている。子会社や関連会社（従属会社）の少数株主と，支配会社ないしその株主との利害はどのように調整すべきか（コンツェルン法とよばれている）。支配会社は従属会社をつねに独立した会社と同等に扱うことを義務づければ，従属会社の株主の利益は保護することができる。しかし，一部の従属会社には不利益であるが，企業グループ全体の利益を拡大させる行為は，一切認められないのだろうか。それとも，不利益を受ける従属会社の少数株主への一定の補償をなすかぎりで認められると考えるべきだろうか。

第2編
株式会社の統治

【本編で学ぶこと】

本編では，会社の事業活動を効率的かつ公正に管理運営する仕組みである会社の統治機構について説明する。株式会社はその起源である東インド会社をみればわかるとおり，大規模事業を遂行するための大量資金の獲得という経済的な目的から生み出された制度であり，本来的には機能資本（支配株主）のほか，多数の無機能資本（一般出資者）の集中が不可欠な要素である。株式発行のほか，社債発行や金融機関からの借入等の手段で資金を調達するが，その資金を適切に管理し，事業運営を指揮監督することが会社の統治機構の重要な役割となる。

平成17年会社法は株主総会と取締役１名という最も単純な機関構成を会社法体系の基本形態とし，中小会社や株式譲渡制限会社では定款自治による機関構成選択の自由を大幅に認めている。

しかし公開大会社については所有と経営の分離を前提に，意思決定，業務執行（＝経営の実行）および監督をそれぞれ担当する専門の機関を設けており，以下の３類型から選択することが強制される。

①監査役会設置会社　会社の根幹にかかわる重要事項を決定する株主総会，人事や財務等の重要な経営戦略的事項を決定する取締役会，業務執行を担当する代表取締役および業務執行取締役のほか，監督機構は取締役会と監査役会から構成される。

②指名委員会等設置会社　①との違いは，代表執行役および執行役が業務執行を担当し，監査役会の代わりに取締役を構成員とする監査委員会，指名委員会，報酬委員会を置く点である。

③監査等委員会設置会社　①との違いは，監査役会の代わりに取締役を構成員とする監査等委員会を置く点である。

３類型のいずれも会計監査人が必要とされる点は同じである。

なお上場会社については，会社法以外に金融商品取引法による法的規制があるが，さらに東京証券取引所有価証券上場規程やコーポレートガバナンス・コード（平成27年６月１日施行）のようないわゆるソフトローによる環境整備が進んでいる。

このほか会社法では，主として中小株式会社の計算書類の適正な作成のために取締役・執行役を補助する会計参与という任意機関を設けている。

第1章　株　主

1・1　株主の権利

株主は危険資本の担い手であり，企業の実質的な所有者であるといわれるが，出資の基本となる株式を複数所有することが認められる点（持分複数主義）に特徴がある。株主は出資者としての地位に基づいて，以下の権利を有する。

1・1・1　権利内容と分類

自益権と共益権

株主の権利は，会社から経済的利益を受けることを内容とする自益権と，株主の利益を擁護するために会社の管理運営に関与することを内容とする共益権に区分される。

自益権には，剰余金配当請求権（453条）と残余財産分配請求権（504条）のほか，株式買取請求権（116条・182条の４・469条・785条・797条・806条），名義書換請求権（133条１項）などがある。これに対して共益権は，議決権（208条１項・325条）や提案権（303条～305条・325条・491条）のほか，株主代表訴訟提起権（847条～847条の３），役員解任訴訟提起権（854条）など，監督是正権が中心となる。

単独株主権と少数株主権

単独株主権が持株数に関係なくたとえ１株を有する株主でも行使できる権利であるのに対して，少数株主権は権利行使の効果や影響および濫用の危険性に配慮して，一定割合の議決権または一定株式数を有する株主のみが行使できる権利である。自益権はすべて単独株主権であるが，共益権には少数株主権も多数含まれる。なお定款による少数株主権の要件緩和が認められている（303条２項・433条１項・854条１項１号など）。

株式の共有

共同相続（民898条）のように株式が複数人によって共有されている場合，当該株式の権利行使には共有者が権利行使する者１人を指定して，会社に通知することが必要である（106条）。通知を欠いた権利行使に会社が同意したときは例外的に認められる（同条但書）が，民法の共有規定に反する権利行使を認めるものではない（最判平27・2・19民集69・1・25百選〔第3版〕12事件，最判平9・1・28判時1599・139）。もっとも共有株式が支配株式であるような場合に，これを除けば不成立であった総会決議に対する共有者の立場での訴えの提起等が認められることがある（最判平2・12・4民集44・9・1165百選〔第3版〕10事件）。

1・1・2　株主の監督是正権

意　義　株主は通常，株主総会を通して会社経営のコントロールを実現することができるが，会社法はさらに取締役会，監査役，監査役会，監査委員会，会計監査人などの専門の監督機構を設けている。ただしこれらの選任が株主総会での多数株主の意思に左右される以上，すべての株主にとって必ずしも妥当な結果に結びつくとはかぎらない。また監督機構が整備されているはずの大企業においてさえ，取締役等の行為が会社の破綻につながる情況から，株主みずからが経営の監督是正に関与できる制度的保障が必要とされ，平成2年商法改正以降，特に株主の代表訴訟提起権が大きな役割を果たしてきた（大阪地判平12・9・20判時1721・3〔大和銀行事件〕WINDOW 7参照）。

しかし，一般株主にとっては，違法または不当な経営をみずから監督是正する方法を選ぶよりも，株式の売却によって会社から離脱することで投下資本を回収し，会社にとどまる不利益を避けようとするのが一般的な傾向である（ウォール・ストリート・ルール）。ただし大量の株式を保有する機関投資家は，株式市場で大量の株式を1度に売却することは実質的に困難であろう。その結果，会社にとどまり，「もの言う」株主として議決権や監督是正権を積極的に行使する傾向が強くなった。

分　類　議決権を除いた共益権のほとんどが監督を目的とする権利すなわち監督是正権といってよい。

⑴　**権利の性質による分類**　ⓐ取締役等の法令定款違反行為の事前差止や責任追及に関する権利　　会社の組織に関する行為（設立，新株発行，自己株式処分，新株予約権の発行，組織変更，合併，分割，株式交換，株式移転）の無効訴権（828条），違法行為差止請求権（360条・422条），代表訴訟提起権（847条），役員

の解任請求訴権（854条）。

(b)株主総会に主体的に参加する権利　　総会招集権（297条・325条・491条），株主提案権（303条・305条・325条・491条），総会検査役選任請求権（306条），累積投票請求権（342条），総会決議取消訴権（831条1項）。

(c)会社の解体等の最終的な手段に関する権利　　解散請求訴権（833条），特別清算申立権（511条）。

(d)会社の業務や財産状況などの情報を収集するための権利　　会計帳簿閲覧権（433条1項），取締役会議事録の閲覧権（371条），検査役選任権（358条），定款閲覧権（31条），株主名簿閲覧権（125条），計算書類閲覧権（442条3項），取締役等の説明義務（314条・325条・491条）。

(2)　**少数株主権**　(a)総株主の議決権の100分の1以上または300個以上の議決権を6ヶ月以上保有　　株主提案権（303条2項。取締役会設置会社以外では単独株主権）。

(b)総株主の議決権の100分の1以上を6ヶ月以上保有　　総会検査役選任請求権（306条2項。公開会社である取締役会設置会社以外では期間要件なし）。

(c)総株主の議決権の100分の3以上を保有　　役員の責任免除否定権（426条7号）。

(d)総株主の議決権の100分の3以上または発行済株式の100分の3以上を保有　会計帳簿閲覧権（433条1項），検査役選任請求権（358条1項）。

(e)総株主の議決権の100分の3以上を6ヶ月以上保有　　総会招集請求権（297条1項。公開会社以外では期間要件なし）。

(f)発行済株式の100分の3以上または発行済株式の100分の3以上を6ヶ月以上保有　　役員解任請求権（854条1項。公開会社以外では期間要件なし）。

(g)総株主の議決権の10分の1以上または発行済株式の10分の1以上保有　解散請求権（833条1項）。

なお，上記以外の監督是正権は単独株主権であるが，公開会社では代表訴訟提起権および取締役の違法行為差止請求権には6ヶ月以上保有という要件が課されている（847条1項）。

1・1・3　株式買取請求権

意　義
――出資の払戻し

会社の意思決定は株主総会決議に拘束されるが，会社の根幹にかかわり，株主の利益に重大な影響を与えうる一定の決定事項については，資本多数決による結果を尊重した上で，反対株主には出資の払戻しによる会社からの離脱と投下資本回収の権利を認めている。株式買取請求権は資本多数決制度を修正して少数株主を保護する制度として生まれたが，組織再編行為等の会社の基礎に重大な変更を加える決定では，株式買取請求権を議決権のない株主を含む利害関係株主にも認める。会社は公正な価格で買い取ることを要求され，決議がなかったならばその株式が有したであろう想定価格には，組織再編行為等でのシナジー効果も反映されると解される。なお，一般少数株主の犠牲において親会社などの多数派株主が利益を得ようとする不公正な決議案の提出についての抑制効果も期待できる。

行　使
――行使できる場合と手続

対象となるのは，①発行する全株式を譲渡制限株式とする旨の定款変更（116条1項1号），②特定の種類株式を譲渡制限株式または全部取得条項付種類株式とする定款変更（同条同項2号），③特定の種類株主に損害を及ぼすおそれがある株式併合や分割等の行為につき，種類株主総会が不要とされている場合（同条同項3号），④事業譲渡等（469条），⑤吸収合併等（785条），⑥新設合併等（806条），⑦端数が生じる株式併合（182条の4）である。

株式買取請求手続は以下のとおりである。①議決権を行使できない場合を除き，当該決議に反対する旨の会社への通知および株主総会での反対（116条2項），②対象となる行為を行う会社は当該行為の効力発生日の20日前までに，対象株主に対して通知または公告（116条3項・4項），③権利行使しようとする株主は効力発生日の20日前から前日までの間に当該株式の種類および数を明らかにして請求（同条5項。振替株式の場合は買取口座への振替申請も必要（振替155条3項），④買取価格が合意された場合，会社は効力発生日から60日以内にその価格の支払い（117条1項），⑤効力発生日から30日以内に協議が整わない場合には，株主または会社は30日以内に裁判所に価格の決定の申立てが可能（同条2項）。なお買取請求を行った株主は会社の承諾を得た場合には請求を撤回できる（116条7項）。

1・2　株主の義務

株主は株式の引受価額を限度とする出資義務のみを負い（104条），これは株主有限責任の原則とよばれる。しかしながら出資義務は会社の成立前または新株発行の効力発生前に完全に履行されなければならないので（34条1項・36条・63条1項・3項・208条1項・2項・5項・282条1項），これは形式的には株主の義務というよりも株式引受人の義務ということになる。この意味では株主の地位を取得した後には会社に対してなんらの義務も責任も負わないことになる。なお，ドイツ法にならって，影響力の大きい支配株主には会社および他の株主に対する誠実義務を認めるべきとの見解もある。

1・3　株主平等原則

内　容　会社は株主に対してその有する株式の内容および数に応じて平等に取扱わなければならないとする株主平等原則を明文化している（109条1項）。株式は株主の地位を均一の割合的単位の形で表すものであることから，各株式は原則として同一の権利内容である。特に構成員の個性が問題とされない公開会社にあっては，株主の会社への寄与は出資によることから，株主間の平等がその有する株式の数を基準とするのは衡平に適うと説明される。なお議決権（308条1項），剰余金配当請求権（454条3項），残余財産分配請求権（504条3項）について平等取扱いが強制される。

機　能　株主平等原則によって，大きな持株比率を有する大株主は株主総会での議決権を通して，必然的に支配株主としての強力な地位を得ることになる。

他方で株主平等原則は1株の株式を有する株主といえども無視しえないという人を基準とした実質的平等を含むものであり，少数株主保護に重要な機能を果たす。株主間における不平等な取扱いを容認する定款，株主総会・取締役会の決議や取締役等の業務執行行為は株主平等原則に反するという理由から無効となる（大判大11・10・12民集1・581）。例えば，無配の会社が特定株主に対して無配決定直前期の配当相当額を役員報酬名義で支払う契約は株主平等原則に反して無効である（最判昭45・11・24民集24・12・1963）。従業員株主を他の株主より先に総会場に入場させて前方席に優先的に座らせるような措置も合理的な理由なしとされた（最判平8・11・12判時1598・152）。これに対して，形式的な不平等があっても，目的が正当であり，手段が相当である場合には違反しないとの判例がある（最決平19・8・7民集61・5・2215〔ブルドックソース事件〕百選〔第3版〕100事件）。

例　外　①定款で剰余金分配や議決権についての権利内容が異なる種類株式（108条1項），②保有株式数や保有期間で差の出る少数株主権（297条1項・303条2項），③議決権行使が制限される単元未満株式（189条1項）は，株主平等原則の例外である。

なお航空会社や鉄道会社の無料チケットなど，当該会社の事業にかかわる商品や便益を株主に与える株主優待制度は，特定の株主あるいは大株主のみがその利益を享受できるような恣意性がない限り，株主平等原則に反しない。

第2章　株主総会

2・1　株主総会の役割とあり方

2・1・1　株主総会の意義と権限

意　義　株主総会は株主を構成員とする会社の意思決定機関である。会社法は株主総会と取締役から成る簡素な組織を基本形態とし，株主総会は強行規定または株式会社の本質に反しない限り，株式会社の組織・運営・管理その他一切の事項について決議できる（295条1項），いわば万能かつ最高の意思決定機関として位置づけている。これに対して，大規模企業を想定した取締役会設置会社の株主総会は権限が縮小され，会社法および定款で定めた事項（会社の根幹にかかわる重要かつ基本的な事項）に限って決議することができる（295条2項）。

株主総会での意思決定は株主という人を基準とした頭数多数決ではなく，一株一議決権原則による資本多数決（株式多数決）制度を採用し，危険負担に見合った決定権を株主に与える制度設計に特徴がある。多数派株主の意思が資本多数決制度を通して株主全体すなわち会社の意思となり，反対票を投じた少数派株主も決議の結果に拘束されることになる。それだけに決議の適正性が保障されなければならず，株主総会の招集から決議に至る手続を整備し，その遵守を求めることで意思決定の正当性を確保することが重要となる。

株主総会の権限　取締役会設置会社の株主総会の決議事項は，性格にしたがって以下のように分類できる。

(1)　**会社機関構成員等の選任・解任およびその待遇に関する事項**　役員（取締役・監査役・会計参与）および会計監査人の選任（329条1項）・解任（339条1項），役員の報酬（361条・387条・379条）など。

(2)　**会社の基本組織および財務的基礎の変更に関する事項**　自己株式の取得（156条1項），全部取得条項付種類株式の取得（171条），株式併合（180条2項），募集株式の発行等（199条2項），支配株主の変動を伴う募集株式等の特定引受人への発行（206条の2・244条の2），資本金額の減少（447条1項），資本金額の増加（450条2項），定款変更（466条），事業譲渡等（467条1項），会社の解散（471条3号），会社の継続（473条），合併・会社分割・株式交換・株式移転（783条1項・795条1項・804条1項）など。

(3)　**会社の計算および利益に関する事項**　計算書類の承認（438条2項），剰余金の配当（454条）など。

前述の総会決議事項は会社法が定款に委ねている場合を除き，株主総会以外の機関が決定する旨の定款規定は効力を有せず，無効である（295条3項）。なお代表取締役の選定・解職のような事項も株主総会の決議に適さない場合を除いて，定款で株主総会の決議事項とできる（295条2項参照）。

2・1・2　株主総会の実態

株主総会の形骸化

(1)　**株主総会の現状**　質問もないままに短時間で終了する株主総会が意思決定機関として形骸化・無機能化していると指摘されて久しい。株主総会も一般的な会議体と同様に，議題の説明後，株主との質疑応答を経て採決に至る一連の手続によって行われるので，株主総会の活性化が「会社民主主義」の立場からも要請されてきた。これに対して株主総会不要論や株主総会を経営者からの情報収集や意見交換の場と位置づける考え方もある。

従来，上場企業の株主総会で長時間の質疑応答が行なわれたのは，いわゆる市民運動型株主が多数参加する場合，総会屋が質疑の形で混乱を演出する場合，創業者一族内での内紛状態の場合，敵対的企業買収の対象となっている場合や，会社の倒産処理を目的とする場合などに限定されてきた。最近では，株式の持ち合い比率の低下や外国人株主の増加とともに，企業不祥事に対する一般個人株主の発言，株主利益の最大化や企業の社会的責任を要請する機関投資家の発言等,「もの言う株主」が目立ち始めてきた。

(2)　**形骸化の原因**　株主総会の形骸化は，①株式相互保有によって安定株主が確保される結果，個人投資家には意思決定へのインセンティブが少ないこと，②個人投資家は配当性向の低さから長期的な株式保有よりも市場を通じての短期的な売買差益の獲得（キャピタル・ゲイン）を目的とするため，株主総会を通じて経営に関与する意思はないこと，③経営者心理につけ込む総会屋や会社荒らしによってしばしば株主総会が演出・支配されてきたこと（東京高判昭42・10・17判時501・34），④総会屋の参加を防ぐために総会の開催日が集中していたことが大きな要因であった。

利益供与の禁止

⑴　**総会屋に対する経済的利益の提供**　株主総会の形骸化には，株主総会の議事運営に対する妨害もしくは協力という名目で，会社から金銭的利益の提供を受け，不規則発言や威圧によって一般株主を総会から遠ざけてきた総会屋の影響が特に大きかった。総会屋は暴力団とのつながりが強いともいわれ，社会的にも問題視されてきた。総会屋への会社資産の不正な支出を禁止し，総会運営をはじめ会社経営の健全性を確保するために，民事および刑事の両面から規制が加えられてきた。昭和56年商法改正によって利益供与の禁止規定が設けられたことは特筆すべきであるが，総会屋への利益提供が単純な現金授受からより巧妙な形に姿を変えて実質的に現在まで続いていることは，事件の摘発例からも明らかであろう。

⑵　**利益供与の禁止**　120条１項は，「株式会社は何人に対しても，株主の権利の行使に関し，財産上の利益の供与をしてはならない」と規定している。禁止対象となるのは，相手方が株主であるか否かを問わず，会社およびその子会社の計算においてなされる金銭に換価しうる利益の提供であり，これが株主による権利行使に関連する場合である。利益を受ける相手方は，株主本人のほか，家族やみずからが影響力を持つ企業，さらには株主に権利不行使を承諾させた仲介者などが該当する。

禁止される利益供与の形態は，まったく対価を伴わない現金，金券，商品券や物品の提供のほか，反対給付を形式的に伴うが実質的には無償か対価に著しく見合わない金額での無価値な印刷物の購読契約，特定サービスの供給契約や施設利用契約，さらには無価値なパンフレットなどへの広告の掲載契約によって，継続的に契約料を支払う方法も含まれる。対価は正当であっても特に総会屋系企業を選んでデパートが仕事を発注した場合や証券会社が総会屋に損失補填や利益の付け替えを行なった場合（東京地判平10・７・17判時1654・148），銀行が実質的に無担保で直接または金融子会社を通して総会屋の関連企業に融資を行なった場合（東京地判平11・４・21判時1680・142），権利行使を回避させるために，第三者に当該株式を譲り受けるための対価資金を供与した場合（最判平18・４・10民集60・４・1273百選〔第３版〕14事件）も，利益供与に該当する。なお，従業員持株会に対する奨励金は通例は福利厚生であり，株主の権利行使に関するものとは認められない（福井地判昭60・３・29判タ559・275）。

対象となる株主の権利行使は，会社側の意図にそった株主総会の議事進行案に協力し，また保有株式の譲渡を約束するなどの積極的な権利行使のほか，少数株主権の不行使や株主総会での質問権の不行使などの権利行使の回避のいずれもが該当する。当該会社の株主でない者が株式を取得しないことを約束する場合も後者に該当する。なお権利行使と利益供与との関連性（因果関係）の証明は難しいので，会社が特定の株主に無償もしくは著しく低い対価で会社または子会社の計算において財産上の利益を提供したときには，権利行使との関連性が推定される（120条２項）。

⑶　**利益供与禁止違反の効果**　会社による違法な利益供与は無効であり，その供与を受けた者はそれが株主権の行使に関してなされたことを認識していたか否かにかかわらず，会社またはその子会社に返還しなければならない（120条３項）。しかしながら，総会屋からの返還はあまり期待できないので，関与した取締役および執行役には供与した利益に相当する価額の支払い義務が課される（同条４項，会社規21条）。なお義務の免除には総株主の同意が必要とされる（120条５項）。

違法な利益供与を行なった会社の取締役，会計参与，監査役，執行役等または会社の使用人（970条１項［利益供与罪］），さらに事情を知りながら利益供与を受けまたは会社に第三者に対する利益供与をさせた者（同条２項［利益受供与罪］），および会社に利益供与を要求した者（同条３項［利益供与要求罪］）は，３年以下の懲役または300万円以下の罰金という形で刑事制裁の対象となる。また会社法970条２項または３項に該当する者が１項に掲げる者への威迫を伴う場合には制裁を加重し，５年以下の懲役または500万円以下の罰金またはその併科に処される（同条４項）。なお，株主の権利行使に関する利益供与罪を犯した者が自首したときには，刑を軽減または免除することができるという規定を置き（同条６項），内部告発者にインセンティブを与え犯罪の発覚を促そうとしている。このほかにも株主等の権利の行使に関する贈収賄罪が規定されている（5年以下の懲役または500万円以下の罰金。968条）が，現実には総会屋への「不正の請託」を立証することが難しく，摘発事例は少ない（最決昭44・10・16刑集23・10・1359百選〔第3版〕104事件）。

2・2　株主総会の招集

2・2・1　総会の招集権者と招集手続

招集権者

取締役会設置会社の株主総会は，原則として取締役会が招集事項を決定し（298条1項・4項），それに基づき代表取締役または代表執行役が通知などの招集手続を行う（296条3項）。なお招集事項は，①総会の日時および場所，②総会の目的事項，③書面投票制度を採用する場合にはその旨（株主数が1000人以上の場合には原則的に強制される。なお，会社規64条参照），④電子投票制度を採用する場合はその旨，⑤そのほか法務省令で定められた事項である（298条1項，会社規63条）。

株主全員が集まってその場で株主総会を開くことに同意した場合には，招集手続を経ていなくても株主総会としての効力が認められる（会社300条［全員出席総会］）。なお一人会社の場合には，その株主が出席すればつねに全員出席総会となる（最判昭46・6・24民集25・4・596。議事録の作成は必要）。これに対して，一部の株主が法定の招集手続を経ずに開いた集会を株主総会と称しても，総会決議としての拘束力はない。

6ヶ月前より引続き総株主の議決権の100分の3以上を有する株主（定款による要件の引き下げが可能。なお公開会社以外では保有期間要件なし）は，会議の目的（当該株主が議決権を行使できる事項に限定される）および招集理由を記載した書面をもって，株主総会の招集を請求することができる（297条1～3項）。この請求後遅滞なく招集手続が行われない場合または請求日から8週間以内の日（定款による期間の短縮が可能）を総会期日とする招集通知が発せられない場合には，裁判所の許可を得てみずから株主総会を招集することができる（297条4項）。そのほか，裁判所の命令によって取締役が招集する場合がある（307条1項1号）。

招集手続

(1)　**招集時期・開催場所**　株主総会には，毎事業年度の終了後一定時期に招集しなければならない定時総会（296条1項）と，必要に応じて開催される臨時総会（296条2項）とがあるが，両者の招集手続に変わりはない。

定時総会は株主名簿の基準日後3ケ月以内に開催されることになるが，前事業年度にかかる総会と著しく離れた日や総会開催集中日を特に選んだ場合，さらに過去の総会開催場所と著しく離れた場所を特に選んだ場合には，その理由を明らかにすることが要求されており（298条1項5号，会社規63条1号・2号），これを招集通知に記載させることによって（299条4項），合理的な理由なく株主の出席の機会が奪われることを防止しようとしている。開催会場は出席が予想される株主を収容する広さがなければならないが，出席株主数が多く同一会場での開催が困難であるかその手当てが不可能な場合などには，株主からの質問や意見表明の機会が保障されていることを条件にテレビモニターなどで接続した複数会場での分散開催も許容される（会場から溢れた株主を無視して議事を進めたことが決議取消原因となった判例として，最判昭58・6・7民集37・5・517百選〔第3版〕39事件）。

(2)　**招集通知**　取締役会設置会社では，株主総会の招集通知は開催日時および場所のほか，会議の目的たる事項を記載した書面で開催日の2週間前に発出することが必要である（299条。なお株主の承諾を得た場合には電磁的方法での通知も可能。ただし書面投票または電子投票を採用しない非公開会社では期間を1週間前までに短縮でき，取締役会非設置会社では定款によってさらに短縮することが可能。）。書面投票または電子投票制度を採用する場合には，議決権行使について参考となるべき事項を記載した株主総会参考書類の添付が必要とされる（301条・302条，会社規65条・66条。電磁的方法での招集の場合には電磁的方法で提供すればよいが，書面投票制度を採用する場合には議決権行使書面の交付が必要）。また計算書類および事業報告を添付しなければならない（437条。なお監査役設置会社では監査報告，会計監査人設置会社では会計監査報告も添付することが必要）。

株主総会の開催を中止する場合には，招集手続と同じ方法でその撤回手続を行なうことが必要である（延期については，317条）。

総会検査役　会社または6ヶ月前から引続き総株主の議決権の100分の1以上を有する株主は，株主総会にかかる招集の手続および決議の方法を調査させるために，当該株主総会に先立ち，裁判所に対して検査役の選任を申し立てることができる（306条1項・2項）。

2・2・2　株主提案権

意　義　少数株主が招集権および提案権を行使する場合には，株主が議題や議案を提案できる（297条・303条・304条）。このような提案が株主総会で可決される可能性は，TOBなどによって大量の株式を買占めた場合などにかぎられるであろうが，最近では機関投資家や市民運動型株主から種々の提案が出されている。これらの提案の多くは会社や社会に対するアピールともなり，たとえ決議で否決されても少数株主による意思表示の手段として，また監督是正権の一環として大きな機能を果たすことになる。

内　容　取締役会設置会社では，6ヶ月前より引続き総株主の議決権の100分の1以上または300個以上の議決権を有する株主は，総会日の8週間前までに代表取締役に対して書面もしくは電磁的方法をもって，一定の事項を株主総会の議題（303条1項・2項［議題提案権］）ないしは議案（304条［議案提出権］）とすることを請求でき，さらに議案の要領を招集通知に記載または記録することを請求することができる（305条1項）。取締役会設置会社では株主総会の目的事項以外については決議することができないから（309条5項），議題提案権は決議および質問可能性を確保する点からも重要である。議案の提出については，総会での議事の際に取締役会提案の議案について修正提案が認められることから，むしろ議案の要領を事前に株主に通知するよう請求できる点に意味を持つ。なお，議案が法令または定款に違反する場合や，過去の株主総会と実質的に同一の議案については最近3年間に総株主の議決権の10分の1以上の賛成を得ていない場合には請求が認められない（304条）。

株主からの適法な議題提案が拒絶された場合には取締役等は過料に処せられる（976条19号）が，関連性のある他の議題に関する決議の効力を否定すべきかについては見解が分かれる（東京地判昭60・10・29金判734・23，東京高決平24・5・31資料版商事法務340・30参照百選〔第3版〕31事件）。

2・3　株主の議決権

2・3・1　一株一議決権の原則

意義と機能　持分会社の社員総会では社員1人に1個の議決権を与える頭数多数決の方法がとられるが，株主には1株について1個の議決権が与えられている（308条1項）のは，株主平等原則の典型的な現れであり，その当然の帰結と理解されている。一株一議決権の原則は株式という概念を通して株主間の形式的平等を維持しながら，資本多数決によって会社に対する出資リスクの大きな大株主の意思を会社の意思とすることで経済的合理性を実現しようとする制度といえよう（なお累積投票制度（342条）は一株一議決権制度の修正である）。

例　外　歴史的および比較法的にみると，一株一議決権の原則は唯一絶対のものではない。複数議決権や一定数以上の株式を保有する株主の議決権を制限する制度も見受けられる。ただし現行法上は，以下の例外のみを認めている。

(1)　**単元未満株式**　会社が定款をもって一定の株式数を1つの単位とする単元株制度を設けている場合には，1単元につき1個の議決権が与えられ（308条1項但書），単元未満株式には議決権は認められない（189条1項）。

(2)　**自己株式**　会社が有する自己株式については議決権を認めない（308条2項）。これは団体法上の論理的帰結であるとともに，取締役がみずからの利益のために議決権を濫用する危険性を排除するための規定である。

(3)　**相互保有株式**　株式相互保有には株主総会決議すなわち会社支配を歪曲化する可能性があるので，総株主の議決権の4分の1以上を有することその他の事由を通じて会社がその経営を実質的に支配することが可能な関係にある株主は議決権を行使することができない（308条1項，会社規67条）。

(4)　**議決権制限株式**　定款で完全無議決権株式または一定の事項についてのみ議決権を行使できる株式を発行することができる（108条1項3号）。

なお，(1)～(4)による議決権のない株式の数は決議の際に定足数から除外される（309条1項）ほか，株主には一切の総会参与権が認められないとの説が有力である。

議決権拘束契約　閉鎖会社や合弁企業では，株主間や第三者との間で株主の議決権を拘束する契約が締結されることがあり，近年は債権契約としての有効性が認められている。なお，全株式譲渡制限会社では定款自治の一環として株主ごとに異なる議決権の取り扱いをすることが認められている（109条2項）。

2・3・2　議決権の行使方法

議決権の不統一行使　複数の株式を有する株主がひとつの議案に対して持株の一部については賛成票を投じ，残りの株式については反対票を投じるというような議決権の不統一行使は，株主個人の意思表示という点で非論理的で無意味である。ただし株式信託や外国預託証券のように名義上の株主の背後に複数の実質的な株主がいるときには，それらの者の意思を反映させるために，原則として認められる（313条1項）。しかし，議決権を行使しようとする株主が他人のために株式を有する者でないときには会社は不統一行使を拒むことができる（313条3項）。取締役会設置会社では議決権を不統一行使しようとする株主は，総会日の3日前までに会社に対して不統一行使する旨およびその理由を通知しなければならない（313条2項）。

議決権の代理行使　(1)　**議決権の代理行使の意義と制限**　株主は株主総会にみずから出席できないときには代理人によって議決権を行使することができる（310条1項）。定款によって株主自身による議決権行使しか容認しないことまたは代理人資格の不当な制限は認められない。

1人の株主が複数の代理人を出席させることは，通常は必要性がなく，株主総会の議事に無用な混乱を生じさせるおそれもあるので拒むことができる（310条5項）。これに対して，定款で代理人の資格を当該会社の株主に限定できるかについては議論が分かれている。実務上は総会荒らしの防止を名目にこの種の制限を設ける会社が多く，判例もこのような定款規定を合理的な理由による相当程度の制限として是認する（最判昭43・11・1民集22・12・2402百選〔第3版〕32事件。ただし，法人株主がその株主ではない従業員に議決権の代理行使をさせることが定款違反ではないとした判例として，最判昭51・12・24民集30・11・1076百選

〔第３版〕37事件）。しかしながら株式の自由譲渡が保障される公開会社では，このような制限は総会屋の排除に実質的な意味を有しないし，また内部対立状態にある非公開会社では適切な代理人を選ぶことができないという不合理が生じる。

⑵　**代理行使の方法**　株主が議決権の代理行使をするには，当該株主または代理人が代理権を証明する委任状を会社に提出しなければならない（310条１項。書面に代えての電磁的方法による提供について，同条３項参照）。この代理権の授与は株主総会ごとに各別に行なうことが必要であり（同条２項），期限の定めのない包括的な代理権の授与は経営者に濫用されるおそれもあるので認められない。なお委任状の書面または電磁的記録は総会終了の日から３ヶ月間会社の本店に備え置かれ，株主の閲覧・謄写に供される（同条６項・７項）。

⑶　**委任状勧誘制度**　議決権の代理行使が実質的な役割を果たすのは多数の会社との間で株式の相互保有状態にある法人株主であり，一般個人株主がこのような代理行使制度を利用することはほとんどない。

実務上は会社から株主に対して白紙委任状の提出を依頼することが多いが，会社は株主総会の招集通知とともに株主に代理人欄を空白にした委任状用紙を送付し，株主総会に出席しない場合には株主欄に記名押印して返送するよう勧誘する。これによって株主の議決権を取締役が実質的に手に入れて会社側提出の議案についての賛成票を得るとともに，定足数の排除や要件の緩和に制限が加えられている決議事項について定足数を確保するためにも意味を持つ。

上場会社が委任状勧誘を行なう際には所定の事項を記載した参考書類の送付を義務づけるとともに，委任状用紙についても議案ごとに賛否の記載欄を設けることが要求される（金商194条，金商令36条の２，上場株式の議決権の代理行使の勧誘に関する内閣府令１～３条）。

書面投票制度と電子投票制度

株主総会に出席しない株主の意思を決議に直接反映させるとともに定足数の確保に寄与する制度として，書面投票制度と電子投票制度がある。取締役会が株主総会招集にかかわる事項の決定に際して採用を決めることができるが，議決権を有する株主が1000人以上の会社では書面投票制度を採用しなければならない（298条１項３号・４号・２項。ただし上場会社が全株主に対して委任状勧誘を行っている場合は除く）。いずれの制度を採用した場合も，総会の招集通知に株主総会参考書類（会社規65条・73～94条・95条）を添付しなければならない（301条１項・302条１項。書面投票については議決権行使書面の交付も必要）。また電磁的招集通知による場合にはこの方法で書面の交付に代えることができる（301条２項・302条２項。ただし株主からの請求があった場合には書面の交付が必要）。いずれの場合も特定の期限を定めない限りは，株主総会日の直前の営業時間の終了時までに議決権行使書面の提出または電磁的方法で権利行使しなければならない（311条１項・312条１項）。また会社は議決権行使書面または電磁的記録を総会終了の日から３ヶ月間会社の本店に備え置き，株主の閲覧・謄写に供さなければならない（311条３項・４項・312条４項・５項）。なお，いずれかの制度で意思表示をした後に本人が総会に出席して議決権を行使した場合には，直接行使したものを本人の意思とするが，書面投票と電子投票が同じ株主からなされた場合で，特に定めがないときには最後に届いたものを採用すべきであろう。

2・4　株主総会の議事

2・4・1　議長と役員の役割

議事運営と議長の職務

株主総会の議事運営については会社法および定款の規定に従うが，このほか会議体の一般原則にも拘束され，議長の選任について定款で定めていない場合には株主総会で選ばれることになろう。実務上では定款に社長・会長などの特定の地位にある者を議長と定めている場合が多いが，議長不信任の動議が可決されたときには改めて議長選任決議が必要とされ，また少数株主が株主総会を招集した場合は定款の規定の有無にかかわらず株主総会で議長を選任すべきである。

議長は株主総会の秩序を維持し，議事を整理する権限を有する（315条１項）。すなわち議長の職務は，一般的には，①開会宣言および②定足数の確認後に，③議案等の会議の目的たる事項についての説明を提案者に求め，④株主からの質問や動議等の発言を整理し，⑤討議終了後に議案の採決を行い，最後に，⑥会議の閉会を宣言するという一連の手続を指揮するものである。議長はその適切な指示に従わず，株主総会の秩序を乱す者を退場させることができるが（315条2項），逆に議場が混乱した状況下で満足な審議も行わないままに強行採決をしたようなときには決議取消しの原因となる（最判昭58・6・7判時1082・9）。

株主総会では，決議によって取締役，会計参与，監査役，監査役会および会計監査人が提出した資料を調査する者を選任できる（316条1項）。また少数株主によって招集された株主総会では，決議によって会社の業務および財産の状況を調査する者を選任できる（316条2項）。

株主総会終了後には，書面または電磁的記録をもって議事経過の要領等を内容とする議事録を作成しなければならない（318条1項，会社規2条）。なお議事録は本店に10年間備え置き（318条2項），株主，会社債権者および裁判所の許可を得た親会社社員の閲覧・謄写に供されねばならない（同条4項・5項）。

役員および執行役の説明義務

会議体の一般原則から考えて，株主が株主総会の審議対象の事項に関して質問を行うことは，明文の規定の有無にかかわらず総会参与権の内容として当然と考えられてきた。昭和56年商法改正で株主の質問権を再確認し，取締役や監査役の自覚を促し，不当な説明拒絶を防ぐとともに総会屋などによる濫用的な利用を防止するために，取締役，会計参与，監査役および執行役の説明義務として規定する（314条）。

説明を拒絶しうる場合として，①質問事項が会議の目的たる事項（決議事項と報告事項）と無関係のとき，②説明によって株主共同の利益が著しく害されるとき，③その他の正当な理由がある場合として法務省令で定めるとき（314条但書），すなわち，(ア)株主が説明を求めた事項について調査を必要とする場合（当該事項を総会日より相当の期間前に通知しているときや調査が著しく容易な場合を除く），(イ)説明によって会社その他の者の権利を侵害する場合，(ウ)当該総会において実質的に同一の事項について繰り返し説明を求める場合，(エ)このほか説明ができないことに正当事由がある場合を定めている（会社規71条）。

正当な拒絶事由がないのに説明が拒絶されたときには当該決議の取消原因となるが（831条1項。東京地判昭63・1・28判時1263・3），その挙証責任は説明義務を負う役員側にある。なお，報告事項についての質問に不当拒絶などの問題があっても，他の決議事項の効力には直接影響することはない。

株主の質問に対する説明は質問ごとに個別に回答する一般的な方法のほか，

すべての質問内容を項目ごとにまとめて説明する一括回答方式も認められる（最判昭61・9・25金融法務1140・23）。なお説明に対して特定の株主が納得しない場合においても，平均的な株主（＝一般人）の理解・判断に必要な情報を与えられたと判断しうる場合には，議長は審議の打切りを宣言して採決を行うことができる。

2・4・2　株主総会の決議

株主総会の審議　取締役会設置会社では招集通知に記載ないし記録のない事項について決議することは認められず（309条5項），議案の修正動議も議題の枠を超えて行うことはできない。これに対して議事運営に関する事項についての動議，例えば審議の順序変更や審議打切り，議長不信任の動議については実際に出席した株主の議決のみで決せられるし，総会検査役の選任決議も同じく出席株主だけで決定できる。

報告事項については代表取締役（業務執行取締役）または代表執行役（執行役）が報告を行い，決議事項については提案者が議案の趣旨を説明することが必要である（会社提案は代表取締役等，株主提案は提案株主）。いずれの場合も株主からの質問に対して取締役等は説明義務を負う。

採決の方法は挙手，起立や投票など議長の権限で自由に決められるが，採決の結果が出席株主にはっきりとわかる方法であることが必要であろう。株主提案の議案については，同一議案を今後再提案する場合には総会において議決権の10分の1以上の賛成を得ておくことが必要であるので（304条但書・305条4項），賛成票数が確認できる方法でなければならない（金融商品取引法による臨時報告書の提出会社は決議事項ごとの決議結果数を記載する。金商24条の5第4項，企業内容等の開示に関する内閣府令19条2項）。

総会決議・報告の省略　同族会社等の小規模非公開会社や完全子会社，合弁会社等では全株主の意思が会社の意思決定に十分に反映される場合があることを想定し，会議の決議事項につき，株主の全員が書面または電磁的記録によって同意の意思表示をした場合には当該提案を可決する旨の総会決議があったものとみなすとの規定を置く（319条1項［書面決議］）。なお報告事項を通知する場合も同様のみなし規定がおかれている（320条）。

決議要件　株主総会の決議は資本多数決によるが，決議事項の重要度に応じて，以下のように大別される。

(1)　**普通決議**　普通決議は特別な要件を定めていないすべての決議事項に共通する決議方法であり，議決権を行使できる株主の議決権の過半数を有する株主が出席して，出席株主の議決権の過半数の賛成で成立する（309条1項）。代表的な決議事項は，取締役・会計参与・監査役・会計監査人の選任・解任（329条1項・339条1項），役員の報酬（361条1項・379条1項・387条1項），計算書類の承認（438条2項），資本額の増加（450条2項）である。なお，定足数は定款で排除または緩和することが認められているので，実務上は定足数を排除している会社が多い。役員の選任・解任決議と支配株主の変動を伴う募集株式の発行等の決議は，定足数を3分の1未満に下げることができない（341条・244条の2）。

(2)　**特別決議**　特別決議は会社法が特に指定した株主の地位に重大な影響を与える会社の基礎の変更や特定株主への新株の有利発行等が対象となり，議決権を行使できる株主の議決権の過半数（定款によって3分の1以上と定めることができる）を有する株主が出席して，その議決権の3分の2以上（定款で要件を加重できる）の賛成で成立する（309条2項）。会社法309条2項で列挙する特別決議事項は以下である。①譲渡制限株式の買取等（140条2項5項），②特定人からの自己株式の取得（156条1項・160条1項），③全部取得条項付種類株式の取得事項および相続人等に対する売渡請求（171条1項・175条1項），④株式の併合（180条2項），⑤非公開会社の募集株式・新株予約権の発行等（199条2項・200条1項・202条3項・4項・204条2項・205条2項・238条2項・239条1項・241条3項・243条2項・244条3項），⑥募集株式等の有利発行（199条2項・238条2項），⑦累積投票により選任された取締役および監査役の解任（339条1項），⑧役員等の責任の一部免除（425条1項），⑨資本金額の減少（447条1項），⑩現物配当制限（454条4項），⑪定款変更・事業譲渡・解散・継続（466条・467条1項・471条3号・473条），⑫合併・会社分割・株式交換・株式移転（783条1項・795条1項・804条1項）。

(3)　**特殊決議**　特別決議よりもさらに厳格な要件を課されているものには，(i)議決権を行使できる株主の半数以上であって，当該議決権を行使できる株主の議決権の３分の２以上の賛成を要件とするもの（309条３項）として，①発行する全株式の譲渡制限規定を定めるための定款変更（同条同項１号），②株式譲渡制限会社に吸収合併または株式交換をされる会社の合併等承認（同条同項２号・783条１項），③株式譲渡制限会社を新設する合併または株式移転をする会社の合併等承認（309条３項３号・804条１項），(ii)総株主の半数以上であって，総株主の議決権の４分の３以上の賛成を要するもの（309条４項）として，非公開会社において株主ごとに権利内容の異なる取り扱いを定款で規定する場合（109条２項），（iii）総株主の賛成を要件とするものとして，取締役・会計参与・監査役・執行役・会計監査人の会社に対する責任免除（424条）がある。

2・4・3　種類株主総会

会社が権利内容の異なる種類の株式を発行する場合（108条１項）に，それぞれの種類の株主相互間での利害調整のために設けられた制度が種類株主総会であり，会社法または定款に定めた事項に限り決議できる（321条）。

種類株主総会も当該種類の議決権を行使できる株主の議決権の過半数を有する株主が出席し，その議決権の過半数の賛成で成立する（324条１項）のを原則とする。なお議決権を行使することができる株主の議決権の過半数を有する株主が出席し，その議決権の３分の２以上の賛成で成立する特別決議事項（324条２項）として，①ある種類の種類株主に損害を及ぼすおそれのある特定の行為を会社が行う場合として，株式の種類の追加・株式の内容の変更・発行可能株式総数または発行可能種類株式総数の増加についての各定款変更，株式の併合または分割，株式・新株予約権の無償割当て，株式・新株予約権を引き受ける者の募集，合併等の組織再編（322条１項），②特定の種類株式を全部取得条項付種類株式とする定款変更（111条２項），③譲渡制限種類株式または新株予約権の募集（199条４項・200条４項・238条４項・239条４項），④取締役・監査役の選解任（108条１項９号・347条），⑤組織再編行為で種類株式発行会社である存続会社の譲渡制限株式を対価とする割当て（795条４項）がある。

さらに議決権を行使できる株主の半数以上であって，当該議決権を行使できる株主の議決権の３分の２以上の賛成が要求されるもの（324条３項）には，①特定の種類株式を譲渡制限株式とする定款変更（111条２項），②組織再編行為で種類株式発行会社である消滅会社株主への譲渡制限株式の割当て（783条3項・804条3項）がある。なお，拒否権付種類株式（いわゆる黄金株）を発行した場合には，定款記載の内容にしたがって，株主総会の決議に加えてその種類株主総会の決議が必要である（108条1項8号・323条）。

2・5　株主総会決議の瑕疵

2・5・1　総会決議の瑕疵と利害調整

資本多数決制度によって少数株主も総会決議の結果に拘束される以上，決議の成立手続や決議内容に法律や定款違反などの瑕疵がないことが必要となる。決議に問題がある場合にはその効力を否定することが望ましいし，また法の一般原則からは当然に無効で，誰でもいつでもまたどのような方法によってもその瑕疵を主張してその効力を否定できるはずである。

しかし，総会決議の結果，多くの団体内部の関係や外部との取引が展開され，株主や会社の機関構成員のほか，会社外の関係者の利害にも影響を与えることになる。これらの者にとって法律関係がいつ覆されるかわからない状況は望ましいものではなく，法的安定性および法的確実性の確保が要請される。

そこで，総会決議に瑕疵がある場合を一律に無効とする処理方法はとらず，手続上の瑕疵などの比較的に軽微な瑕疵については決議取消しの訴え（831条）を設けて取引の安全との調整をはかろうとしている。なお，訴えが提起されても判決が出るまでは当該決議が有効と扱われることは当然であり，判決の確定によってはじめて決議時に遡って当該決議の効力が否定される（遡及効）ので，この訴えは形成訴訟に属する。すなわち提訴期間内に誰も訴えを提起しなければ，たとえ決議に瑕疵があっても有効性が確定する。

これに対して決議がまったく行われなかった場合や決議内容が法令に違反する場合には一般原則に従い無効となるので，訴えによらずに抗弁の形でも不存在や無効を主張できる。しかし，法律関係の画一化をはかるために，決議不存在・無効確認の訴え（830条）という訴訟類型を設け，判決の効力を訴訟当事者以外の第三者に拡張する（対世効）特別の規定を置いている（838条）。

2・5・2　決議取消しの訴え

決議取消原因　決議の取消しは比較的に瑕疵の程度が軽微である場合に認められることから，主張の方法を訴えに制限するとともに，決議の取消原因，提訴権者および提訴期間について制限が加えられている。

決議の取消原因は，以下の3つの場合に限定されている。

⑴　**招集手続または決議方法の法令・定款違反，または著しい不公正**（831条1項1号）決議の成立過程に関する手続上の瑕疵である。株主総会の招集通知についての通知期間の不足，記載内容の不備，一部株主への通知漏れ（最判昭42・9・28民集21・7・1970百選〔第3版〕36事件）や有効な取締役会決議に基づかない総会の招集（最判昭46・3・18民集25・2・183百選〔第3版〕40事件），などが該当する。決議方法の瑕疵には，株主の入場での差別的扱い，株主の議決権行使の妨害（東京高判平4・11・16金法1386・76），説明義務違反（東京地判昭63・1・28判時1263・3），定足数不足，総会の権限外の事項や招集通知に記載のない事項の決議，議決権の数え間違い，多くの株主の出席が困難な時刻や場所での総会開催があげられる。

⑵　**決議内容の定款違反**（831条1項2号）　定款所定数を超えた取締役等の選任などは定款変更で瑕疵が治癒する私的自治の範囲の内部規律違反であり，当然に無効とするまでの必要性はない。

⑶　**決議内容に特別の利害関係を有する株主が決議に議決権を行使したことによる著しく不当な決議**（831条1項3号）　特別利害関係を有する株主であろうとも危険資本の担い手である以上は議決権が当然に排除される必要はなく，利益相反的な行使によって決議が著しく不当となる場合にのみ取消しの対象となる。特別利害関係の意味も株主としての資格を離れた個人的利害関係を決議について有する場合と理解すればよいであろう。みずからの責任が追及されている取締役である株主が議決権行使によって責任の一部免除決議を成立させる場合（大阪高判平11・3・26金判1065・8），正当な理由なくみずからを引受人とする株式の有利発行の承認決議を成立させる場合，不当に高額な役員報酬をみずからに与える決議を承認させる場合，親子会社間での合併において，親会社が子会社の少数株主にのみ実質的に損害が出るような条件で承認決議を成立させる場合などが該当する。

なお，規定は資本多数決濫用の典型であるが，同じような多数決の濫用事例で当然に無効となる場合と決議取消原因となり結果的に有効になる場合に分かれるのは望ましくないので，適用範囲は広く解釈すべきであろう。

訴えの当事者と提訴期間　提訴権者は，株主，取締役，監査役，清算人および執行役にかぎられる（831条1項。取消しによってその地位が回復される者も含む）。株主は自己に対する瑕疵だけでなく，他の株主に関する瑕疵を原因として決議取消しの訴えを提起できるが，決議の公正に対して利害関係を有するすべての株主に原告適格があると考えるべきであろう（前掲・最判昭42・9・28）。同じ理由から決議後に株主資格を取得した株主による訴えの提起も認められているが，議決権のない株主については意見が分かれる。なお，被告は当該会社である（834条17号）。

決議取消しの訴えのような形成訴訟においては取消原因があるときには原則として訴えの利益が認められるが，訴訟の継続中に訴えの利益が消滅し，訴えが却下される場合もある。例えば取締役選任決議の取消しを求める訴訟の継続中に当該取締役が任期満了などの理由で退任し，その後の総会決議で取締役が選任されたときには特別の事情がないかぎり訴えの利益は消滅する（最判昭45・4・2民集24・4・223百選〔第3版〕38事件。計算書類承認決議の取消しを求める訴えの利益が次期以後の計算書類の承認決議が成立した場合でも失われないとした判例として，最判昭58・6・7民集37・5・517百選〔第3版〕39事件）。また当該決議と同一の再決議によっても訴えの利益が消滅する（最判平4・10・29民集46・7・2580）。

決議取消しの訴えは決議の日から3ヶ月以内でないと提起できず（831条1項），また他の株主からの提訴があれば併合審理になる（837条）。取消事由の追加も提訴期間内にかぎられると解されている（最判昭51・12・24民集30・11・1076百選〔第3版〕37事件）が，時機に後れた攻撃防御方法でないかぎり訴訟継続中にあらゆる主張ができるのが民事訴訟の一般原則であること（民訴157条1項）からの否定的な見解も多い。また提起すべき訴訟の種類を誤った場合に，最初の訴えが決議取消しの訴えの提訴期間内に提起された場合には訴えの転換が認められる（最判昭54・11・16民集33・7・709百選〔第3版〕43事件）。

被告会社が株主の訴え提起が悪意によることを疎明したときに，裁判所は株主に担保の提供を求めることができる（836条1項・3項）。敗訴した株主に悪意または重過失がある場合は会社に対して損害賠償責任を負う（846条）。

裁量棄却　取消原因が総会招集手続または決議方法の法令または定款違反である場合に，その瑕疵の程度が重大でなくさらに瑕疵が決議の結果に影響を及ぼさないと認められるときにかぎって，裁判所は裁量によって決議取消しの訴えを棄却することができる（831条2項）。軽微な瑕疵によって決議の効力が否定されるのは不合理であり，裁判所に衡平の見地から判断を委ねたものである。むろん決議の結果に影響はなくても会社の意思決定制度の根幹に反する瑕疵はそれだけで重大であると考えられるので，裁量棄却の対象とはならない。

2・5・3　決議無効確認の訴え

総会決議の内容が法令に違反するときにはその決議は当然に無効であり，一般原則によっていつでも誰でもその無効を主張することができる。例えば決議が株主有限責任原則や株主平等原則に違反する場合，取締役等の欠格事由に該当する者を選任する場合や分配可能額がないのになされた剰余金配当決議などが対象となる。このような決議無効の主張は抗弁の形で行ってもよいが，総会決議をめぐる法的処理を確定するために決議無効確認の訴えを提起することもできる（830条2項）。決議無効確認の訴えは確認訴訟であり，訴えの提起には確認の利益が必要であることから，訴えを提起できる利害関係者の範囲やその提起できる時期もおのずと制限されてくる。被告は当該会社である（834条16号）。会社訴訟として集団的な取扱いが必要であるという点は決議取消しの訴えと異ならないので，無効を確認する判決が対世効を持つほか，訴訟手続は決議取消訴訟の場合と同様である（835条～839条）。

2・5・4　決議不存在確認の訴え

外形的にも総会決議と認められる事実がまったく存在しない場合や手続上の瑕疵が著しいために法律上株主総会が開催されたと認められない場合には総会決議が不存在であるとされる。例えば総会議事録を捏造して会議自体は開催されなかった場合（最判昭45・7・9民集24・7・755），招集通知もなく一部の株主のみの集会で決議がなされた場合（東京地判昭30・７・８下民６・７・1353），招集通知漏れが著しい場合（最判昭33・10・３民集12・14・3053），取締役会の決議もなく，招集権者以外の者によって招集された場合（最判昭和45・８・２判時607・79）などが不存在といえる。このような場合には一般原則によっていつでも誰でもその不存在を主張することができ，また総会決議不存在の画一的な確認を必要とする場合には決議不存在確認の訴えを提起することもできる（830条１項）。被告は当該会社である（834条16号）。訴えの提起には確認の利益が必要とされるほか，訴訟手続や判決の対世効は決議無効確認の訴えと同じである（835条～839条）。

第3章 株式会社の経営・管理機構

3・1 業務執行機関の分化

会社の機関

会社は観念的な存在なので，みずから意思を決定し，活動できないのは当然である。自然人と同様に権利義務の帰属主体になるとはいっても，ある自然人の意思決定や活動を会社自身のものと扱うならば，その自然人の意思決定や活動が，法律上も会社自身のものと認められなければならない。会社の機関とは，このように会社の意思を決定し，その運営に携わる者ないしその地位のことをいうが，会社はこの機関の活動を通じて，意思決定や活動を行う。株式会社には大規模なものから小規模なものまでさまざまであるので，会社法はその機関にも，以下のように複雑な規制を設けているが，会社法上機関として認められているのが，株主総会，取締役（会），会計参与，監査役（会），会計監査人，監査等委員会または指名委員会等・執行役である（295条・326条１項・２項）。これらの機関は，会社の存立には不可欠な存在になる。

株式会社の機関設計

大規模な上場会社のように，多数の株主の存在が前提とされている場合には，株主が会社の実質的所有者であるといっても，株主自身が会社の経営に直接関与することは事実上不可能であろう。そこで，株式会社では出資者である株主とは別に，経営の専門家である第三者に会社の業務執行を委ね，効率的な経営を確保する必要性が生じてくる。ここではいわゆる「所有と経営の分離」が認められるが，会社法は，機関のうち株主総会と取締役についてはすべての株式会社が必ず設置しなければならない機関として定めている（295条１項・326条１項。なお，326条１項で「１人又は２人以上」と表現されたのは，１人の取締役が欠けた場合に備えて経営の継続を容易にする趣旨に基づく）。それ以外の機関を設置する場合には，定款の定めが必要になる（326条２項）。このように会社法は，原則として株式会社の機関構成につき簡易な制

【株式会社の機関設計】

(1)公開会社でない株式会社（かつての有限会社に相当する機関構造）
①取締役
②取締役＋監査役（会計監査権限のみに限る場合と，業務監査権限および会計監査権限の双方を有する場合）
③取締役＋監査役＋会計監査人
④取締役会＋会計参与
⑤取締役会＋監査役（会計監査権限のみに限る場合と，業務監査権限および会計監査権限の双方を有する場合）
⑥取締役会＋監査役会
⑦取締役会＋監査役＋会計監査人
⑧取締役会＋監査役会＋会計監査人
⑨取締役会＋指名委員会等＋会計監査人
⑩取締役会＋監査等委員会＋会計監査人
(2)公開会社でない大会社
⑪取締役＋監査役＋会計監査人
⑫取締役会＋監査役＋会計監査人
⑬取締役会＋監査役会＋会計監査人
⑭取締役会＋指名委員会等＋会計監査人
⑮取締役会＋監査等委員会＋会計監査人
(3)大会社でない公開会社
⑯取締役会＋監査役
⑰取締役会＋監査役会
⑱取締役会＋監査役＋会計監査人
⑲取締役会＋監査役会＋会計監査人
⑳取締役会＋指名委員会等＋会計監査人
㉑取締役会＋監査等委員会＋会計監査人
(4)大会社である公開会社
㉒取締役会＋監査役会＋会計監査人
㉓取締役会＋指名委員会等＋会計監査人
㉔取締役会＋監査等委員会＋会計監査人

度を設計しているとはいっても，一定の場合には機関の設置を強制している場合もある。

例えば第1に，取締役会を設置しなければならない場合として，①公開会社，②監査役会設置会社，③監査等委員会設置会社，④指名委員会等設置会社を掲げる（327条1項）。これは，①の場合は，株式所有の分散によって株主が継続的に会社経営に関与することが期待しがたい会社では，業務執行手続を厳格化する必要があること，②の場合は，常勤・社外監査役を置く監査役会設置会社では，取締役会を欠く簡素な業務執行機関は通常想定しがたいこと，③の場合は，社外取締役を置く監査等委員会設置会社は，取締役会機能の充実が制度目的であること，④の場合は，委員の選定が取締役会の決議に基づき行われることが理由である。第2に，監査等委員会設置会社および指名委員会等設置会社のほか，公開会社でない会計参与設置会社を除き，取締役会設置会社は，監査役を置かなければならない（327条2項）。これは，取締役会設置会社では，株主総会は一定の事項に限り決議でき（295条2項），経営の専門機関である取締役会が業務執行を担うため，専門の監督機関が必要とされるからである。第3に，大会社（2条6号）の場合は，株主等その計算が適正であることに利害関係を有する者が多いため，会計監査人を設置する必要があるほか，監査等委員会設置会社および指名委員会等設置会社の場合にも，会計監査人を置かなければならない（327条5項）。それ以外の株式会社の場合において定款の定めに基づき会計監査人を置いた場合には，業務監査を行う機関と併せてその機能を果たさせるため，監査役を置かなければならない（同条3項）。もっとも，監査等委員会設置会社および指名委員会等設置会社の場合であれば，監査役を置く必要はない（同条4項）。また，指名委員会等設置会社では，監査等委員会は置かれない（同条6項）。

3・2　取締役

株主総会が会社の業務執行全部を担うのは，効率性や機動性の観点からも問題がある。そのため，株式会社の業務執行機関を取締役とし，経営の専門機関である取締役に業務執行を委ねざるをえない。したがって，株式会社には株主総会とともに必ず1人以上の取締役が置かれなければならず（326条1項），取締役会が設置される会社の場合には，すべての取締役をもって取締役会が組織される（362条1項）。

3・2・1　取締役の選任

取締役の資格・員数と欠格事由

会社法では，取締役になるための資格要件としてではなく，一定の欠格事由を設ける形でその資格が定められる（331条1項）。取締役の職務は業務執行行為も含むので，法人も株式会社の取締役になれないほか（同条1項1号。なお，598条1項参照），業務を執行し，株主である他人の財産を管理するのにふさわしくないため，成年被後見人・被保佐人等（331条1項2号）だけでなく，会社法・金融商品取引法・破産法等の罪を犯した者やその他の法律上の罪により禁固以上の刑に処せられた者（同条1項3号）も，取締役になることはできない。もっとも，広い範囲から取締役として有能な人材を求める余地を残すため，公開会社では，定款規定によっても取締役を株主に限ることはできない（331条2項）。さらに，取締役は，会計参与・監査役・会計監査人を兼ねることはできないし（333条3項・335条2項・337条3項2号），監査等委員会設置会社の取締役は，当該会社もしくはその子会社の業務執行取締役・支配人その他の使用人または当該子会社の会計参与もしくは執行役を兼ねることができない（331条3項）。また，指名委員会等設置会社の取締役は，当該会社の支配人その他の使用人を兼ねることができない（同条4項）。

取締役会設置会社の場合，取締役会という会議の開催の必要上，取締役は3人以上を要する（331条5項）。任期は，原則として2年であるが（332条1項「選任後2年以内に終了する事業年度のうち最終のものに関する定時株主総会の終結の時まで」），定款または株主総会の決議によってその任期を短縮することは妨げられない（同条1項但書）。もっとも，監査等委員会設置会社および指名委員会等設置会社の場合はその任期は1年以内であるのに対し（同条3項・6項），非公開会社の場合には，所有と経営が一致する場合が多く，頻繁に株主の信認を問う必要もないので，任期を最長10年まで伸長することができる（同条2項「選任後10年以内に終了する事業年度のうち最終のものに関する定時株主総会の終結の時まで」)。

取締役の選任決議と選任の効果　取締役は，株主総会の決議によって選任される（329条1項)。選任決議は普通決議で足りるが（341条)，決議内容の重要性から，定款で定足数を引き下げることができるのは，株主の議決権数の3分の1までとされる（同条かっこ書)。もっとも，このような選任決議は，会社内部での意思決定であるので，選任の効果が生じるには，被選任者の承諾（会社との任用契約）が必要となる。

取締役を複数選任する場合でも，1人ずつ選任するのが原則であろう。しかし株主からの請求がある場合には，累積投票をもって選任しなければならない（342条)。累積投票制度は，各株主が1株（1単元）につき株主総会で選任する取締役の数と同数の議決権を有し，その議決権を1人のみに投票するか，または2人以上に投票することもでき，投票の最多数を得た者から順次取締役に選任されたものとする選任方法をいう（同条3項・4項参照)。この方法が認められるのは，少数派株主も持株数に比例した取締役のポストを獲得でき，その取締役を通じて少数派株主の意見が会社経営に反映されることが期待できるからである。もっとも，会社は，定款上このような累積投票を排除できるので（同条1項「定款に別段の定めがあるときを除き｣)，累積投票制度を完全に排除する定款規定を定めている会社が多い。

3・2・2　取締役の終任（辞任・解任）

終任事由　終任とは，取締役が取締役としての地位を失うこと一般をいい，終任事由には任期満了のほか，辞任・解任・死亡などがあるが，任期満了の場合において取締役が再任されることは妨げられない。そもそも取締役と会社との関係は委任の規定（民643条以下）に従うので，取締役はいつでも辞任できるほか（民651条1項)，委任の一般的な終了事由である取締役の死亡・破産手続開始の決定・後見開始の審判によっても終任する（民653条)。もっとも，委任者である会社が破産した場合にも，委任の終了事由とされているが（民653条2号)，この場合に委任が当然に終了するかどうかは問題である。学説では，会社を破綻に至らしめた取締役がそのままその地位を保持すべきではないことなどから，従前では取締役は当然に終任すると解する終任説（資格喪失説）が一般的であったが，判例では，破産手続開始の決定後も，役員の選任・解任などの会社の組織に関する行為は，破産管財人の権限に属するものではなく，取締役は依然としてその地位を失わないとされている（非終任説。最判平16・６・10民集58・５・1178，最判平21・４・17判時2044・74）。そのため，この場合，会社と取締役の委任関係が直ちに終了するわけではない。

解　任　これに対して，取締役の任務が解かれる場合の解任は，いつでも株主総会の決議によって行うことができる（339条１項）。選任決議の場合と同様に，解任決議も株主総会の普通決議によって行われるが（341条。なお，累積投票によって選任された取締役の解任の場合は特別決議による（309条２項７号）），定款で定足数を引き下げることができるのも，株主の議決権数の３分の１までとされる（341条かっこ書）。もっとも，解任に正当な理由がなければ，取締役は，会社に対して損害賠償を請求できる（339条２項）。これは，株主による解任の自由の保障と，取締役の任期に対する期待の保護との両者の利益の調和を図る趣旨に基づくものである。その場合の損害の範囲は，取締役を解任されなければ残任期間中と任期満了時に得べかりし利益の喪失による損害を指すものと解される（大阪高判昭56・１・30下民32巻１～４・17）。正当な理由には，心身の故障（最判昭57・１・21判時1037・129百選〔第３版〕44事件）のほか，職務への著しい不適任（監査役の解任の場合であるが，東京高判昭58・４・28判時1081・130）などがある（なお，学説では，経営判断の失敗が正当な理由に含まれるかにつき争いがある）。

さらに，株主は，取締役の職務の執行に関し不正の行為または法令もしくは定款に違反する重大な事実があったにもかかわらず，取締役を解任する旨の議案が株主総会において否決された場合は，解任の訴えを提起することができる（854条）。この場合の原告株主は，６ヶ月前から引続き総株主の議決権の100分の３以上の議決権または発行済株式の100分の３以上の数の株式を有する株主のことをいい（少数株主権），被告は，会社と解任されるべき取締役の両方を指す（855条［固有必要的共同訴訟］。最判平10・３・27民集52・２・661）。専属管轄を有するのは，会社の本店所在地を管轄する地方裁判所である（856条）。取締役の解任の訴えの係属中に当該取締役が任期満了で退任したが，株主総会で再任された場合（神戸地判昭51・６・18下民27・５～８・378）や，現在の任期開始前に発生・判明していた談合の事実の解任事由が株主間で周知になった後に再任された場合（宮崎地判平22・9・3判時2094・140）は，特別の事情のない限り，解任の訴えの利益は失われる。

3・2・3　取締役に欠員が生じた場合の措置

退任取締役の権利義務　法または定款所定の取締役の定員に欠員が生じた場合，任期の満了または辞任によって退任した取締役は，あらたに選任された後任の取締役が就任するまで，なお取締役としての権利義務を有する（346条1項）。もともと取締役の定員を欠く場合，遅滞なく後任の取締役を選任しなければならないことは当然であるが（976条22号参照），その空白期間を設けることもできないので，このような一種の留任義務が定められているのである。このような取締役権利義務者は，解任の訴えの対象ではないし（最判平20・2・26民集62・2・638百選〔第3版〕45事件。この場合，株主は裁判所に後述の一時取締役の選任を申し立てるべきである），権利義務の地位が継続する間は，取締役の退任登記はあらたな後任者が就職するまで許されない（最判昭43・12・24民集22・13・3334）。

仮取締役・補欠取締役　また，必要があると認められる場合には，裁判所が利害関係人の申立てに基づき一時取締役を選任することもできるし（346条2項），取締役に欠員が生じた場合や，法または定款所定の員数を欠くことになる場合に備えて，補欠の取締役を株主総会で選任することもできる（329条3項）。

職務執行停止と職務代行者　取締役の選任・解任をめぐり訴訟が係属している場合，訴訟の対象である取締役に対し業務執行を継続させるのが適当でない場合もある。そのため，民事保全法上の仮処分制度（民保23条・24条）に基づき，裁判所は，当事者の申立てにより，取締役の職務の執行を停止し，さらに職務を代行する者（弁護士が選任される場合が多い）を選任することができる（917条，民保56条参照）。この職務代行者の権限は，仮処分命令に別段の定めがある場合を除き，会社の常務（会社の事業の通常の経過に伴う業務）に限定され，常務に属しない行為をする場合には，裁判所の許可を受けなければならない（352条1項）。判例によれば，取締役の解任を目的とする臨時総会の招集はここでの常務に属さないとされた（最判昭50・6・27民集29・6・879百選〔第3版〕47事件）。職務代行者がこれに違反して行った行為は無効であるが，会社はこれをもって善意の第三者に対抗することができない（352条2項）。

3・2・4　種類株主による取締役等の選任・解任

取締役・監査役の選任・解任について，指名委員会等設置会社でも公開会社でもない会社は，特定の種類株主で構成される種類株主総会において当該選任・解任を内容とする種類株式を発行することができる（108条1項9号）。このような種類株式が発行される場合には，前述のような選任・解任にかかわる規定は適用されず，当該種類株式の定款の規定に従って，取締役等の選任・解任が行われる（347条）。これは，例えば合弁企業が出資割合や事業への関与の度合いに応じて取締役を選任できるようにする株主間契約を制度的に保障することが目的とされたことによる。このような種類株主総会によって選任された取締役は，いつでも当該種類株主総会の決議によって解任することができる（347条1項）。

3・2・5　代表取締役

総　説　取締役会設置会社においては代表取締役が業務を執行し，対外的に会社を代表する（47条1項かっこ書参照）。業務執行の実行段階を担当するとともに，取締役会から適法に委ねられた範囲で業務執行の意思決定を担当する機関である。取締役会設置会社では，各取締役は取締役会の構成員として業務執行の意思決定を担うにすぎないので（362条2項1号），対外的に会社を代表する権限をもって業務執行そのものを行う機関が必要になり（同条3項），その機関を担当するのが代表取締役なのである。これに対し，取締役会非設置会社の場合には，原則として取締役は，各自，代表権を有するので（349条2項），必ずしも代表取締役が置かれる必要はない。

代表取締役は取締役会の下部機関であって，取締役会の指揮・監督に服するので，業務執行を決定するのは取締役会であり，代表取締役（および業務担当取締役）が当該業務を執行する。もっとも，常務としての日常の業務執行については，代表取締役に対しその決定権限が委任されていると考えられるが，その反面，代表取締役は広範な権限を有するので（349条4項），重要な事項および業務執行の決定は代表取締役等に委任できないことになっている（362条4項）。これは，取締役会での慎重な決定と代表取締役への統制機能の確保を図るためである。

代表取締役の選定　取締役会非設置会社では，定款，定款の定めに基づく取締役の互選または株主総会の決議によって，取締役の中から代表取締役を定めることができるのに対し（349条3項），取締役会設置会社では，代表取締役は，取締役の中から取締役会の決議によって選定される（362条2項3号・3項）。代表取締役は取締役会の構成員であるので，意思決定と執行の連携が図られる。法定の最低員数の定めはないので，1名以上でもよい。実際は，定款の規定により社長・副社長などの一定の役職の取締役を代表取締役と定める例が多い。代表取締役の氏名・住所は登記事項である（911条3項14号）。

代表取締役の終任　代表取締役が取締役の地位を失えば，当然に代表取締役の地位を失うが，取締役の地位を維持しながら代表取締役の職だけを辞任することはできる。そのため，取締役会決議によって取締役を解任することはできないが，代表取締役を解職することは可能である（362条2項3号）。解職された場合には，解職された代表取締役は代表権を有しない取締役になるが，その場合，取締役会での解職決議によって代表取締役の地位が失われたのであれば，当然に代表権を喪失するので，その者への告知をまってはじめて解職の効果が生じるものではない（最判昭41・12・20民集20・10・2160）。代表取締役の終任によって法定・定款所定の代表取締役の員数を欠く場合には，取締役の欠員の場合と同様の処理がなされる（351条）。

代表取締役の権限　代表取締役の代表権は，会社の業務に関する一切の裁判上または裁判外の行為にまで及ぶ（349条4項）。もちろん，この代表権は法令・定款ならびに株主総会決議の遵守（355条）という制約のもとで行使される必要があるが，包括的な権限である。代表取締役が複数存在する場合でも，各自会社を代表するのが原則である（単独代表）。しかし，業務に関して一定額以上あるいは一定の種類の取引は不可とするなど，代表権に制限を加えたとしても，このような内部的制限は善意の第三者には対抗できない（349条5項）。「会社の業務に関する」かどうかは，客観的に判断されるので，例えば自己の借金の返済のため，代表取締役が会社名義で銀行から金銭を借り入れたとしても，客観的に判断すれば会社の業務に関するので，当該借入れの効果は会社に帰属することになろう。もっとも，銀行が代表取締役の借入れの目的（自己の借金の返済；権限濫用）を知っていた場合には，会社の責任を認めるまでもないので，当該取引は無効と解してもよい（最判昭38・9・5民集17・8・909）。このような権限濫用行為につき，上記判例は民法の心裡留保の規定（民93条但書）を類推適用し，相手方が当該権限濫用を知りまたは知ることができた場合に無効であるとする。

表見代表取締役　もともと取締役および代表取締役の氏名は登記事項であるため（911条3項13号・14号），代表権の有無は登記簿から知ることができる。もっとも，実際上は取引ごとに，逐一，登記簿で確認するのは煩雑にすぎよう。そのため，会社は，代表取締役以外の取締役に対し，社長，副社長その他会社を代表する権限を有するものと認められる名称を付した場合には，当該取締役が行った行為について善意の第三者に対してその責任を負うものとした（354条）。これを表見代表取締役というが，取引の安全のため外観主義の見地から認められているので，取引に関係しない不法行為や訴訟行為などには適用されない。表見代表取締役として認められる要件としては，①取締役が代表権限を有すると認められるべき名称を付して行為すること（外観の存在。社長・副社長のほか，頭取・副頭取，会長・副会長なども含まれる），②取締役のこのような名称の使用につき，会社側に帰責事由があること（外観の作出に対する帰責性。取締役全員がそれを黙認している場合も含まれる），③当該取締役と取引をした相手方が善意であること（第三者の善意。つまり，取締役に代表権がなかったことを知らなかったこと）である。③の要件につき，判例では，代表権がないことを知らなかったことについて第三者に重過失がある場合，これを悪意の場合と同視し，会社はその責任を免れるとする（最判昭52・10・14民集31・6・825百選〔第3版〕48事件）。

本条（354条）の類推適用が問題となったものとして，取締役ではない使用人に対し代表権を有するものと認められる名称を付した事案がある（最判昭35・10・14民集14・12・2499）。この判例は，商業使用人が代表取締役の承認のもと常務取締役の名称を使用して手形行為を行ったものであるが，結論として本条を類推適用し，会社は善意の第三者に対してその責任を負うものとされた。もっとも，取締役でも使用人でもない外部の者が社長等の名称を使用したとしても，本条の適用は認められず，むしろ名板貸しの責任（9条）を生じさせる（浦和地判平11・8・6判時1696・155）。さらに，取締役会の無効な決議に基づき選任された代表取締役が会社の代表としてした行為につき，会社は本条の類推適用により，善意の第三者に対しその責任を負うものとされた（最判昭56・4・24判時1001・110）。

3・2・6　社外取締役

総　説　社外取締役とは，株式会社の取締役であって，①当該株式会社またはその子会社の業務執行取締役（363条1項の取締役および当該会社の業務を執行したその他の取締役）もしくは執行役または支配人その他の使用人（業務執行取締役等）でなく，かつその就任前10年間当該株式会社またはその子会社の業務執行取締役等であったことがない者，②その就任前10年以内に当該株式会社またはその子会社の取締役，会計参与または監査役であったことがある者（業務執行取締役等であったことがあるものを除く）にあっては，当該取締役，会計参与または監査役への就任前10年間当該株式会社またはその子会社の業務執行取締役等であったことがない者，③当該株式会社の親会社等（自然人に限る。いわゆるオーナー株主）または親会社等の取締役もしくは執行役もしくは支配人その他の使用人でない者，④当該株式会社の親会社等の子会社等（当該株式会社およびその子会社を除く）の業務執行取締役等でない者，⑤当該株式会社の取締役もしくは執行役もしくは支配人その他の重要な使用人または親会社等（自然人に限る）の配偶者または2親等内の親族でない者，の①から⑤のすべての要件を充たすものをいう（2条15号イ～ホ）。①②は，経営のトップからの独立性が不十分である者を除外するためであり，③④は，親会社の出身者等に近い者は当該会社よりも親会社等の利益を優先させるおそれがあるためである（⑤は両方の趣旨を含む）。このような社外取締役は，特別取締役による取締役会決議が行われる場合には1人以上（373条1項2号），指名委員会等設置会社および監査等委員会設置会社では2人以上（400条1項3号・331条6項参

◆ *WINDOW 1* ◆　社外取締役の選任状況

2015年6月17日付の東京証券取引所「東証上場会社における社外取締役の選任状況〈速報〉」によれば，社外取締役を選任した上場会社（市場第1部）の比率は，すでに9割を超え，92.0%に及んでいる。すなわち，市場第1部1,885社のうち，社外取締役選任会社数は1,735社に達し，昨年比388社増となっている。比率としては92.0%，昨年比17.7%増である。上場会社全体では，3,466社のうち2,907社（昨年比707社増）が社外取締役を選任し，比率としては83.9%（昨年比19.4%増）である。

照）選任しなければならない。

社外取締役を置くことが相当でない理由

取締役会の業務執行者に対する監督機能の強化のため，社外取締役の積極的な活用が指摘されてきたところであるが，会社法では，事業年度の末日において，公開・大会社である監査役会設置会社であって，有価証券報告書提出会社である株式会社が社外取締役を置いていない場合には，取締役は，当該事業年度に関する定時株主総会において「社外取締役を置くことが相当でない理由」を説明しなければない旨が規定されている（327条の2）。この場合の「置くことが相当でない理由」とは，単に「置かない理由」ではなく，置くことが相当でない積極的理由として，一般的に社外取締役を置くことが有用であることを前提に当社についてはそれが相当でないという意味での特別な理由である。その説明義務は，取締役等の説明義務（314条）とは異なり，定時株主総会において取締役による説明が求められるものであるほか，相当でない理由は，事業報告書でも記載される（会社規124条2項）。この場合，社外監査役が2人以上あることをもって当該理由とすることはできない（同条3項）。また，公開・大会社である監査役会設置会社であって，有価証券報告書提出会社である株式会社が社外取締役を置いていない場合であり，社外取締役の候補者を含まない取締役の選任議案を株主総会に提出するときは，株主総会参考書類での記載が要求される（会社規74条の2第1項）。

◆ WINDOW 2 ◆　社外取締役を置くことが相当でない理由

前述のように，社外取締役を「置くことが相当でない理由」とは，単に「置かない理由」ではなく，置くことが相当でない積極的理由として，一般的に社外取締役を置くことが有用であることを前提に当社についてはそれが相当でないという意味での特別な理由である。この理由について，例えばエヌアイシ・オートテック株式会社の第44期（平成26年4月1日～平成27年3月31日）有価証券報告書における「6　コーポレート・ガバナンスの状況等」では，「当社は取締役会を重要な業務執行について議論し実質的かつ具体的な決定をも行う機関と位置づけ，必要があれば，臨機応変に会合を開催し実質的な議論を行っておりますので，社外取締役に社内取締役と同等の役割を求めるのは過度な負担となり，無理に社外取締役を導入すると取締役会の機能を低下させるおそれがあるからです」と説明する。

3・2・7　独立役員

もっとも，コーポレート・ガバナンスの観点から，会社法所定の社外取締役よりも，より独立性が確保された取締役が必要であるとして，上場会社には，一般株主保護のため，独立役員（一般株主と利益相反が生じるおそれのない社外取締役または社外監査役）を1名以上確保することが要求される（東京証券取引所有価証券上場規程436条の2第1項，企業行動規範の「遵守すべき事項」参照）。また，2015年6月1日付の東京証券取引所コーポレートガバナンス・コードでは，このような独立社外取締役の役割・責務として，①経営の方針や経営改善について，みずからの知見に基づき，会社の持続的な成長を促し中長期的な企業価値の向上を図る，との観点からの助言を行うこと，②経営陣幹部の選解任その他の取締役会の重要な意思決定を通じ，経営の監督を行うこと，③会社と経営陣・支配株主等との間の利益相反を監督すること，④経営陣・支配株主から独立した立場で，少数株主をはじめとするステークホルダーの意見を取締役会に適切に反映させることが掲げられ（同コード原則4－7），独立社外取締役は会社の持続的な成長と中長期的な企業価値の向上に寄与するように役割・責務を果たすべきであり，上場会社はそのような資質を十分に備えた独立社外取締役を少なくとも2名以上選任すべきであると定める（同コード原則4－8）。

◆ WINDOW 3 ◆　スチュワードシップ・コード（機関投資家の行動原則）

スチュワードシップ・コードとは，機関投資家が，投資先企業やその事業環境等に関する深い理解に基づく建設的な「目的を持った対話」などを通じて，企業価値の向上や持続的な成長を促すことで，「顧客・受益者」の中長期的な投資リターンの拡大を図る責任を，7つの原則にまとめたものをいう。企業の側では，経営の基本方針や業務執行に関する意思決定を行う取締役会が，経営陣による執行を適切に監督しつつ，適切なガバナンス機能を発揮することにより，企業価値の向上を図る責務を有しているが，このような企業側の責務と，スチュワードシップ・コードに定める機関投資家の責務の両者が適切に相まって質の高い企業統治を実現し，企業の持続的な成長と顧客・受益者の中長期的な投資リターンの確保を図るよう期待されている（「『責任ある機関投資家』の諸原則《日本版スチュワードシップ・コード》～投資と対話を通じて企業の持続的成長を促すために～」を参照（http://www.fsa.go.jp/news/25/singi/20140227-2/04.pdf））。

3・3　取締役会

3・3・1　取締役会制度の役割

取締役会は，すべての取締役によって組織される合議制の業務執行機関であり（362条1項），取締役会設置会社の業務執行を決定するほか，取締役の職務の執行を監督し，代表取締役の選定および解職を行う（同条2項1号～3号）。取締役会が合議制とされるのは，取締役の間の意見交換を通じて，その叡智と識見の結集をはかり，適切な会社経営を行わせようとの趣旨に基づく（そのため，持回り決議等は，取締役会決議としての効力を生じない（最判昭44・11・27民集23・11・2301））。このような職務を行う取締役会は，①公開会社，②監査役会設置会社，③監査等委員会設置会社，④指名委員会等設置会社の場合に設置が要請される（327条1項）。それ以外の場合でも，任意に取締役会を設置することができるが（326条2項），①の場合は，本来的な意味での上場会社を前提とするので，株主による会社経営の継続的・積極的な関与を期待するのが困難であること，②の場合は，もし取締役会の設置義務がないとすると，取締役が1人で監査役が3人以上存在する（335条3項）状態が生じ，そのような機関設計の必要性は存在しないと考えられること，③の場合は，監査等委員としての取締役が3人以上存在することを前提に（331条6項），取締役会の監督機能の強化が目的とされること，④の場合は，指名委員会等の構成およびその権限の行使は取締役会と密接不可分であることから，それぞれ合議に基づき業務執行の意思決定が行われる取締役会の設置が要請されるのである。

3・3・2　取締役会の権限

決定権限
——業務執行の決定

(1)　**総　説**　取締役会は，原則として取締役会設置会社の業務執行の決定を行うが（362条2項1号），日常的な業務執行に関する事項まで，逐一決定するのは，会社の継続的・機動的な決定を損なうであろう。そのため，このような日常的な業務執行に関する事項は，代表取締役にその決定が委任されていると解される反面，重要な業務執行に関する事項の場合は，個々の取締役に委任できないものとして，その限界が画されている（同条4項本文）。委任は明示的に行われる必要はないが，取締役の間での職務分掌に基づき黙示的に委任される場合も考えられる。

(2)　**決定決議事項**　会社法所定の決議事項としては，①重要な財産の処分・譲受け，②多額の借財，③支配人その他の重要な使用人の選任・解任，④支店その他の重要な組織の設置・変更・廃止，⑤社債の募集事項その他法務省令で定める事項（会社規99条），⑥内部統制システムその他法務省令で定める体制の整備（会社規100条），⑦定款規定に基づく取締役等の責任の一部免除（362条4項1号～7号）のほか，⑧その他の重要な業務執行の決定を掲げ，これらの事項を取締役会で決定させることで，取締役相互のけん制を働かせている。それ以外にも，株式譲渡制限がある場合の譲渡・取得の承認および先買権者指定（139条1項・140条5項），株主総会の招集（298条4項），業務執行取締役の選定（363条1項2号），代表取締役の選定（362条2項3号・3項），競業および利益相反取引の承認（365条1項・356条）など，個別に具体的な決議事項が法定されている。

もっとも，何が①「重要な」財産または②「多額の」借財に該当するかは，文言上明確ではなく，相対的な概念であるので，すべての会社に共通する統一的基準が存在するわけではない。そのため，個別具体的に決定せざるをえないが，判例では，重要な財産につき，「重要な財産の処分に該当するかどうかは，当該財産の価額，その会社の総資産に占める割合，当該財産の保有目的，処分行為の態様及び会社における従来の取扱い等の事情を総合的に考慮して判断すべきものと解するのが相当である（最判平6・1・20民集48・1・1百選〔第3版〕63事件）」と判示された（会社が関連会社の債務に対して行った連帯保証予約が「多額の借財」に該当するかにつき，東京地判平10・6・29判時1669・143）。実務上の運用では，取締役会規程に基づき，取締役会の承認を必要とする金額の下限が定められるのが一般的であるとされる。

さらに，⑥の内部統制システムが法定されているが，これは，ある程度規模が大きい会社（大会社）の場合，取締役がすべての従業員の個々の行為を直接監視するのは事実上不可能なので，健全な会社経営のために，会社が営む事業の規模・特性等に応じたリスク管理体制を整備する必要から要請されるものである（不正行為を防止するための代表取締役のリスク管理体制構築義務違反の有無が問題になった最判平21・7・9判時2055・147百選〔第3版〕52事件。なお，内部統制システムとリスク管理体制は，通常，同じ意味を指す）。大会社である取締役会設置会社では，このような内部統制システムの構築の決定が義務づけられており（362条4項6号・5項，会社規100条），基本的には（a）取締役の職務の執行にかかわる情報の保存および管理に関する体制，（b）損失の危険の管理に関する規程その他の体制，（c）取締役の職務の執行が効率的に行われることを確保するための体制，（d）使用人の職務の執行が法令および定款に適合することを確保するための体制，（e）当該株式会社ならびに親会社および子会社から成る企業集団における業務の適正を確保するための体制を構築しなければならない。具体的な体制の仕組みは，各会社の取締役の善管注意義務に従い決定され，その運用状況の概要は，事業報告の記載事項になる（会社規118条2号）。

監督権限
――業務執行の監督

取締役会は，取締役（代表取締役・業務執行取締役）の職務の執行を監督するが（362条2項2号），ここでの監督は，業務執行の適法性（取締役の職務執行が法令・定款に違反しない健全なものかどうか）・妥当性（取締役の職務執行が会社の経営上効率的なものかどうか）にまで及ぶ広範囲なものである。監督機能を発揮させるには，業務執行の状況にかかわる情報が取締役会に提供される必要があるため，代表取締役および業務執行取締役は，3ヶ月に1回以上，自己の職務の執行の状況を取締役会に報告しなければならない（363条2項）。さらに取締役会の構成員である個々の取締役にも，他の取締役の職務の執行を監視する義務が負わされる（最判昭48・5・22民集27・5・655百選〔第3版〕71事件）。これに対し，監査役も，取締役会の構成員ではないが，監査権限との関係上，取締役会に出席し，必要があると認めるときは，意見を述べなければならないほか（383条1項本文），取締役に不正の行為（もしくは当該行為をするおそれ）があると認められるとき，または法令・定款違反の事実もしくは著しく不当な事実があると認められるときは，遅滞なく，取締役会に報告するよう義務づけられている（382条）。

3・3・3　取締役会の運営

取締役会の招集　取締役会の招集権者を定款または取締役会で定めることができるが，取締役会の招集権は各取締役に属する（366条1項。実務上は，取締役会規則において取締役会は社長が招集し，社長に事故があるときは，所定の順序で他の取締役が招集する旨を定めるのが一般的である）。たとえ招集権者が定められている場合でも，それ以外の取締役も招集することはできる（同条2項・3項）。招集は，原則として会日の1週間前までに招集権者が各取締役および各監査役に招集通知を発して行うが，その全員の同意があれば，招集手続を省略することができる（368条1項・2項。なお，最判昭31・6・29民集10・6・774）。招集通知は，口頭や電話などでもよく，必ずしも書面である必要はなく，招集通知に議題を示す必要もない。取締役が取締役会に出席して，討議するのは義務であるほか，取締役会では業務執行に関するあらゆる事項が付議されることが当然予想されるからである（東京地判平2・4・20判時1350・138参照）。

監査役設置会社，監査等委員会設置会社および指名委員会等設置会社を除く，取締役会設置会社の株主は，取締役が取締役会設置会社の目的の範囲外の行為，その他法令・定款に違反する行為をし，またはこれらの行為をするおそれがあると認めるときは，取締役会の招集を請求できる（367条1項）。当該招集を行った株主は，その取締役会に出席し，意見を述べることができるが（同条4項），これは，株主による経営の監督が期待されるためである。

取締役会の決議

(1)　**総　説**　取締役会の決議は，議決に加わることができる取締役の過半数（定足数）が出席し，出席した取締役の過半数をもって行われる（369条1項［頭数多数決］。定款の定めによりその要件の加重は可能である（同条1項かっこ書））。取締役会では，各取締役が経営能力を信頼されて選任されることを考えると，各取締役が同等に1議決権を有し，この議決権を取締役会でみずから行使することが必要となる。そのため，代理人に出席・議決権行使を委任することはできないと解される。もっとも，取締役が全国に分散しているような会社の場合に，つねに現実の取締役会開催を要求するのでは，迅速な意思決定ができなくなることも考えられる。そこで，合理的な議事運営が確保できるのであれば（会議参加者が一堂に会した場合と同等の相互の十分な議論の実施），テレビ会議方式や電話会議方式も可能であり，定款に定めれば，書面決議も認められる（370条）。しかし，たとえそうであっても，重要な事項について会議を開催せずに決定することが取締役の任務懈怠として問題となる可能性は残されている。

(2)　**有効な取締役会決議を欠く代表取締役の行為の効力**　代表取締役が無効な取締役会決議に基づき行った行為の効力については問題が生じる。一人会社《いちにんがいしゃ》の場合のように株主全員の同意が認められる場合には，当該行為を有効と解する余地があるとはいえ，そうでない場合には，必要な決議を経ることで守られるべき会社の利益と，他方では取引が有効であると信頼した相手方の利益の保護に配慮し，行為の種類に応じて利益衡量による解決が図られるべきである。判例では，「株式会社の一定の業務執行に関する内部的意思決定をする権限が取締役会に属する場合には，代表取締役は，取締役会の決議に従って，株式会社を代表して右業務執行に関する法律行為をすることを要する。しかし，代表取締役は，株式会社の業務に関し一切の裁判上または裁判外の行為をする権限を有する点にかんがみれば，代表取締役が，取締役会の決議を経てすることを要する対外的な個々的取引行為を，右決議を経ないでした場合でも，右取引行為は，内部的意思決定を欠くに止まるから，原則として有効であって，ただ，相手方が右決議を経ていないことを知りまたは知り得べかりしときに限って，無効である」（最判昭40・9・22民集19・6・1656百選〔第3版〕64事件）とする。

(3)　**特別利害関係人**　取締役会決議では，議決に加わることができる取締役が基準にされているため，職務執行停止の仮処分を受けた取締役は取締役の数から除外されるほか，決議の公正を期するため，取締役と会社との間での利益相反取引や取締役の競業取引の承認の場合（356条1項・365条1項），代表取締役の解職決議の場合（最判昭44・3・28民集23・3・645百選〔第3版〕66事件）の当該取締役は，「特別の利害関係を有する取締役」として議決に加わることができない（369条2項）。たとえ当該取締役が取締役会の決議に加わっても，当該決議に瑕疵があることになり，原則として無効であるが（東京地判平7・9・20判時1572・131），当該取締役を除いてもなお，決議の成立に必要な多数が存在すれば有効であると解する余地はある。

取締役会の議事録　取締役会の議事については議事録を作成し，議事録が書面をもって作成されているときは，出席した取締役および監査役がこれに署名・記名押印しなければならない（369条3項・4項，会社規101条）。署名・記名捺印を要求するのは，議事録に異議をとどめない取締役につき，当該決議に賛成したと推定されるためである（369条5項）。議事録は，10年間本店に備え置かなければならない（371条1項。罰則につき976条8号）。株主・親会社社員が自己の権利を行使するために必要である場合や債権者が役員または執行役の責任を追及するために必要がある場合に，株主は株式会社の営業時間内にいつでも，親会社社員または債権者は裁判所の許可を得て，議事録の内容の閲覧・謄写請求を行うことができる（371条2項～5項。株主の閲覧・謄写請求が認められた裁判例として，大阪高決平25・11・8判時2214・105）。もっとも，閲覧・謄写請求によって会社またはその親会社もしくは子会社に対し，著しい損害を及ぼすおそれがあると認められるときは，裁判所は許可することができない（371条6項）。企業秘密の漏えいを防ぐためである。裁判例では，閲覧・謄写の許可を申請する場合は，申請の趣旨において閲覧・謄写の対象となる取締役会議事録を特定する必要があるが，その程度は，当該申請にかかわる取締役会議事録の閲覧・謄写の範囲をその外の部分と識別することが可能な程度で足り，また会社が取締役会の日から10年を超えて保存している取締役会議事録は，閲覧・謄写の許可の対象にはならないとされる（東京地

決平18・2・10判時1923・130)。

3・3・4　取締役会決議の瑕疵

取締役会の決議については，株主総会の決議の場合と異なり（831条参照），会社法上，当該決議に瑕疵がある場合の効力に関する特別の規定は設けられていない。そのため，取締役会決議の内容に法令・定款違反がある場合のほか，招集の手続（招集権者以外による招集や招集通知期間の不足など）または決議の方法（定足数不足や特別利害関係人の参加など）に瑕疵がある場合であっても，一般原則に従えば，当然に無効であるので，利害関係人はいつでも，どのような方法でも，当該無効を主張できる。確認の利益が認められる限り，取締役会決議の無効確認の訴えを提起することもできるが，無効判決が確定した場合，そもそも当該判決に対し，判決の既判力が一定範囲の利害関係人や広く第三者にまで拡張される対世的効力を定める明文の規定はない。しかし，例えば代表取締役の選定決議（362条3項）や会計監査人設置会社での計算書類の確定（439条）のように画一的確定の要請が働く場合には，838条の類推適用によって当該判決に対して対世的効力が認められると解されよう。ただし，一部の取締役に対する招集通知が欠けていたような場合でも，当該取締役が出席してもなお決議の結果に影響がないと認めるべき特段の事情があるときは，当該瑕疵は決議の効力に影響をおよぼさないものとして，決議が有効になる場合もある（最判昭39・8・28民集18・7・1366，最判昭44・12・2民集23・12・2396百選〔第3版〕65事件）。

3・3・5　特別取締役により構成される取締役会決議

大規模な会社では取締役の数が数十名に及ぶ場合もあり，そうであれば，機動的な取締役会の意思決定が損なわれることもある。このような弊害を是正するため，取締役会設置会社において取締役の数が6人以上であること，取締役のうち1人以上が社外取締役であることを条件に，取締役会の決定事項のうち迅速な意思決定が必要であると考えられる重要な財産の処分・譲受けおよび多額の借財の決議については，あらかじめ選定した3人以上の特別取締役が出席し，その過半数（これを上回る割合を取締役会で定めた場合にあっては，その割合以上）をもって行うことを，取締役会で定めることができる（373条１項）。この決議のことを，特別取締役による取締役会の決議という。１人以上の社外取締役が要求されたのは，意思決定が特別取締役に委任されることから取締役会の監督機能を強化する必要があると考えられたためである。もっとも，特別取締役自身が社外取締役である必要はない。特別取締役による決議があった場合，特別取締役の互選によって定められた者は，取締役会の決議後，遅滞なく，当該決議の内容を特別取締役以外の取締役に報告しなければならない（373条３項）。

3・4　会社と取締役の関係

3・4・1　取締役の一般的義務

善管注意義務
忠実義務

会社と取締役との関係は，委任に関する規定に従うので（330条），取締役は，取締役会設置会社の場合には取締役会の構成員および代表取締役または業務執行取締役としてその職務の遂行にあたり，会社に対して善良な管理者としての注意義務（民644条。善管注意義務）を負う。そのため，取締役は，善良な管理者に期待されるべき注意義務として，その者の具体的に有する能力や注意力に関係なく，職業，社会的・経済的地位において一般に要求される程度の注意義務を負う（もっとも，金融機関の取締役の注意義務が事業会社等の取締役の注意義務より高いか否か議論があるが，例えば札幌地判平14年９月３日（判時1801・119）では，「銀行の取締役は，銀行の業務執行に関し，銀行法が宣言的に定める信用の維持，預金者等の保護，銀行業務の健全かつ適切な運営，国民経済の健全な発展に資することといった銀行の負う責務を果たすことが求められているのであるから，……他の一般の株式会社における取締役の負う注意義務よりも厳格な注意義務を負い……」と判示された）。経営者による企業買収（MBO）の事案の場合には，善管注意義務ないし後述の忠実義務の一環として，営利企業である株式会社は企業価値の向上を通じて，株主の共同利益を図ることが一般的な目的となるので，株式会社の取締役は，株主の共同利益に配慮する義務（株主の共同利益配慮義務）を負うと判示されたものもある（東京地判平23・２・18判時2190・118）。

他方，善管注意義務以外にも，取締役は，法令および定款ならびに株主総会の決議を遵守し，株式会社のため忠実にその職務を行わなければならない旨も規定され（355条），これを忠実義務という（従業員の引抜き行為に関して取締役の忠実義務違反が問題となった裁判例として，東京高判平1・10・26金判835・23）。この両者の義務の関係について，判例および多数説では，忠実義務は，善管注意義務を敷衍《ふえん》し，かつ一層明確にしたにとどまるのであって，通常の委任関係に伴う善管注意義務とは別個の，高度な義務を規定したものと解していない（同質説。最判昭45・6・24民集24・6・625百選〔第3版〕2事件）。これに対して，両者の義務は異質と捉える学説もあり，これによれば，善管注意義務を，取締役が職務の執行にあたり尽くすべき注意の程度を示すものとして理解するのに対し，忠実義務は，取締役がその地位を利用して会社の利益の犠牲のもとで自己の利益を図ってはならない義務として理解される。もっとも，同質説によっても，取締役が自己の利益を図ってはならない義務を負うことを否定しているわけではなく，善管注意義務の一内容として考えるにすぎない。いずれの見解によっても，取締役の善管注意義務および忠実義務が，取締役の行為全般を対象とする一般的義務であることに違いはなく，実務上それほど大差が生じるわけでもない。しかし，両者を異質として考えれば，忠実義務違反として規制できる範囲が明確化できるほか，後述する経営判断の原則が適用される場合も異なってくる。

取締役の監視義務

取締役会は取締役の職務の執行を監督するため（362条2項2号），「取締役会を構成する取締役は，会社に対し，取締役会に上程された事柄についてだけ監視するにとどまらず，代表取締役の業務執行一般につき，これを監視し，必要があれば，取締役会を自ら招集し，あるいは招集することを求め，取締役会を通じて業務執行が適正に行なわれるようにする職務を有する」ものと解される（最判昭48・5・22民集27・5・655百選〔第3版〕71事件）。したがって，代表取締役だけでなく，一般の取締役も，他の代表取締役または取締役の行為が，善管注意義務・忠実義務のような一般的な規定を含む法令・定款を遵守して，適法かつ適正になされていることを監視しなければならない。具体的に取締役の監視義務違反が問われた事案としては，取締役の第三者に対する責任（429条）が追及された事例において問題になることが多いほか，裁判例では，不良在庫を抱えて経営破綻した子会社に対する親会社の不正融資等について，親会社の代表取締役または取締役が，子会社に対する「監視義務」を怠り，子会社から提供された資料のみを検討しただけで詳細な調査や検討を行うことなく，安易に極度額の定めのない連帯保証契約を締結し，また子会社に対して高額の貸付けを行った場合において，当該代表取締役・取締役に対し忠実義務および善管注意義務違反が認められた（福岡高判平24・4・13金判1399・24百選〔第3版〕53事件）。

内部統制システムの構築義務　一定規模以上の会社になれば，取締役等がつねに業務を担う個々の従業員を直接に監視することは現実的に不可能であろう。そのため，業務執行が適法・適正かつ効率的に行われるほか，会社の不祥事を早期に発見・是正できるシステムが求められる。このようなシステムを内部統制システム（リスク管理体制）という。取締役会において決定されるので（取締役会設置会社⇒362条4項6号・会社規100条，監査等委員会設置会社⇒399条の13第1項1号ハ・会社規110条の4，指名委員会等設置会社⇒416条1項1号ホ・会社規112条1項。なお，取締役会非設置会社⇒348条3項4号・会社規98条1項），取締役会の構成員である取締役は，このような内部統制システムを構築すべき義務を負う（なお，代表取締役の不正行為を防止するためのリスク管理体制を構築すべき義務に違反した過失があるとはいえないとした判例として，最判平21・7・9判時2055・147百選〔第3版〕52事件）。代表取締役および業務執行取締役が内部統制システムを構築すべき義務を履行しているかどうかは，前述した監視義務の対象であり，従業員の違法行為を防止し，再発を防止するための内部統制システムを適切に整備することを怠った場合には，第三者に対する責任が認められることもある（名古屋高判平25・3・15判時2189・129）。

3・4・2　取締役の競業避止義務

会社法では，取締役が会社の利益を犠牲にして自己または第三者の利益を図る危険が高い類型の行為に対し，特別の規制を設けている。その1つが競業取引である。

競業避止義務の意義　例えば洋菓子の製造販売を行う会社の取締役が，個人的に洋菓子の製造販売業を行う場合や同業他社のために，当該会社の代表取締役に就任して洋菓子の製造販売を行う場合など，自己または第三者のために「会社の事業の部類に属する取引」をしようとするときは，取締役は取締役会においてその取引に関する重要な事実を開示して，承認を受ける必要がある（356条1項1号・365条1項）。これを取締役の競業避止義務という。取締役が会社の事業と競合する事業を自由に行うことができれば，取締役は会社の企業秘密に精通していることも多く，自己の地位を利用して会社の取引先を奪うなど，会社の利益を害する危険が大きいため，取締役会（取締役会非設置会社の場合は株主総会）のチェック機能を通じて事前に会社の利益が害されることを防止しようとしているのである。

競業取引の範囲

まず，「自己または第三者のために」の意義につき，「ために」が自己または第三者の名において（権利義務の帰属）の意味なのか（形式説），自己または第三者の計算において（経済的損益の帰属）の意味なのか（実質説）について見解が対立している。しかし，取締役が会社の名において取引した場合でも，その経済的効果が自己または第三者に帰属する場合にはやはり競業避止義務に服するものと考えるべきであるとすると，実質説によるべきであろう。裁判例では，競業会社の株式を多数保有して事実上の主宰者として経営を支配した場合，たとえ取締役が競業会社の代表取締役に就任していなくても，第三者のために競業取引を行ったことになる（東京地判昭56・3・26判時1015・27百選〔第3版〕55事件，大阪高判平2・7・18判時1378・113）。

次に，「会社の事業の部類に属する取引」とは，定款所定の事業目的（27条1号）に属するものよりも広く，会社が実際に行っている事業と取引先とが競合するものをいう。将来行うことを予定して準備行為に着手（進出を企図して市場調査をしている場合）している事業や一時的に停止しているにすぎない事業に属する取引も含まれるが，資金の調達，工場用地の買収のような会社の事業のためにする補助的な取引，あるいは定款に記載された事業目的の範囲内であっても開始する見込みのない事業や完全に廃業している事業に属する取引については含まれない。

手　続
――競業取引の承認・報告

取締役が競業取引を行う場合，承認に先立ち取締役会（株主総会）の承認を得る必要がある。そこで開示すべき重要な事実とは，競業取引が会社に及ぼす影響を判断するために必要な事実をいい，取引の相手方，目的物・数量・価額・取引期間などを具体的に開示しなければならない。もっとも，競業会社の代表取締役に就任する場合には適切な開示が可能な範囲内で包括的な承認を行うこともできる。このような場合には当該競業会社の事業の種類・事業規模・範囲などの重要な事実を開示することによって代表取締役の就任につき取締役会（株主総会）の承認を受ければよく，個々の取引についてその都度承認を受ける必要はない。取締役会での承認決議では，競業取引をしようとする取締役は，特別の利害関係を有する取締役として，議決に加わることができず（369条2項），また取締役会設置会社の場合には，競業取引をした取締役は，取締役会での事前の承認の有無にかかわらず，当該取引後，遅滞なく当該取引についての重要な事実を取締役会に報告しなければならない（365条2項）。後者の報告は，会社に損害が生じたときの事後措置（取締役への損害賠償請求権の追及など）を講じることを可能にするためにほかならない。事前に包括的な承認を得た場合には，取締役会への事後の報告は，ある程度まとめて報告できるものと解される。公開会社の場合，取締役の兼職・競業の状況は事業報告の附属明細書への記載も要求される（435条2項・3項，会社規128条2項）。取締役会に報告せずまたは虚偽の報告をしたときは，過料の制裁の対象となる（976条23号）。

違反の効果　このような競業避止義務に違反して，取締役が取締役会（株主総会）の承認を得ずに競業取引を行った場合であっても，相手方の違反事実にかかる善意・悪意にかかわらず，当該取引は有効である。そもそも競業取引は取締役と第三者との間でなされるので，当該取引を無効にしても，直接には会社の救済にならないだけでなく，他方，相手方も不利益をこうむることになるからである。しかし，取締役が取締役会（株主総会）の承認を得ずに競業取引をした場合には，任務懈怠として当該取引によって損害をこうむった会社に対し損害賠償責任を負う（423条1項）。その場合，会社の受けた損害は，当該取引によって取締役または第三者が得た利益の額と推定される（同条2項）。これは，会社が競業取引によってこうむった損害の額を立証するのが困難であるからである。

従業員の引抜き　競業避止義務に隣接する問題として，従業員の引抜きの問題がある。つまり，退任後に会社と競合するような事業の開始を企図する取締役が，在任中に，部下に対し退職および自己の事業への参加を勧誘するような場合である。この場合，当該引抜き行為は忠実義務違反として構成されることが多い（東京高判平１・10・26金判835・23など）。もっとも，有力な学説では，当然に忠実義務違反になるのではなく，当該勧誘が忠実義務違反になるかどうかは，取締役の退任の事情，退職従業員と取締役の関係（みずから教育した部下か否か），人数など会社に与える影響の度合い等を総合し，不当な態様のものだけが忠実義務違反になると主張される。

会社の機会の奪取　取締役が会社の事業の部類に属さない取引の機会あるいは取締役がその職務上知り得た外部情報を会社に無断で自己の事業に利用する場合，本来，これらは競業避止義務の対象にならない。しかし，取締役が自己の地位を利用し，あるいは職務上知り得た取引の機会や情報を自己または第三者のために奪う場合にまで，善管注意義務・忠実義務違反にならないというものではない。

3・4・3　取締役の利益相反取引

利益相反取引の規制の意義　(1)　**直接取引**（自己取引）　取締役が会社から資金の貸付けを受ける場合や取締役が会社に対して自己の財産を譲渡する場合など，取締役が自己または第三者のために株式会社と取引をしようとするとき（いわゆる直接取引）は，取締役会（株主総会）において当該取引につき重要な事実を開示し，承認を得なければならない（356条１項２号・365条１項）。取引には，会社に不利益が生じるおそれのある法律行為はすべて規制の対象になるので，事前に会社の承認を受ける必要がある（なお，新株発行に際して取締役会の承認を受けている場合，第三者割当てによる取締役の新株の引受けは利益相反取引に当たらないとした裁判例（東京地判平26・６・26金判1450・27）もある）。これによって，自己取引・双方代理にかかわる民法108条の適用を受けない（356条２項）。もっとも，取締役が株式会社に無償で贈与する場合（大判昭13・９・28民集17・1895）や取締役が会社に無利息・無担保で資金を貸し付ける場合（最判昭38・12・６民集17・12・1664）など，実質的に株式会社と取締役との間で利益衝突の危険がないような場合には，356条１項２号の適用範囲から除外されよう。一人会社とその株主である取締役との間での取引の場合（最判昭45・８・20民集24・９・1305）や取締役と会社との取引が株主全員の合意によってされた場合（最判昭49・9・26民集28・6・1306百選〔第3版〕56事件），さらに料金等の取引条件が明示されている運送・保険・預金契約など普通取引約款によって行われる定型的取引のように，行為の性質上利害衝突のおそれがない行為も同様である。ただし，その対価が公正な通常の売買ではどうかが問題となるが，当該取引の性質上，利益衝突の危険がある取引であれば，本条の適用があるものと解される。

⑵　**間接取引**　取引には，前述のような直接取引のほか，会社が取締役個人の債務を保証する場合や債務引受（最判昭43・12・25民集22・13・3511百選〔第3版〕58事件）をするような場合（いわゆる間接取引）も含まれ（356条1項3号），この場合も直接取引の場合と同様に，取締役会（株主総会）の承認を要する。直接取引と間接取引の両者を併せて，利益相反取引という。

⑶　**手形行為と利益相反取引規制**　もっとも，手形行為にも356条1項2号・3号の適用があるかどうかが問題となる。例えば会社が取締役会の承認を受けずに取締役に対し約束手形を振り出したような場合，会社は，取締役会の承認がないことを理由に当該取締役に対し，当該手形の振出しの無効を主張できるかどうかである。判例によれば，約束手形の振出しは，単に売買，消費貸借等の実質的取引の決済手段としてのみ行われるものではなく，簡易かつ有効な信用授受の手段としても行われ，また約束手形の振出人は，その手形の振出しにより，原因関係におけるのとは別個のあらたな債務を負担し，しかもその債務は，挙証責任の加重，抗弁の切断，不渡り処分の危険等を伴うことにより，原因関係上の債務よりもいっそう厳格な支払義務であるから，会社がその取締役に宛てて約束手形を振り出す行為は，原則として利益相反取引にあたり，会社はこれにつき取締役会の承認を受けることを要するものと解するのが相当であるとされた（最判昭46・10・13民集25・7・900百選〔第3版〕57事件）。

要　件
――自己又は第三者のために

競業避止義務の場合と同様に，この要件が設けられているが，競業避止義務の場合（経済的損益の帰属）と異なり，利益相反取引の場合の「自己または第三者のために」とは，自己または第三者の名において会社と取引する場合のことを意味する（権利義務の帰属）。そのため，取締役が「自己のために」会社と取引をする場合とは，取締役自身が当事者になって取引することを指すのに対し，取締役が「第三者のために」会社と取引をする場合とは，取締役が第三者を代理または代表して取引することを指す。これらの場合，取締役会（株主総会）の承認が必要となる。

手　続——利益相反取引の承認・報告　取締役会（株主総会）の承認は，重要事実の開示の上で個別になされることを要するが，反復して行われる同種の取引については，ある程度包括的に与えることができる。取締役会設置会社の場合，取締役会の承認の有無に関係なく，利益相反取引を行った取締役は，当該取引後，遅滞なく当該取引について重要事実を取締役会に報告しなければならない（365条2項）。これによって，会社は，取締役の損害賠償責任の追及の可否を判断することができる。

違反の効果　取締役会（株主総会）の承認を受けることなく，利益相反取引が行われた場合の効果について，判例（前掲・最判昭46・10・13）は，一般にその取引は無効であるが，356条・365条は株式会社の利益を保護する趣旨のものなので，取締役の側から無効を主張することはできないが，株式会社が第三者に無効を主張するには，その第三者の悪意（株主総会または取締役会の承認を得ていないことを知っていること）を立証しなければならないとする（相対的無効説）。例えば会社が取締役会の承認を得ずに取締役に約束手形を振り出したような場合，会社は，当該取締役に対し，取締役会の承認を受けなかったことを理由に当該手形の振出しの無効を主張できるが，当該手形が第三者に裏書譲渡されたときは，会社は取締役会の承認がなかったことについて第三者が悪意であったことを立証しなければ，当該手形の無効を主張し，手形上の責任を免れることはできないのである。また，連帯保証契約（間接取引）の事案では，当該契約が会社の取締役会の承認を得ないで締結されたことにつき，原告に悪意またはこれを知らなかったことに重大な過失があったとして，無効とされたものがある（東京高判昭48・4・26高民集26・2・204）。もっとも，356条1項2号において株式会社と取締役個人との間の取引について取締役会の承認を受けることを必要とすると定めた趣旨は，会社と取締役との間で利害の対立する取引について，取締役が会社の利益の犠牲において私利をはかることを防止し，会社の利益を保護することにあるので，無効は会社だけが主張でき，取締役や第三者の側から無効を主張することはできない（最判昭48・12・11

民集27・11・1529)。

利益相反取引によって会社に損害が生じた場合，承認の有無に関係なく，取締役は利益相反取引について任務懈怠責任を負う（423条1項)。会社に損害が生じた場合，利益相反取引の当事者である取締役，当該取引を決定した取締役および取締役会の承認の決議に賛成した取締役（指名委員会等設置会社の場合は当該取引が会社と取締役との間の取引または会社と取締役との利益が相反する取引である場合に限る）は，その任務を怠ったものと推定される（同条3項)。

3・4・4　取締役の報酬

報酬規制の意義

取締役と会社は委任関係に基づくので（330条)，取締役が報酬を請求するには特約によらなければならない（民648条1項)。しかし，取締役は職務執行の対価として社会通念上，相当な額の報酬や賞与などの財産上の利益を受けるのが通例であろう。報酬の内容は任用契約により定まり，その決定は業務執行にほかならないが，報酬等を受ける取締役自身もしくは取締役会に決定を委ねると，自分の都合のいいように報酬を決定するお手盛りの危険性がある。このように，過大な報酬が取締役会によって決定され株主の利益が害される危険を防止するため，取締役の報酬，賞与その他の職務執行の対価として会社から受ける財産上の利益については，定款の定めがない場合，株主総会の決議が要求される（361条1項)。株主総会の決議を要求することで，経営者の業績を評価する役割が株主に与えられるとの積極的な意味も生じうるし，株主総会の審議事項になることで，報酬の開示という機能も生じうるであろう。この規定は手続規制であり，報酬額の相当性については会社自治に委ねられる。

不利益変更——報酬の減額・不支給決議

取締役の報酬額が具体的に定められた場合には，この報酬額が任用契約の内容になるので，会社と取締役の双方を拘束する。そのため，事後的に取締役の職務内容に著しい変更があり，これを前提に株主総会が当該取締役の報酬を無報酬とする決議をしたとしても，当該取締役の同意がない限り，報酬請求権を失わないし（最判平4・12・18民集46・9・3006百選〔第3版〕62事件)，定款または株主総会の決議によって報酬額が具体的に定められない限り，取締役に具体的な報酬請求権は発生せず，当該取締役は会社に対して報酬を請求できない（最判平15・２・21金判1180・29）。この場合の取締役の同意には，明示的な同意だけでなく，黙示的な同意も含まれる。すなわち，内規等の任期中に役職の変更があれば，報酬額も変更するような報酬の定め方もしくは慣行の存在を知って取締役が就任した場合，役職の変更にともない報酬額も減額されることについて当該取締役は黙示的に同意したとされるのである（東京地判平２・４・20判時1350・138）。報酬が定款または株主総会の決議なしに支払われたとしても，特段の事情がない限り，事後的に株主総会決議を経ることで当該報酬の支払いは有効になる（最判平17・２・15判時1890・143）。

報酬等の範囲

(1)　**概　説**　取締役の報酬，賞与その他の職務執行の対価として会社から受ける財産上の利益について，定款または株主総会の決議によって定められるのは，①額が確定しているものについてはその額であり，②額が確定していないものについてはその具体的な算定方法であり，また③報酬等のうち金銭でないものについてはその具体的な内容である（361条１項１号～３号）。後者の②および③は，株主による報酬の妥当性判断のため，株主総会において相当であることの理由が説明されなければならない（361条４項）。もっとも実務上，株主総会では個々の取締役の報酬を決めず，取締役全体の報酬総額が決定され，その限度内で取締役会が各取締役への配分を決定する方法が慣例になっており（最判昭60・３・26判時1159・150も参照），基本報酬分は①の確定額として支払われることが多い。会社の利益を上げた功労に報いる賞与の場合も，確定額の報酬として定めることができるほか，その算定方法を定めれば，不確定額の報酬とすることもできる。③の非金銭的報酬には，例えば会社所有の社宅等の無償提供などの現物支給やストック・オプションの付与等があげられる。

(2)　**使用人兼務取締役の報酬**　使用人兼務取締役とは，会社の部長・工場長・支店長などの使用人を兼ねる取締役のことをいうが，このような取締役は，取締役としての資格に基づく報酬のほか，使用人としての資格に基づく報酬も受ける。この使用人部分の報酬が，361条１項所定の「報酬等」に含まれるかどうかにつき見解の対立があるが，当該報酬は取締役の資格に基づく職務執行の対価を意味し，雇用契約の対価である使用人の給料とは性質が異なるので，従来の多数説によれば含まれないと解されている。ただし使用人部分を不当に多額に設定し，取締役部分を少額にすれば，お手盛り防止の趣旨が潜脱される可能性もあり，そうであれば，このような取締役が取締役としての資格に基づき報酬を受ける場合，株主総会において使用人部分についてもその額を明らかにする必要があると考える余地もある。もっとも，実務では少なくとも就業規則等により使用人の職務内容や勤続年数等に基づき自動的に額が決定される給与体系が確立していることも多いので，これを前提にする限りではお手盛りの危険がないので，使用人兼務取締役の使用人部分の給与額が明らかにされなくても，361条の趣旨に反するとまではいえない（最判昭60・3・26判時1159・150）。

(3)　**退職慰労金**　退任した取締役に対して退職慰労金が支払われることもあるが，この退職慰労金は取締役の在任中における職務執行の対価の後払いという性質を有するため，退職慰労金も361条1項の報酬に含まれるものと解される。そのため，株主総会の決議に基づき無条件に退職慰労金の金額等の決定を取締役会に一任することはできないが，退任取締役に退職慰労金を与える場合にその都度株主総会の決議に付し，株主総会がその金額，時期，支払方法を取締役会に一任し，取締役会の自由な判断によることなく，会社の業績のほか，退職役員の勤続年数，担当業務，功績の軽重等から割り出した一定の基準に基づき退職慰労金を決定し，当該決定方法が慣例ともなっていたような場合にまで，株主総会決議を無効とする必要はない（最判昭39・12・11民集18・10・2143百選〔第3版〕61事件）。株主総会決議を経ないで退任取締役に支給された場合，当該退職慰労金は不当利得の問題を生じさせるほか（最判平21・12・18判時2068・151），退職慰労金の算定基準等を定める会社の内規に従って支給される退職慰労年金につき，退任取締役相互間の公平を図るため集団的・画一的な処理が制度上要請されているという理由のみから，当該内規の廃止の効力をすでに退任した取締役に及ぼすことで，会社が当該退任取締役の同意なしに未支給の退職慰労年金債権を失わせることはできない（最判平22・3・16判時2078・155）。

(4)　**ストック・オプション**　取締役に対しインセンティブ報酬の一種として新株予約権が付与されることがある。ストック・オプションとは，あらかじめ

◆ *WINDOW 4* ◆　有価証券報告書における取締役報酬の開示

平成22年の「企業内容等の開示に関する内閣府令」の改正によって，有価証券報告書において1億円以上の役員報酬の開示が義務づけられたが，東京商工リサーチ（http://www.tsr-net.co.jp/news/analysis/20150907_01.html;2015年10月17日 現在）によれば，2015年3月期で役員報酬1億円以上を受け取った役員の個別開示をしたのは212社，人数で413人となったとされる。

定められた期間内に一定の払込金額で会社から新株の発行を受けまたは会社が保有する自己株式を買い受けることができる権利をいう。会社の業績向上に基づき株価が上昇すれば，ストック・オプションによって取得した株式を売却することで取締役は利益を得ることができるので，取締役の経営努力や勤労意欲を促進させることなどが目的とされる。これにより，株主と取締役の利益を一致させることも可能になる。取締役に対しストック・オプションが職務執行の対価として付与される場合，ストック・オプションの付与は「報酬等のうち額が確定しているもの」（361条1項1号）で，かつ「金銭でないもの」（同条同項3号）と位置づけられる。このことから，その具体的な額および内容が株主総会において決議されなければならないほか，その内容が相当である理由の説明も必要になる（361条4項）。

監査等委員会設置会社の特則　監査等委員会設置会社の場合，報酬等の確定額，不確定額の場合の算定方法，非金銭的報酬の場合の具体的内容は，監査等委員である取締役とそれ以外の取締役とを区別して定める必要があるほか，監査等委員である各取締役の報酬等について定款の定めまたは株主総会の決議がない場合，この報酬等は，361条1項の報酬等の範囲内において監査等委員である取締役の協議によって定められる（361条2項・3項。なお，株主総会における監査等委員である取締役の報酬等にかかわる意見の申述権（同条5項）ならびに監査等委員である取締役以外の取締役の報酬等に係る監査等委員会の意見の申述権（同条6項）もある）。

3・5　指名委員会等設置会社

3・5・1　指名委員会等設置会社

指名委員会等設置会社の意義　指名委員会等設置会社とは，指名委員会，監査委員会および報酬委員会を置く株式会社のことをいう（2条12号）。各委員会は，取締役の中から取締役会の決議によって選定された委員3人以上で組織され（400条1項・2項），各委員会の委員の過半数は社外取締役によって構成される（同条3項）。これら各委員会のほか，必要的機関として1人または2人以上の執行役（402条1項），取締役会および会計監査人が設置されるが（327条1項4号・5項），監査役は置かれない（327条4項）。

指名委員会等設置会社では，業務執行の監督機関に徹するいわゆるモニタリング・モデルといわれる機関構成をとる点に特徴がある。したがって，取締役会はみずから選任した執行役に業務執行権限を大幅に委任することが認められるのに対し，取締役会は，基本事項を決定する以外に，各委員会の委員および執行役の選定・選任等の監督機能を果たす。このように指名委員会等設置会社は，業務執行と監視・監督の役割分担を明確に分離し，取締役会を後者に特化させるとともに，業務執行に携わる者に迅速な経営を可能にする方式（業務執行機関と監督機関の明確な分離）である。もっとも，各委員会の委員の兼任は禁止されていない。

各委員会の特徴　⑴　**指名委員会**　経営者からの取締役会および委員会の独立性を確保するため，指名委員会が，株主総会に提出する取締役（会計参与設置会社の場合は取締役および会計参与）の選任および解任に関する議案の内容の決定を行う（404条1項・416条4項5号かっこ書）。執行役の選任・解任は取締役会が行うが，この権限は執行役に対する監督権限の一部として取締役会が有するものである（402条2項・403条1項）。取締役の選任・解任自体が，株主総会で行われることは通常の会社と同様であるが，取締役会であっても，指名委員会の決定を修正・変更等することはできない。指名委員会は，当該指名委員会の各委員によって招集される（410条）。

⑵　**監査委員会**　これに対して，監査委員会は，①執行役・取締役の職務の

執行の監査および監査報告の作成，②株主総会に提出する会計監査人の選任・解任ならびに会計監査人を再任しないことに関する議案の内容の決定を行う権限を有する（404条2項1号・2号）。この場合の職務執行の監査は適法性監査だけでなく，妥当性監査にまで及ぶことから，広範な権限が付与されている。そのため，監査委員会が選定する監査委員は，いつでも執行役・取締役・支配人その他の使用人に対し，その職務の執行に関する事項の報告を求め，または指名委員会等設置会社の業務・財産の状況を調査できるほか，監査委員会の職務を執行するため必要がある場合には，原則として指名委員会等設置会社の子会社に対しても事業の報告を求め，またはその子会社の業務・財産の状況を調査できる（405条1項・2項・3項）。これらの監査委員は，報告の徴収または調査に関する事項について監査委員会の決議がある場合は，当該決議に従う（同条4項）。その他，監査委員は執行役・取締役の不正行為・法令定款違反行為等について取締役会への報告義務を負うほか（406条），執行役・取締役の行為の差止請求権（407条），会社と執行役・取締役との間における訴訟代表権を有する（408条）。

(3)　**報酬委員会**　報酬委員会は，執行役等の個人別の報酬等の内容を決定する権限を有する（404条3項）。そのため，個人別の報酬等の内容にかかわる決定に関する方針が事前に定められ，当該方針に従って内容を決定する（409条1項）。すなわち，額が確定しているものは個人別の額，額が確定していないものは個人別の具体的な算定方法，金銭でないものは個人別の具体的な内容である（同条3項）。代表執行役等に内容の決定を一任することはできない。公開会社では，この方針は事業報告の記載内容になる（435条2項，会社規121条6号）。

3・5・2　取締役・取締役会の権限および運営

取締役

取締役の任期は，1年（選任後1年以内に終了する事業年度のうち最終のものに関する定時株主総会の終結の時まで。332条6項・1項）である。監督と執行の制度的分離から，取締役は，法令に別段の定めがある場合を除き，指名委員会等設置会社の業務を執行できないほか（415条），執行役を監視・監督する立場から（416条1項2号），支配人その他の使用人との兼任が禁止される（331条4項）。特に監査委員会の委員は，監査の独立性の確保のため，会社・その子会社の執行役・業務執行取締役・指名委員会等設置会社の子会社の会計参与・支配人その他の使用人との兼任が禁止される（400条4項）。

取締役会の権限

監督と執行の制度的分離から，取締役会は執行役等（執行役・取締役・会計参与）の職務の執行を監督する権限を有するのに対し，取締役会が業務執行に関して決定する事項については限定される。具体的に決定すべき事項は，①経営の基本方針，②（会社の監査委員会の職務を補助すべき取締役・使用人に関する事項など）監査委員会の職務の執行のため必要なものとして法務省令（会社規112条1項）で定める事項，③執行役が2人以上ある場合における執行役の職務の分掌・指揮命令の関係その他の執行役相互の関係に関する事項，④執行役から取締役会の招集の請求を受ける取締役，⑤執行役の職務の執行が法令・定款に適合することを確保するための体制，その他会社の業務ならびに当該会社・その子会社から成る企業集団の業務の適正を確保するために必要なものとして法務省令（同条2項）で定める体制の整備である（416条1項1号。416条4項但書には，執行役に委任できない事項が列挙される）。さらに，各委員会の委員の選任・解職（400条2項・401条1項），執行役の選任・解任（402条2項・403条1項），代表執行役の選定・解職（420条1項・2項）等も取締役会の権限に属する。

取締役会の運営

取締役会開催の機動性を担保するため，たとえ招集権者の定めがある場合でも，指名委員会等がその委員の中から選定する者は，取締役会の招集権限を有するほか（417条1項），執行役も，取締役会で指定した取締役に対し取締役会の目的事項を示して取締役会の招集を請求する権限を有し，もし当該請求があった日から5日以内に，当該請求があった日から2週間以内の日を取締役会の日とする取締役会の招集の通知が発せられないときは，当該執行役がみずから取締役会を招集できる（同条2項）。さらに，情報収集の側面から，指名委員会等がその委員の中から選定する者に対し報告義務が課されている結果，指名委員会等の職務の執行の状況は，遅滞なく，取締役会に報告される（同条3項）。執行役の職務の執行の状況も，定期的に（3ヶ月に1回以上）取締役会に報告される（代理人（他の執行役）による報告も可能である。同条4項）。取締役会の要求があれば，執行役は取締役会に出席し，取締役会が求めた事項について説明する（同条5項）。

3・5・3　執行役・代表執行役の職務権限

執行役の権限　指名委員会等設置会社の場合，取締役が会社の業務を執行するものではないので（415条），執行役が①取締役会の決議に基づき委任された業務の執行の決定および②指名委員会等設置会社の業務の執行について権限を有する（418条）。もし執行役が複数いれば，その間での職務の分掌および執行役相互の関係は取締役会によって決定される（416条1項1号ハ）。また，取締役会の決議によって指名委員会等設置会社から執行役に業務執行の決定を委任された事項は執行役の権限になる（同条4項）。もちろん，日常的な業務執行の決定については執行役に委ねられるのが合理的であろう。これに対し，執行役も取締役と同様に，善管注意義務および忠実義務を負うほか（402条3項・419条2項・355条），競業・利益相反取引の規制があるので（419条2項），これらの行為をする場合には取締役会の承認が必要になる。執行役の個人別の報酬等の内容については報酬委員会によって決定される（404条3項）。しかし，取締役の場合と異なり，執行役は取締役会によって職務分掌を定めたかたちで選任されることから，他の執行役に対する一般的な監視義務の定めはない。もっとも，自分の指揮下にある執行役に対しては監視義務を負うことになろう。そのほか，会社に著しい損害を及ぼすおそれのある事実を発見した場合の監査委員への報告義務（419条1項）や，取締役会への報告義務（417条3項）等が定められる。

執行役の任期は原則として1年（選任後1年以内に終了する事業年度のうち最終のものに関する定時株主総会の終結後最初に招集される取締役会の終結の時まで）である（402条7項）。また，執行役は取締役を兼ねることができるが（同条6項），これは，取締役会の中に執行役を兼任する取締役がいれば，取締役会が会社の業務執行の状況等を把握することが容易になり，取締役会による適切な決定や監督に資すると考えられたためである。その意味では，執行と監督の分離が厳格に徹底されているわけではない。執行役は，いつでも取締役会の決議によって解任できるが，その解任に正当な理由がなければ，解任された執行役は，解任によって生じた損害の賠償を会社に請求することができる（403条1項・2項）。

代表執行役の権限　代表執行役は，取締役会によって執行役の中から選定され，もし執行役が1人の場合にはその者が代表執行役に選定される（420条1項）。この代表執行役は広範な権限を有する（同条3項・349条4項）。代表執行役以外の執行役に社長，副社長等の名称を付した場合には，表見代表執行役として善意の第三者に対して責任を負う（421条）。

3・6　監査等委員会設置会社

監査等委員会設置会社の意義　監査等委員会設置会社は，平成26年改正によって導入された制度であるが，その導入の背景には，①監査役会設置会社の監査役は，業務執行者の選定・解職を含む取締役会決議における議決権を有しない結果，監査機能の強化には限界があること，②指名委員会等設置会社の前身である委員会設置会社では，社外取締役が過半数を占める指名委員会や報酬委員会に，取締役候補者の指名や取締役・執行役の報酬の決定を委ねることに抵抗感があったこと，③2人以上の社外監査役の選任が義務づけられる監査役会設置会社（335条3項）において，社外監査役に加え社外取締役を選任することに重複感・負担感があったことの各指摘がある。

このことから新たな機関設計として導入されたのが，監査等委員会設置会社である。監査等委員会設置会社とは，監査等委員会を置く株式会社のことをいい（2条11の2号），監査役を置くことはできないのに対し（327条4項），取締役会および会計監査人は必ず設置される必要があり（同条1項3号・5項），かつ監査等委員である取締役は，3人以上で，その過半数は社外取締役である必要がある（331条6項）。その目的は，経営に対する監督機能を有する社外取締役の活用を促進させることにある。したがって，監査役会設置会社とは異なり，監査役に代わり監査等委員会が取締役の職務の執行の監査を担い，また指名委員会等設置会社と異なり，指名委員会および報酬委員会が設置されない機関構成になっている点に特徴がある。

監査等委員会の特徴　監査等委員会は，取締役であるすべての監査等委員で組織される（399条の2第1項・2項）。前述のように，そのうち過半数は社外取締役でなければならない（331条6項）。監査等委員会の主要な任務は，①取締役（会計参与設置会社の場合は取締役・会計参与）の職務の執行の監査および監査報告の作成であるが，さらに②株主総会に提出する会計監査人の選任・解任ならびに会計監査人を再任しないことに関する議案の内容の決定，③監査等委員である取締役以外の取締役の選任・解任および報酬についての意見の決定も行う（399条の2第3項）。このことから指名委員会や報酬委員会に準じる機能を果たすことも期待されており，これが監査「等」委員会と呼ばれるゆえんである。さらに，監査等委員会は，いわゆる妥当性監査も担うので，監査等委員の職務の執行にかかわる費用等の請求（同条の2第4項），職務の執行に関する事項の報告の請求または業務・財産の状況の調査権（同条の3），取締役の不正行為等の場合における取締役会への報告義務（同条の4），株主総会への提出議案に著しく不当な事項等がある場合の報告義務（同条の5），取締役の行為に対する差止請求権（同条の6），会社と取締役との間の訴訟代表権（同条の7）が規定されている。（連結）計算書類の作成・監査等も監査等委員会が決算監査を行う（436条2項・444条4項）。

取締役・取締役会の職務権限

(1)　取締役　監査等委員である取締役は，監査等委員である取締役とそれ以外の取締役とを区別して株主総会の普通決議によって選任される（329条2項）。この場合，取締役は，会社・その子会社の業務執行取締役・支配人その他の使用人・当該子会社の会計参与・執行役を兼任できない（331条3項）。選任議案は監査等委員会の同意を得て取締役によって株主総会に提出される（344条の2第1項）。監査等委員である取締役の任期は2年であるのに対し（定款・株主総会決議による短縮はできない），監査等委員以外の取締役の任期は1年である（332条1項・3項・4項）。監査等委員である取締役の解任は株主総会の特別決議で行われる（344条の2第3項・341条）。監査等委員である取締役の選任・解任に関しては，各監査等委員は株主総会で意見を述べることができるほか（342条の2第1項），監査等委員である取締役を辞任した者については，辞任後最初に招集される株主総会に出席して，辞任した旨およびその理由を述べることができる（同条第2項）。取締役の報酬については，監査等委員である取締役とそれ以外の取締役とを区別して定められるが，前者の場合には通常は株主総会の決議で定められた範囲内で監査等委員である取締役の協議によって定められる（361条2項・3項）。

◆ *WINDOW 5* ◆　監査等委員会設置会社の導入状況

日本経済新聞2015年６月29日朝刊15頁によれば，平成26年改正の会社法によって導入された監査等委員会設置会社は，当初の予測を上回り，200社近くにまで迫っている。監査役会設置会社のままで社外取締役を追加するよりも社外人材確保の負担が少ない点が注目されており，上場企業の９割以上を占める監査役会設置会社からの移行が相次いでいるとされる。そのため，今後も，監査等委員会設置会社に移行する企業は増える見通しである。

⑵　**取締役会**　監査等委員会設置会社の場合，取締役会は，経営の基本方針，監査等委員会の職務の執行のため必要なものとして法務省令（会社規110条の４第１項）で定める事項，取締役の職務の執行が法令・定款に適合することを確保するための体制等のほか，会社の業務執行の決定，取締役の職務の執行の監督ならびに代表取締役の選定および解職を担う（399条の13第１項）。さらに，取締役会が取締役に委任できない事項も掲げられ，重要な財産の処分・譲受けや多額の借財等その他の重要な業務執行については，その決定を取締役に委任できない（399条の13第４項）。ただし，監査等委員会設置会社の取締役の過半数が社外取締役であることを条件に，一定の場合を除き，取締役会の決議によって重要な業務執行の決定を取締役に委任する可能性が残されている（399条の13第５項）。定款規定に基づいても，取締役会の決議によって重要な業務執行（同条第５項１号～17号に掲げる事項を除く）の決定の全部または一部を取締役に委任することができる（同条第６項）。取締役会の招集は，招集権者の定めがある場合であっても，監査等委員会が選定する監査等委員が行うことができる（399条の14）。

第4章　株式会社の監査・検査機関

4・1　会計参与

4・1・1　会計参与の意義

会計参与とは，取締役と共同して計算書類等を作成する機関をいう（374条1項）。非公開会社である取締役会設置会社の場合には，この会計参与の設置によって監査役を設置する必要がなくなるが（したがって，非公開会社において取締役会を設置し，監査役を設置しない機関設計の場合には設置が義務づけられる。327条2項但書），定款の定めによれば，すべての会社に任意に設置することができる（326条2項）。会計参与は取締役と共同して計算書類等を作成する会社の機関であるので，機関としての義務と責任を負う（429条1項・2項2号・430条等）。このような義務と責任を負うことで，計算書類等の適正性が確保され，ひいては中小企業の会社債権者等の利害関係人の信頼を獲得できることが期待されるのである。中小企業では，顧問税理士が申告業務や経理指導のほか，帳簿作成，決算等を行う例が多く，会計参与の制度は実務で行われてきたこれらの業務を法律上の権限とするものである。

4・1・2　会計参与の資格・選任

会計参与になれる資格は，公認会計士（もしくは監査法人）または税理士（もしくは税理士法人）のような会計の専門家に限られる（333条1項）。これによって，計算書類の適正性や信頼を高めることができるのである。監査法人または税理士法人が会計参与に選任された場合には，その社員の中から会計参与の職務を行うべき者を選定し，株式会社に通知しなければならないが（同条2項），なれ合い防止の観点から，公認会計士または税理士が会社またはその子会社の取締役，監査役，執行役，支配人その他の使用人である場合などには，当該会社の会計参与になることはできない（同条3項1号～3号）。会計参与の員数に特に規定が設けられているわけではなく，会計参与の選任・任期・解任等の手続は，取締役の場合と同様の規定が適用される。ただし，会計参与の場合には累積投票制度や種類株主総会での選任はない（342条1項・108条1項9号では取締役になっている）。

4・1・3　会計参与の権限・責任

義　務　会計参与は，会社に対して善管注意義務を負い（330条→民644条），取締役と共同して計算書類等を作成するが，もし必要な資料収集や調査の結果について取締役と会計参与の意見が一致しなかった場合には，計算書類等を作成できなくなる。このことから，取締役会設置会社の場合には，会計参与は取締役会に出席し，意見を述べる必要があるほか（376条），株主総会でも意見を述べることができる（377条1項）。それでも，会計参与の意見を無視して会社側提案の計算書類が定時総会の決議で承認された場合には，当該決算は法律上確定したことにはならないものと解される。どうしても意見が一致しないならば，辞任もしくは解任によって，取締役もしくは会計参与を交代させるか，会計参与の設置を定める定款規定を廃止するほかなかろう。

権　限　会計参与は計算書類等を作成する場合には会計参与報告を作成しなければならない（374条1項，会社規102条）。そのため，会計参与は，会計帳簿またはこれに関する資料を閲覧・謄写し，または取締役および支配人その他の使用人に対し会計に関する報告を求めることができる（374条2項）。もし会計参与が職務を行うために必要であれば，会計参与設置会社の子会社に対して会計に関する報告を求めるか，または会計参与設置会社もしくはその子会社の業務および財産の状況を調査でき，正当な理由がなければ，子会社の側は当該報告または調査を拒むことができない（同条3項・4項）。さらに，会計参与は，職務を行うに際して取締役の職務の執行に関し不正の行為または法令・定款に違反する重大な事実があることを発見した場合，遅滞なくその事実を株主（監査役設置会社の場合は監査役）に報告しなければならない（375条1項）。

計算書類とその附属明細書ならびに会計参与報告は，定時株主総会の日の1

週間（取締役会設置会社では2週間）前から5年間，税理士（法人）事務所のような会計参与が定めた場所に備え置かれるので（378条1項，会社規103条），株主および債権者は，会計参与設置会社の営業時間内はいつでも，原則として計算書類等の書面の閲覧を請求できるほか，当該書面の謄本または抄本の交付の請求等を行うことができる（378条2項，会社規104条）。

4・2　監査役

4・2・1　監査役の意義

会社の経営に無関心な株主が多数存在する，所有と経営が分離した大規模な会社の場合，個々の株主による経営の監視は期待できないため，経営から独立した機関の監査によって健全な会社経営が行われることが望ましい。監査役とは，取締役（および会計参与）の職務の執行を監査する機関として（381条1項），このような健全な会社経営が行われるよう期待されている機関である。監査役は，原則として定款の定めに基づき設置される任意の機関であるが（326条2項），（監査等委員会設置会社および指名委員会等設置会社を除く）取締役会設置会社および会計監査人設置会社では，設置が要求される機関である（327条2項・3項・4項）。ただし公開会社でない会計参与設置会社の場合には必ずしも設置しなくてもよい（同条2項但書）。監査役は1人いれば足りるが，後述する監査役会設置会社では，3名以上の監査役が必要である（335条3項）。複数の監査役がいる場合であっても，各監査役は独立して監査を行う（独任制）。

4・2・2　監査役の選任・任期・終任および資格

選任・任期・終任

監査役は，株主総会の普通決議によって選任される（329条1項・341条）。取締役の場合とは異なり累積投票制度（342条）は認められないが，非公開会社の場合には種類株主総会によって選任することができる（108条1項9号・347条2項）。監査役の地位を強化する観点から，取締役が株主総会に監査役の選任議案を提出する場合には，監査役（監査役会設置会社の場合は監査役会）の同意を要求され（343条1項・3項），監査役

◆ *WINDOW 6* ◆　監査役監査基準

日本監査役協会は，監査役の役割を具体的に理解・利用しやすい指針として，監査役監査基準を公表するとともに，改定作業も行っている。2015年7月23日改正の監査基準は，全部で61ヶ条あり，第1章：本基準の目的，第2章：監査役の職責と心構え，第3章：監査役及び監査役会，第4章：コーポレート・ガバナンス・コードを踏まえた対応，第5章：監査役監査の環境整備，第6章：業務監査，第7章：会計監査，第8章：監査の方法等，第9章：会社の支配に関する基本方針等及び第三者割当て等，第10章：株主代表訴訟等への対応，第11章：監査の報告，の11章建てで構成されている。例えば第2章第2条では，監査役の職責が定められ，第1項において「監査役は，取締役会と協働して会社の監督機能の一翼を担い，株主の負託を受けた独立の機関として取締役の職務の執行を監査することにより，企業集団を含む企業の健全で持続的，かつ，様々なステークホルダーへの価値創造に配慮した成長を確保し，社会的信頼に応える良質な企業統治体制を確立する責務を負っている」と規定されている。当該基準に法的拘束力はなく，どのように利用するのかは各会社の裁量に任せられている。

(監査役会) は，取締役に対し，監査役の選任を株主総会の目的とすること，または監査役の選任に関する議案を株主総会に提出することも請求できる (同条2項・3項)。これに対し，監査役が任期満了や辞任・解任等によって終任する場合は取締役と同様であるが，解任に限っていえば，取締役の場合と異なり，株主総会の特別決議が要求されている (339条1項・343条4項・309条2項7号)。株主総会では，監査役は，解任の場合以外にも，選任・辞任について意見を述べることができる (345条1項・4項)。監査役は，正当な理由なく解任された場合，会社に損害賠償を請求できる (339条2項)。

取締役の任期は選任後4年以内に終了する最終事業年度に関する定時株主総会の終結の時までであるが，非公開会社の場合には，定款によって，任期を選任後10年以内に終了する最終事業年度に関する定時株主総会の終結の時まで伸長することができる (336条1項・2項)。任期満了前に退任した監査役の補欠として選任された監査役の任期については，定款によって退任した監査役の任期満了時までとすることができる (同条3項)。定款を変更する場合，例えば監査役の廃止に基づく定款変更や監査等委員会または指名委員会等の設置に基づく定款変更の場合などは，当該定款変更の効力が発生した時に満了する（同条4項）。

資　格　監査役は，会社もしくはその子会社の取締役もしくは支配人その他の使用人または当該子会社の会計参与もしくは執行役を兼ねることができない（335条2項）。これは，監査の主体である監査役と監査対象になる取締役が同一人であれば，自己監査になり，監査の本質に反する結果になるからである。その意味では，監査役は「その他の使用人」としての会社の顧問や相談役等を兼ねることもできない。もっとも，判例・裁判例では，監査役が会社の顧問弁護士を兼ねる場合の当否が争われ，この問題につき弁護士は，法律専門家としての自己の判断と責任において，受任した事務を処理しあるいは法律上の意見を述べるものであって，会社の業務自体を行うものではなく，もとより業務執行機関に対し継続的従属的関係にある使用人の地位につくものでもないから，このような弁護士が会社の監査役に就任した場合においても，同人がその会社の組織機構の一員となり業務執行機関の指揮命令を受けるべき立場におかれるに至った場合，もしくはこれに準じてその会社に専属すべき拘束を受けている場合などの，特段の事情のない限り，ただちに商法267条（会社法335条2項）に違反しないとされた（大阪高判昭61・10・24金法1158・33）。弁護士である監査役が特定の訴訟事件について当該会社の訴訟代理人になることも可能であるほか（最判昭61・2・18民集40・1・32百選〔第3版〕74事件），取締役が任期途中に監査役に選任された場合（いわゆる横すべり監査役）であっても適法であると判断された（最判昭62・4・21資料版商事38・98）。

4・2・3　監査役の義務と権限

義　務　会社と監査役は委任に関する規定に従うので（330条），職務の遂行につき取締役と同様に善管注意義務を負う（民644条。例えば会社債権者に被害の発生が予見される特段の事情がある場合，監査役は取締役の違法行為を放置できず，調査権限を行使して取締役に違法行為を中止することを求めなければならないとして監査役の責任を肯定した名古屋高判平成23年8月25日（判時2162・136）がある）。もっとも，取締役と異なり監査役は業務執行を行わないので，忠実義務（355条）を負わないだけでなく，競業取引や利益相反取引（356条1項）も制限されない。監査役の報酬等は，定款にその額を定めていない場合には株主総会の決議によって定められ（387条1項），監査役が2人以上ある場合に各監査役の報酬等について定款の定めまたは株主総会決議がない場合は，当該報酬等は，定款または株主総会決議で定めた範囲内で監査役の協議によって定められる（同条2項）。株主総会では，監査役は報酬等について意見を述べることもできる（同条3項）。このように報酬等の側面からも監査役の独立性を保障している。費用の前払の請求等，監査役がその職務の執行について会社に費用等を請求した場合には，会社は，原則として当該請求を拒むことはできない（388条）。

監査権限の範囲

監査役は，取締役（会計参与）の職務執行を監査する株式会社の機関であり，原則として業務監査と会計監査を行う。監査役の業務監査が本来的な職務であり，またその権限の範囲は業務全般に及ぶものであって，取締役の職務執行が法令・定款に違反していないかどうかの適法性監査を行うことは明白である（子会社や支配人に対しても及ぶ。381条2項・3項）。しかし，取締役の職務執行が会社経営として妥当かどうかの妥当性監査にまで及ぶかどうかは争いがあり，監査役の監査権限に妥当性監査は含まれないと解するのが多数説である。もっとも，取締役の行為に著しく不当な事実があると認められる場合に監査役の監査権限が及ぶことは条文上明らかであるが（382条），例えば取締役が株主総会に過大な報酬を定めた議案を提出するような場合，監査役はこの議案が著しく不当であることを株主総会に報告する義務があり（384条），これは実質的には報酬の妥当性の問題になると考えられている。監査の結果は，法務省令（会社規105条）に基づき監査報告として作成される（381条1項）。これに対し，非公開会社の場合，定款で監査役の監査の範囲を会計に関するものに限定できる（389条1項。なお，この場合の会社は監査役設置会社に該当しないことに注意が必要である（会社2条9号かっこ書））。非公開会社の場合には，株主の業務執行の監督が期待できるからにほかならない。もし会計監査に限定した場合には，総会提出議案等の調査権や，帳簿の閲覧謄写権，取締役・使用人等に対する報告聴取権，子会社に対する報告聴取・業務財産調査権等（389条3項・4項・5項）は会計に関する部分に限定される。監査の結果は監査報告として作成される（同条2項，会社規107条）。会計監査人が設置された会社の場合には，監査役の監査権限としての会計監査は補足的なものになる。

個別の職務権限

第1に，監査役の基本的かつ一般的権限として，監査役はいつでも取締役や従業員に対し事業の報告を求めることができるほか，会社（子会社）の業務・財産の状況を調査する権限を有する（業務・財産状況調査権。381条2項・3項）。取締役会では代表取締役・業務執行取締役によって3ヶ月に1回以上，職務執行の状況が報告されるので（363条2項），監査役は少なくともこの報告によって調査権限を行使する機会を得ることができる。また，監査役が取締役の不正行為や法令・定款違反事実を認めた場合には，このことは監査役によって取締役（取締役会設置会社の場合は取締役会）に報告される（382条）。取締役の側で会社に著しい損害を及ぼすおそれのある事実があることを発見したときでも，その事実は直ちに当該取締役から監査役に報告されるので（357条），その場合，監査役は調査権限を行使できる。もし取締役等が監査に必要な調査を妨害するなどの事実があった場合には，この旨および理由は監査報告に記載される（会社規129条1項4号。なお，調査を妨げた場合の罰則につき，976条5号）。

第2に，監査役は取締役会に出席して，必要があると認めるときは意見を述べなければならない（取締役会への出席・意見陳述義務。383条1項）。取締役会で違法な決定が行われることを事前に防止する趣旨である。そのため，取締役会の招集通知は監査役にも発せられるだけでなく（368条1項），監査役は議事録にも署名する（369条3項）。

第3に，監査役は，取締役が株主総会に提出しようとする議案，書類その他法務省令で定めるもの（会社規106条）を調査し，その場合，法令・定款に違反しまたは著しく不当な事項があると認めるときは，その調査結果は株主総会に報告される（株主総会への報告義務。384条）。また，株主総会において監査役が株主から質問を受けた場合，監査役は当該質問につき説明する義務が課されている（株主総会への説明義務。314条）。

第4に，監査役は，取締役が監査役設置会社の目的の範囲外の行為その他法令・定款に違反する行為をし，またはこれらの行為をするおそれがある場合において，当該行為によって会社に著しい損害が生ずるおそれがあるときは，当該取締役にその行為をやめることを請求することができる（違法行為の差止め。385条1項）。株主の場合と違い（360条1項参照），差止めは「会社に著しい損害が生ずるおそれがある」場合で足りる。

第5に，会社が取締役に対し，または取締役が会社に対し訴えを提起する場合など，取締役と会社との間の訴訟は，訴訟の公正性の確保（取締役同士のなれ合いの防止）のため，監査役によって代表される（訴訟追行権。386条1項）。また，取締役の責任を追及する訴えについて，株主から提訴請求を受ける場合や訴訟告知・和解に関する通知・催告を受ける場合にも，監査役によって代表される（同条2項）。

第6に，取締役や執行役の責任の一部を免除する場合，監査役の同意が求められる（425条3項・426条2項・427条3項）。

4・2・4　監査役会

意　義　監査役会は，すべての監査役で組織される監査機関であり（390条1項），非公開会社，監査等委員会設置会社および指名委員会等設置会社を除き，大会社の場合には必ず設置される（2条10号・328条1項。公開会社でありかつ大会社である会社は，監査役会設置会社，監査等委員会設置会社，指名委員会等設置会社のいずれかを選択する）。大規模な会社で業務も複雑な会社では，単独の監査役がすべての取締役の職務執行を監査するのが困難になるからである。したがって，このような会社では3人以上の監査役（うち半数以上は社外監査役。335条3項）で構成される監査役会の設置を求め，職務分担を通じて組織的・効率的に監査を実施することで監査の実効性を高めることが意図されている。

権　限　監査役会は，監査役が作成した監査報告に基づき監査報告を作成するほか（会社規130条），常勤の監査役を選定および解職し，監査の方針，会社の業務および財産の状況の調査の方法その他の監査役の職務の執行に関する事項を決定する（390条2項1号～3号。なお，3号の決定は監査役の独任性から個々の監査役の権限（例えば違法行為差止請求権）の行使を妨げることはできない（同条2項但書））。監査役会において常勤監査役が選定される場合には，監査役の中から行われる（同条3項）。常勤監査役とは，原則として会社の営業時間中，監査役の職務に専念する義務を負う監査役のことをいい，そのため，他の会社の常勤監査役や他の役員・使用人などを兼ねることはできない。監査役会の求めがある場合，監査役はいつでもその職務の執行の状況を監査役会に報告する（同条4項）。

運　営　監査役会は各監査役によって招集されるが（391条），招集に際して，監査役は原則として監査役会の日の1週間前までに各監査役に監査役会の招集通知を発しなければならない（392条1項）。もっとも，監査役全員の同意がある場合には，招集の手続を経ることなく監査役会を開催することができる（同条2項）。

監査役会の決議は，原則として監査役の過半数をもって行われるが（393条1項），責任免除議案の株主総会への提出（425条3項1号），会社に訴訟参加するかどうかの判断（849条3項1号），会計監査人の解任（340条2項・4項）などの場合には，監査役全員または各監査役の同意が要求されているため，これを監査役会決議で行う場合には事実上全員一致で決議する必要がある。これに対し，監査役会の場合には取締役会の決議の省略（370条参照）や議決権の代理行使は認められない。監査役会の決議に手続上・内容上の瑕疵がある場合，一般原則に従い無効である。

さらに，監査役会の議事録が作成される必要があり，議事録には出席した監査役によって署名または記名押印される（393条2項・3項，会社規109条）。決議に反対した監査役は，議事録に異議をとどめなければ，その決議に賛成したものと推定される（393条4項）。議事録は10年間，会社の本店に備え置かれ（394条1項），株主もしくは親会社社員が自己の権利行使のために必要があるとき，または会社債権者が役員の責任追及のために必要があるときなどは，裁判所の許可を前提に監査役会議事録の閲覧・謄写を請求することができる（394条2項・3項・4項）。

4・2・5　社外監査役

監査役会設置会社では，監査役は3人以上で，そのうち半数以上は社外監査役でなければならない（335条3項）。この場合の社外監査役の「社外」要件は，次のとおりである（社外取締役の場合の要件も参照）。すなわち，①監査役の就任前10年間，その会社または子会社で取締役・会計参与・執行役・支配人その他の使用人であったことがないこと，②社外監査役の就任前10年内のいずれかの時点で，その会社または子会社の監査役であったことがある者の場合には，その就任前10年間その会社または子会社の取締役・会計参与・執行役・支配人その他の使用人であったことがないこと，③現在，その会社の親会社等（自然人に限るので，大株主）または親会社等の取締役・監査役・執行役・支配人その他の使用人でないこと，④現在，その会社の親会社等の子会社等（兄弟会社）の業務執行取締役等でないこと，⑤その会社の取締役・支配人その他の重要な使用人または親会社等（自然人に限るので，大株主）の配偶者・2親等内の親族でないことである（2条16号）。社外監査役である旨は登記事項である（911条3項18号）。

4・3　会計監査人

4・3・1　会計監査人の意義

会計監査人は，専門的職業人としての資格に基づき会社の会計監査を担当し，大会社および指名委員会等設置会社・監査等委員会設置会社の場合に設置が強制される機関である（327条5項・328条。会社法では会計監査人も会社の機関の1つとして扱われているが（326条2項参照），役員の定義から除外される（329条1項参照「役員及び会計監査人」））。それ以外の会社では，設置は任意であるが，設置するには監査役（監査役会）を置くか，監査等委員会設置会社または指名委員会等設置会社でなければならない（327条3項・5項）。会計監査人は専門的職業人としての資格に基づくので，公認会計士または監査法人（5名以上の公認会計士を社員とする法人。公認会計士34条の7第1項参照）でなければならず（337条1項），欠格者に該当する場合には会計監査人になることはできない（337条3項，公認会計士24条等）。欠格事由が法定されているのは，会計監査人の独立性を確保し，監査の公正を期するためである。監査法人が会計監査人に選任された場合には，当該監査法人の社員の中から会計監査人の職務を行うべき者が選定され，会社に通知される（337条2項）。会計監査人の員数に制限はなく，任期は選任後1年以内に終了する事業年度のうち最終のものに関する定時株主総会の終結の時までである（338条1項）。定時株主総会において別段の決議がなされなかったときは，当該定時株主総会において再任されたものとみなされる（同条2項）。

4・3・2　会計監査人の選任・終任

選　任　会計監査人は，株主総会によって選任されるが（329条1項），監査役（会）設置会社においては，株主総会に提出する会計監査人の選任・解任ならびに再任しないことに関する議案の内容を決定するのは監査役であり，その場合，監査役が2人以上いる場合には監査役の過半数をもって決定される（344条1項～3項）。これも会計監査人の独立性の確保のためであり，こうすることで監査役（会）と会計監査人の連携が図られるのである。もし取締役会が会計監査を行う会計監査人の選任・解任を行うとすれば，計算書類等を作成する，取締役に対する会計監査人の立場は弱くなり，ひいては厳正な会計監査が期待されない。株主総会では，会計監査人は選任・解任等について意見を述べることができる（345条1項・5項）。指名委員会等設置会社では，監査委員会が会計監査人の選任・解任等にかかわる議案の内容を決定する権限を有するのに対し（404条2項2号），監査等委員会設置会社では，当該議案の決定権を有するのは監査等委員会である（399条の2第3項2号）。

終　任　会計監査人と会社との関係は，委任の規定に従うので（330条），会計監査人はいつでも辞任できるほか（民651条1項），会計監査人の死亡・破産手続開始決定・後見開始審判の場合には終任事由となる（民653条）。任期満了や資格喪失，会社の解散の場合も同様である。株主総会はいつでも株主総会の普通決議によって会計監査人を解任できることから（339条1項），解任も終任事由である。もっとも，正当な理由なく解任した場合には，会社は損害賠償責任を負う（同条2項）。解任権は監査役にも与えられているので，会計監査人が①職務上の義務違反または職務の懈怠，②非行，③心身の故障に基づく職務執行への支障等に該当する場合には，その会計監査人を解任でき（340条1項），これによって事業年度の途中でこのような解任事由が発生した場合の臨機の対応が可能になっている。この場合に監査役が2人以上ある場合には，監査役全員の同意による必要がある（同条2項）。

4・3・3　会計監査人の職務権限

総　説　会計監査人は，会計の専門家として，会社の計算書類（435条2項）その附属明細書，臨時計算書類（441条1項）ならびに連結計算書類（444条1項）を監査する（396条1項前段。事業報告は監査しない）。この場合，会計監査人は，法務省令で定めるところにより（会社規110条），会計監査報告を作成しなければならない（396条1項後段。会計監査報告の内容につき，計算規則126条）。職務を適切に遂行するため，取締役や使用人等と意思疎通を図り，情報の収集・監査の環境の整備に努める（会社規110条2項）。ただし，以下の一定の欠格事由に該当する者については使用されない（396条5項1号～3号）。すなわち，①会計監査人の欠格事由に該当する者（337条3項1号・2号），②会社またはその子会社の取締役・会計参与・監査役・執行役・支配人その他の使用人である者，③会社またはその子会社から公認会計士または監査法人の業務以外の業務により継続的な報酬を受けている者，である。会計監査人は，監査に必要な情報を収集するため，いつでも取締役や従業員に対し会計帳簿またはこれに関する資料（電磁的記録を含む）の閲覧・謄写をし，会計に関する報告を求めることができるほか（396条2項），会計監査人設置会社の子会社に対しても，原則として会計に関する報告および当該会社もしくは子会社の業務・財産状況調査権を有する（同条3項・4項）。会計監査人が職務を執行するに際して，取締役の職務の執行に関して不正の行為または法令・定款違反の重大な事実があることを発見することもある。この場合には，会計監査人は遅滞なくその事実を監査役（監査役会・監査等委員会・監査委員会）に報告しなければならない（397条1項・3項～5項）。監査役（監査等委員・監査委員会の委員）の側でも，自己の職務を執行するために必要がある場合，会計監査人に対してその監査に関する報告を求めることができる（同条2項・4項・5項）。

責　任　会計監査人の任務懈怠に基づき会社に損害が発生した場合，会社に対して賠償責任を負うほか（423条1項。ここでは役員等に含まれる），その職務を行うについて悪意または重大な過失があったときは，これによって第三者に生じた損害を賠償する責任を負う（429条1項）。さらに，民法の不法行為責任や債務不履行責任を追及される余地もある。例えば裁判例では，「会計監査の目的は第1次的には会社の財務諸表が適法かつ適正に作成されているかを審査することにあり，粉飾決算の発見は，財務諸表に虚偽の記載があるとの疑いがもたれる場合に監査の対象となるものであるから，副次的な目的であるとはいえるが，監査人としては，被監査会社の監査上の危険を正確に検証し，財務諸表に不自然な兆候が現れた場合は，不正のおそれも視野に入れて，慎重な監査を行うべきであり，被監査会社の財務諸表の監査に当たり，監査上の危険性を適切に評価した上で，不自然な兆候を読みとっていた以上は，その原因を解明するような追加の監査手続を行うべきであり，これを行わなかったといえる場合には，通常実施すべき監査手続を怠ったことになり，債務不履行責任を負う」とされた（大阪地判平20・４・18判時2007・104百選〔第３版〕75事件）。

報　酬　会計監査人の報酬等は，取締役が業務執行として決定するが，監査役の同意が必要となる（監査役が２人以上ある場合はその過半数。399条１項）。もっとも，監査役会設置会社の場合は監査役会，監査等委員会設置会社の場合は監査等委員会，指名委員会等設置会社の場合は監査委員会の同意が必要となる（同条２項〜４項）。監査役等の同意が求められるのは，会計監査人の取締役からの独立性を確保するためである。

4・4　検査役

検査役は，常時存在するものではなく，必要に応じて株主総会もしくは裁判所によって選任される会社の臨時の機関である。例えば①会社の設立手続において現物出資等（変態設立事項）の不当な評価を防止するため裁判所に選任を申し立てる場合（28条・33条１項），②株主総会の招集手続および決議方法を調査するため会社または少数株主が裁判所に選任を申し立てる場合（306条１項〜３項），③株主総会に提出された書類等を調査するため，もしくは会社の業務・財産の状況を調査するため株主総会によって選任される場合（316条１項・２項），④会社の業務の執行に関して不正の行為または法令・定款に違反する重大な事実があることを疑うに足りる事由がある場合に少数株主が裁判所に選任を申し立てる場合（358条１項）などがある。裁判所は弁護士や公認会計士を検査役に選任することが多いといわれる。検査役の資格や員数については法律上の制限はない。検査役と会社との間の関係は準委任（民656条）であり，善管注意義務を負う。なお，④の少数株主が選任を申請する場合において，例えば新株発行によって持株要件が低下し，少数株主としての要件を充たさなくなったときは，会社が妨害目的のために新株発行したような特段の事情がない限り，その申請は不適法になる（最決平18・9・28民集60・7・2634百選〔第3版〕59事件）。

第5章　役員等の責任

5・1　役員等の責任

5・1・1　役員等の会社に対する責任

総　説

役員等（取締役・会計参与・監査役・執行役・会計監査人）は，会社との任用契約（委任または準委任）に基づき，善管注意義務および忠実義務を負う（330条→民644条，355条）。したがって，役員等として通常の注意能力を有する者に対しては，具体的状況のもとで当然期待される程度の注意を尽くす義務が発生する。役員等がこの義務に違反した場合，任務懈怠として，行為と損害との間に相当因果関係がある限り，会社に対して損害賠償責任を負う（423条1項）。この責任は委任契約に基づく債務不履行責任（民415条）であり，役員等に過失があるときにはじめて責任（過失責任）が発生し（最判昭51・3・23金判503・14。独禁法違反の任務懈怠があっても，過失がなければ取締役は責任を負わないとされた最判平12・7・7民集54・6・1767を参照百選〔第3版〕49事件），また過失の証明責任は責任を追及する原告の側にある。以下では，取締役を前提に説明することにしよう。

任務懈怠責任

任務懈怠責任が取締役に発生する場合の「任務懈怠」とは，取締役が職務の執行に際して，抽象的な義務としての善管注意義務・忠実義務（330条・355条）だけでなく，具体的な義務を定めた法令・定款の規定に違反することをいう（二元説）。この場合，会社を名宛人とする法令を遵守することも取締役の任務なので，法令には会社を名宛人とし，会社がその業務を行うに際して遵守すべきすべての法令が含まれる（前掲最判平12・7・7）。外国法令を遵守することも，取締役の善管注意義務の内容をなすとした裁判例もある（大阪地判平12・9・20判時1721・3）。実際には他の取締役・執行役に対する一般的な義務としての監督（監視）義務違反を含む取締役の不作為（懈怠）が問題となる場合が多い。もっとも，例えば大会社である取締役会設置会社の場合には，業務執行の決定として内部統制システムを構築しなければならず（362条４項６号・５項，会社規100条），その具体的なシステムの内容は取締役会で決定されるが，もし不正行為等が発覚したことで当該システムの構築を怠っていたような場合，取締役は善管注意義務違反として任務懈怠責任を負わされる可能性もある（最判平21・７・９判時2055・147百選〔第３版〕52事件参照）。この取締役の任務懈怠責任の消滅時効は10年である（民167条１項。最判平20・１・28民集62・１・128）。

⑴　**競業取引の場合の任務懈怠責任**　取締役が競業取引を行う場合には取締役会（株主総会）の承認を受ける必要がある（356条１項１号・365条１項）。もし承認を得ずに競業取引を行えば，これは取締役の任務懈怠であり，会社に損害が生じた場合には競業取引を行った取締役は会社に対し損害賠償責任を負う（423条１項）。もっとも，この場合の損害は，原告にとって立証することが困難なので，競業取引によって取締役等が得た利益の額は，会社がこうむった損害の額と推定される（同条２項）。

⑵　**利益相反取引の場合の任務懈怠責任**　会社に対する取締役の財産の譲渡のように，取締役が利益相反取引を行う場合も，同様に取締役会（株主総会）の承認を受ける必要があるところ（356条１項２号・365条１項），もし承認を得ずに会社と取引を行い，会社に損害が発生すれば，これは①行為をした取締役，②会社が当該取引をすることを決定した取締役，③当該取引に関する取締役会の承認の決議に賛成した取締役，の任務懈怠と推定される（423条３項。監査等委員会の承認を受けた場合の監査等委員でない取締役を除く（同条４項））。したがって，当該取締役の責任を追及する原告側は会社に損害が発生したことだけを証明すればよく，取締役の任務懈怠の存在を証明する必要はない。被告である取締役の側で自己の任務懈怠の不存在を証明しなければならないのである。もっとも，利益相反取引のうち直接取引の場合であり，取締役が自己のために会社と取引した場合には，任務懈怠が取締役の責めに帰すことができない事由によるものでも，取締役は責任を免れることができない（無過失責任。428条１項）。責任の一部免除もできなくなっている（同条２項）。

経営判断の原則

取締役が業務執行に際して善管注意義務を尽くしていたかどうかを判断する場合，これに関連して経営判断の原則の適用を考慮する必要がある。経営判断の原則とは，取締役の経営判断が結果として会社に損害を与えることになっても，当該判断が一定の要件において行われた場合には，裁判所は事後的に当該判断の当否を審査し，直ちには取締役の善管注意義務違反として責任を問うべきではないとするものである。実際，裁判例ではあるが，企業の経営に関する取締役の判断には，つねに変化する諸要素を総合的に判断する必要があるため，広い裁量が与えられており，①実際に行われた取締役の経営判断そのものを対象として，その前提となった事実の認識について不注意な誤りがなかったかどうか，②その事実に基づく意思決定の過程が通常の企業人として著しく不合理なものでなかったかどうかという観点から審査されるべきであり，そのいずれかに該当する場合のみ，裁量の範囲を逸脱したとして，善管注意義務または忠実義務に違反するとすべきであり（経営判断の原則），判断内容の当否の審査については今日的視点からの回顧的判断ではなく，当時の状況を基礎とする予測的判断を用いるべきであることが示されている（東京地判平16・9・28判時1886・111）。また，これに続けて，一定以上の規模の会社では，分業と権限の委任によって広範な業務の効率的な遂行が可能となるのであるから，取締役は部下に一定の権限を委ねて具体的業務を任せ，特段の事情のない限り，部下が誠実に業務を遂行しているものと信頼できるとすべきである（信頼の原則）とされた。

最高裁でも，子会社を完全子会社とする事業再編計画に関連して，子会社株式を1株5万円で買い取る決定が取締役の善管注意義務に違反するかどうかが争われた事案において，事業再編計画の策定は，完全子会社とすることのメリットの評価を含め，将来予測にわたる経営上の専門的判断にゆだねられていると解され，この場合における株式取得の方法や価格についても，取締役において，株式の評価額のほか，取得の必要性，会社の財務上の負担，株式の取得を円滑に進める必要性の程度等をも総合考慮して決定することができ，その決定の過程，内容に著しく不合理な点がない限り，取締役としての善管注意義務に違反するものではないとされた（最判平22・7・15判時2091・90百選〔第3版〕50事件）。

そもそも会社経営にはリスクが伴うものであり，具体的な状況のもとで経営判断を行う取締役にとっては将来の予測を的確に行うことには困難があること

◆ *WINDOW 7* ◆　大和銀行ニューヨーク支店損失事件株主代表訴訟第1審判決

本件（大阪地判平12・9・20判時1721・3）は，平成7（1995）年に発覚した大和銀行ニューヨーク支店の巨額損失をめぐって，同行の個人株主が当時の現・元役員49人に対し，発生した損失約11億ドルと捜査当局に支払った罰金など3億5,000万ドルの総額14億5,000万ドル（約1,550億円）を賠償するように求めた株主代表訴訟の事件である。この事件において，裁判所は，株主側の訴えを認め，当時の取締役ニューヨーク支店長であった元副頭取に単独で5億3,000万ドル（約567億円），また現・元役員ら11人に計約2億4,500万ドル（約262億円）を支払うように命じた。賠償額は，総額7億7,500万ドル（約829億円）に上ったため，実務上も非常にインパクトがあり，報道当時の株主代表訴訟としては過去最高額であった（日本経済新聞2000年9月20日1面より)。

を考慮すると，裁判所が後知恵的に安易に経営判断を誤った取締役に対し善管注意義務違反を認めることは，取締役が萎縮してしまう結果になり，必ずしも会社経営に有益であるとはいえない。その意味では，一般事業会社の取締役には広範な裁量が認められるべきであると解される（もっとも，金融機関の取締役の場合には，金融機関の公共性から一般事業会社の取締役と比べて裁量の幅が狭いのかどうか，議論の余地がある）。

5・1・2　役員等の責任の免除

総　説

役員等（取締役・会計参与・監査役・執行役・会計監査人）は会社に対して任務懈怠責任を負うが（423条1項），当該責任を免除する方法は存在しないのであろうか。特に平成5年の商法改正によって株主が株主代表訴訟（847条1項［責任追及等の訴え］。***5・2・3*** **株主代表訴訟**参照）を提起しやすくなった結果，取締役が巨額の損害賠償責任を追及されたことがこの問題の背景にある（上記WINDOW 7参照）。

役員等の責任の免除につき，まず，会社法では原則として総株主の同意がなければ免除できないと規定されている（424条。例えば利益供与・違法な剰余金配当の責任免除につき，120条5項・462条3項但書も参照。なお，847条の2第9項・847条の3第10項・850条4項には注意が必要である)。もともとこの趣旨は，1株の株主にも代表訴訟を提起できるとしたこととの関係上（単独株主権），当該制度を骨抜きにしないためにも要求される。しかしその反面，株主数が多数に及ぶ上場会社を念頭におくと，株主全員から同意を得ることは事実上不可能であることは容易に想像できる。事実上免除できないならば，やはり取締役は責任をおそれて萎縮してしまう可能性が残されよう。そこで全部免除が不可能であっても，取締役の責任が少なくとも一定程度，軽減もしくは緩和される措置が必要になってくる。そのため，会社法では，取締役の任務解怠責任を軽減する措置として，以下の3つの方法を定めている。

株主総会決議による責任軽減

取締役が職務を行うにつき善意でかつ重大な過失がないときは，賠償責任を負う額から次に掲げる額の合計額（最低責任限度額）を控除して得た額を限度として，株主総会の特別決議（309条2項8号）によって免除することができる（425条1項，会社規113条）。したがって，責任額をゼロにはできない。最低責任限度額は，①取締役がその在職中に株式会社から職務執行の対価（または受けるべき財産上の利益）の1年間当たりの相当額に，各区分により定められた年数分（代表取締役・代表執行役：6年，代表取締役以外の取締役（業務執行取締役等）・代表執行役以外の執行役：4年，これらを除く取締役・会計参与・監査役・会計監査人：2年）を乗じて算出される。例えば簡単な例として代表取締役に対して1億円の損害賠償請求権が発生し，当該代表取締役の1年間の報酬金額が1,000万円であった場合には，最低責任限度額は1000万円×6年で6,000万円になるので，株主総会によって免除可能になる金額は，賠償責任を負う額1億円からこの最低責任限度額6,000万円を控除した4,000万円になる。したがって，株主総会では，4,000万円を限度として責任免除の特別決議が可能になるのである。もっとも，株主総会では適切な判断が下せるように開示事項が定められており，責任の原因となった事実および賠償責任額，免除可能限度額およびその算定根拠，責任を免除すべき理由および免除額の各事項は，開示される必要があるほか（425条2項），監査役設置会社，監査等委員会設置会社または指名委員会等設置会社の場合，取締役は423条1項の任務解怠責任の免除に関する議案を株主総会に提出する際に，監査役全員の同意を受ける必要がある（425条3項）。

取締役会決議による責任軽減

取締役が2人以上いる監査役設置会社，監査等委員会設置会社または指名委員会等設置会社では，取締役会の決議（取締役会非設置会社では，責任を負う取締役を除く取締役の過半数の同意）によって責任を軽減できる旨を定款に定めることができる。もっとも，423条1項の任務懈怠責任について役員等が職務を行うにつき善意でかつ重大な過失がない場合であって，責任原因事実の内容，当該役員等の職務の執行の状況その他の事情を勘案して，特に必要であると認められる場合に限られる。この限定は，取締役会限りでの役員等の責任軽減では，株主の利益に反する不当な結果をもたらすおそれがあるからにほかならない。この場合，軽減の限度額は株主総会による責任軽減の場合と同様である。定款の定めによって責任を免除する議案を株主総会に提出する場合，定款の定めに基づく責任免除について取締役の同意を得る場合，また責任免除に関する議案を取締役会に提出する場合には，監査役全員の同意が要求される（426条2項）。もし当該取締役会決議が行われた場合には，取締役は，遅滞なく，責任の原因となった事実や賠償額，最低責任限度額等を株主に通知し，ならびに責任免除に異議がある場合には一定の期間内（1ヶ月を下ることはできない）に当該異議を述べるべき旨を公告しなければならない（同条3項）。総株主の議決権の100分の3以上を有する株主からの異議がある場合には，この方法によって責任を免除することはできない（同条7項）。

責任限定契約

非業務執行取締役等（業務執行取締役等を除く取締役・会計参与・監査役・会計監査人）の場合には，当該非業務執行取締役等は，職務を行うにつき善意でかつ重大な過失がないことを前提に，会社と責任限定契約を締結できることを定款に定めることができる（427条1項）。もっとも，この契約では，定款で定めた額の範囲内であらかじめ会社が定めた額と，最低責任限度額とのいずれか高い額が限度額とされる。もともとは非業務執行取締役等の人材確保を容易にするための制度であるので，この契約を締結した非業務執行取締役等が会社の業務執行取締役等に就任した場合は，当該契約は将来に向かってその効力を失う（同条2項）。責任限定契約についても，監査役等の同意（同条3項・425条3項），株主総会での事後開示（同条4項）に関する定めがあるほか，非業務執行取締役等が責任限定契約によってその限度を超える部分について損害賠償責任を負わないとされた場合，その後の退職慰労金等の支給などには株主総会の承認が必要になる（同条5項）。実務上，事前に責任額を確定できる安心感からか，ここ数年，責任限定契約を締結する例が増えているといわれる。

5・1・3　役員等の第三者に対する責任

総　説　取締役（役員等として取締役・会計参与・監査役・執行役・会計監査人）は会社との関係ではたしかに委任関係にあるが（330条），第三者とは何ら直接の法律関係に立たない。そうであれば，本来ならば一般の不法行為（民709条）の要件を充たさない限り，取締役は第三者に対して責任を負わないのが前提であろう。しかし，会社法では，取締役がその職務を行うについて悪意または重大な過失があったときは，当該取締役は，これによって第三者に生じた損害を賠償する責任を負う旨が規定されている（429条1項）。これは，判例の言葉を借りれば，「株式会社が経済社会において重要な地位を占めていること，しかも株式会社の活動はその機関である取締役の職務執行に依存するものであることを考慮して，第三者保護の立場から（……）取締役が直接に第三者に対し損害賠償の責に任ずべきことを規定したものである」とされる（特別の法定責任。最判昭44・11・26民集23・11・2150百選〔第3版〕70事件）。これまでこの規定を利用して，第三者が取締役の損害賠償責任を追及する事案は多数みられ，とりわけ中小の株式会社と取引をした取引先（第三者）が当該会社の倒産等によって自己の債権を回収できなくなった場合に，取引先が取締役個人の責任を追及する手段として利用されてきた。取締役個人の責任追及という側面では，法人格否認の法理（**第1編第1章*1・3・3*法人格否認の法理とはなにか**参照）と同様の機能を果たしているといわれる。役員等の第三者に対する責任とは，このような役員等が職務を行うについて悪意または重大な過失があった場合と，計算書類等の重要な書類に記載すべき事項について虚偽の記載等を行った場合（429条2項）の両者の責任をいう。

責任の要件　前述のように，取締役が第三者に対して損害賠償責任を負うのは，取締役がその職務を行うについて悪意または重大な過失があった場合である（429条1項）。当該責任の要件につき，前掲最判昭44・

11・26によって次のような重要な判断が示された。すなわち，①この場合の取締役の悪意・重過失は会社に対する任務懈怠について存在すれば足り，取締役の第三者に対する加害行為について存在することを要しないこと，②取締役の任務懈怠と第三者の損害との間に相当因果関係があれば，直接損害（取締役が支払見込みのない手形を振り出したように直接第三者が損害をこうむった場合）であるか，間接損害（会社が取締役の任務懈怠によって損害をこうむった結果，第三者に損害を生じた場合）であるかに関係なく，責任が認められるということである。もっとも，第三者に株主が含まれるかどうかにつき，当時と異なり現在では，例えば取締役が放漫経営を行った結果，会社が破綻し，株式価値の減少の形で株主が損害を受けたような間接損害の場合，株主代表訴訟の制度によって損害を回復できるので，株主は第三者に含まれないと解するのが通説的理解である（実際，裁判例でも，株式会社の業績悪化に基づき保有株式が無価値化した場合に当該会社の株主が取締役に直接不法行為に基づく損害賠償請求を行うことができるかが問題になった東京高判平17・1・18金判1209・10において，特段の事情がない限り，株主代表訴訟によらなければならないとされた）。本条1項の責任は10年の消滅時効（民167条1項）にかかるほか（最判昭49・12・17民集28・10・2059），遅延損害金の利率は年5分（民404条）であり（最判平元・9・21判時1334・223），過失相殺については民法722条2項が類推適用される（最判昭59・10・4判時1143・143）。

責任の対象となる取締役

(1)　**名目的取締役の場合**　とりわけ中小企業においては当該会社の債権者が監視義務違反を根拠に取締役の責任を追及することが多く，その際に429条1項が用いられることがある。名目的取締役とは，取締役の就任を頼まれて自己の名前だけを貸すことを承諾し，株主総会でも適法に選任されたが，業務一般を他の代表取締役に任せ切りにしていた者をいう。このような名目的取締役であっても，取締役である以上は監視義務を免れる理由はない（最判昭48・5・22民集27・5・655参照百選〔第3版〕71事件）。そのため，例えば取引先の代表者が要請によって会社の株式を引き受けるとともに，非常勤のいわゆる社外重役として名目的に取締役に就任した場合であっても，当該取締役が1度も出社せず，当該会社の代表取締役の独断専行に任せてその業務執行を監視せず，代表取締役に対して取締役会の招集を求めたり，みずから招集したりすることもしなかったような場合，当該会社の代表取締役が代金支払の見込みがないのに商品を買入れ，その代金を支払うことができなくなり，ひいては売主に対して代金相当額の損害を与えたことになれば，当該名目的取締役は監視義務違反として責任を負うことになる（最判昭55・3・18判時971・101）。取締役が自己の職務を遂行せず，他者に任せ切りにすること自体，それだけで任務懈怠であろう。もっとも，下級審の裁判例では，監視を尽くしても違法行為を防止できなかったなど，任務懈怠と第三者の損害との間の相当因果関係がないことを根拠に名目的取締役の責任を否定するものもある（例えば東京地判平8・6・19判タ942・227など参照）。

⑵　**登記簿上の取締役の場合**　取締役の就任は承諾したが，法律上の選任手続を経ず，単に登記簿上取締役として登記されたにすぎない者の責任である。このような登記簿上の取締役は，名目的取締役の場合と異なり，適法な選任決議を経ていないので，そもそも法律上の取締役ではなく，429条1項の責任が問われることはありえない。しかし，単なる会社内部での手続の履行の有無によって，第三者が保護されないとする理由も見出せない。そのため，判例では，故意または過失によって不実の事項を登記した者はその事項が不実であることをもって善意の第三者に対抗できないとする908条2項の類推適用によって，不実の登記事項が会社の取締役への就任であり，かつその就任の登記につき取締役とされた本人が承諾を与えたのであれば，同人もまた不実の登記の出現に加功したものというべく，したがって，同人に対する関係においても，当該事項の登記を申請した会社に対する関係におけると同様，善意の第三者を保護する必要があるから，取締役として就任登記された当該本人も，同人に故意または過失があるかぎり，当該登記事項の不実なことをもって善意の第三者に対抗できないとし，429条1項の責任を免れないとされた（最判昭47・6・15民集26・5・984）。このことは，辞任登記未了の取締役の関係でも，会社の取締役を辞任した者が，登記申請権者（会社）の代表者に対し，辞任登記を申請しないで不実の登記を残存させることにつき明示的に承諾を与えるなどの特段の事情が存在する場合には，当該取締役を辞任した者は，商法14条（908条2項）の類推適用により，善意の第三者に対して当該株式会社の取締役でないことをもって対抗できず，429条1項の責任を負うことを意味する（最判昭62・4・16判時1248・127百選〔第3版〕72事件）。

⑶　**事実上の取締役の場合**　適法な選任決議を経ておらず，登記もなされていない取締役が職務を執行した場合の責任である。この場合は事実上の取締役として責任を負わされることがある。例えば診療所を経営する会社の役員でない実質的経営者が，すべての重要事項をみずから決済し，対外的にも対内的にも実質的に当該会社の代表者として行動し，第三者からも当該会社の代表者と考えられていた場合において，当該会社が無資格者を診療所のレントゲン撮影に従事させていたことが発覚し，診療所としての信頼を失墜した結果，倒産するにいたった事案において，実質的経営者は，会社債権者に対し429条１項の類推適用または民法709条により損害賠償責任を負うものとされた（東京地判平２・９・３判時1376・110）。そのほかにも，親会社の代表取締役であり，子会社の実質的所有者であった者が，事実上子会社の業務執行を継続的に行い，子会社を支配していた場合において，この者が重大な過失によって他の取締役の任務懈怠行為に対する監視義務を怠ったときは，この者は事実上の取締役として429条１項に基づき第三者に生じた損害を賠償すべき責任があるとされた（京都地判平４・２・５判時1436・115）。

不実開示の責任　取締役が株式等を引き受ける者の募集をする際に通知する重要事項につき虚偽の通知をしたり，計算書類等に虚偽の記載をしたり，虚偽の登記等をした場合には，これによって第三者に生じた損害を賠償する責任を負う（429条２項）。この場合の損害は直接損害に分類できる。もっとも，虚偽の情報開示は第三者に多大な影響を及ぼすので，取締役が責任を免れるには，取締役の側で過失がないことを立証しなければならず（同条同項但書），立証責任が転換されていることには注意が必要である。

5・2　株主の差止請求権と株主代表訴訟

5・2・1　総　　説

会社の業務執行に対する株主の監督は，通常，株主総会における取締役等の任免，計算書類の承認などを通じて間接的に行われる。しかし，会社法は，特定の場合に，株主が会社に代わって直接的に監督・是正を行うことを認めている。その中で特に重要なものとして，個々の株主が有する差止請求権と代表訴訟提起権がある。差止請求権は，取締役等の違法行為がなされる前にそれを防止するいわば事前の救済手段であるのに対し，代表訴訟提起権は，取締役等がその違法行為により会社に損害賠償責任を負う場合に認められる事後的な救済手段である。

5・2・2　株主の差止請求権

意　義　取締役（または執行役）がその違法行為により会社に損害賠償責任を負うといっても，事後的な損害賠償では十分な救済が得られない場合があるので，できれば違法行為を事前に防止することが望ましい。会社は，本来，取締役（または執行役）の違法行為を差止める権利を有し，監査役（または監査等委員もしくは監査委員）に差止請求権が認められている（385条・399条の６・407条）。しかし，会社が差止めを怠る場合にそなえ，個々の株主に一定の要件のもとに会社のため差止めを請求する権利が認められている（360条・422条）。これは，取締役（または執行役）の違法行為により不利益を受ける会社の利益保護のために認められた制度である。なお，株主は，この一般的な差止請求権のほかに，募集株式・新株予約権の発行の場合にも類似の差止請求権を認められているが（210条・247条），この制度は違法・不公正発行により不利益を受ける株主自身の利益保護のために認められるものである。

要　件　差止めの請求は，取締役（または執行役）が会社の目的の範囲外の行為その他法令もしくは定款に違反する行為をし，またはこれらの行為をするおそれがある場合において，会社に著しい損害（監査役設置会社，監査等委員会設置会社および指名委員会等設置会社では「回復することができない損害」。このような限定は，「著しい損害」が生じる場合，監査役（または監査等委員もしくは監査委員）が差止請求をする権限を有するからである。）が生じるおそれがあるときに認められる（360条１項３項・422条１項）。差止請求をすることができる株主は，６ヶ月前（定款で短縮可）から引続き株式を有する株主（公開会社以外の会社では６ヶ月保有の要件はない）である（360条２項・422条２項）。対外的な業務執行行為だけでなく，純内部的な業務執行行為も差止めの対象となりうる。

行使方法　差止めの請求は裁判外でもできるが，取締役（または執行役）がその請求に応じない場合には，その取締役（または執行役）を被告として差止めの訴えを提起し，さらにこの訴えを本案として仮処分を申請することができる（民保23条）。差止判決の効果は当然会社に及ぶ（民訴115条1項5号）。その他の点については，会社法に規定はないが，専属管轄・弁護士報酬等の請求・訴訟参加などに関する代表訴訟の規定が差止めの訴えにも類推適用されると解される。

5・2・3　株主代表訴訟

意　義　取締役等の会社に対する責任は，本来，会社自身が追及すべきものであるが，取締役間の仲間意識・馴れ合いなどにより，その責任の追及がなされない場合には，会社および株主の利益が害されることとなる。そこで，会社法は，一定の要件のもとで個々の株主に，みずから会社のために取締役等に対する会社の権利を行使し訴えを提起できることとした（847条以下）。これを株主代表訴訟という。株主代表訴訟の目的・機能としては，会社の損害を回復することだけでなく，取締役等の違法行為を抑止する効果も認められる。

代表訴訟の対象　代表訴訟の対象となるのは，①発起人・設立時取締役・設立時監査役・役員等（取締役・会計参与・監査役・執行役・会計監査人）・清算人の責任追及，②出資が仮装された場合の引受人等からの支払い（102条の2第1項・213条の2第1項・286条の2第1項参照），③違法な利益供与がなされた場合の利益供与を受けた者からの利益の返還（120条参照），④不公正価額で株式・新株予約権を引受けた場合の出資者からの差額支払い（212条1項・285条1項参照）である（847条1項本文）。

代表訴訟によって追及できる取締役等の責任の範囲については，従来，会社の提訴解怠可能性を根拠として，取締役が会社に対して負担する一切の責任を含むと解する全債務説と，免除につき総株主の同意を要することから免除の困難な取締役の責任（改正前商266条），または免除の不可能な責任（改正前商280条ノ13）についてのみ代表訴訟を認め，その確実な実現を期したと解すべきであるとする限定債務説が対立していた。この問題に関して，最高裁は，取締役の地位に基づく責任のほか，取締役の会社に対する取引債務についての責任も含まれると判示した（最判平21・3・10民集63・3・361百選〔第3版〕67事件）。

原告適格

(1)　**原告適格**　6ヶ月前（定款で短縮可）から引続き株式を有する株主（公開会社以外の会社では6ヶ月保有の要件はない）が，責任追及等の訴えの提起の請求およびその訴えの提起をすることができる（847条1項本文・2項・3項）。単元未満株式の株主については定款で権利を否定できる（189条2項・847条1項本文）。なお，株式交換もしくは株式移転または株式会社が吸収合併消滅会社となる吸収合併が生じた日において当該株式会社の株主であった者は，当該株式会社の株主の地位を喪失した場合であっても，(i)当該株式会社もしくは株式移転によって当該株式会社の完全親会社（特定の株式会社の発行済株式の全部を有する株式会社その他これと同等のものとして法務省令〔会社規218条の3〕で定める株式会社）の株式を取得したとき，または(ii)当該吸収合併により吸収合併存続会社の完全親会社の株式を取得したときは，当該株式会社または吸収合併存続会社に対して，責任追及等の訴えの提起の請求およびその訴えの提起をすることができる（847条の2第1項）。

(2)　**原告適格の継続**　代表訴訟を提起した株主または共同訴訟参加した株主は，その訴訟の係属中に株主の地位を喪失した場合であっても，(i)その者が当該株式会社の株式交換または株式移転により当該株式会社の完全親会社の株式を取得したときも，その者は訴訟を追行することができる（851条1項1号）。また，(ii)その者が当該株式会社が合併により消滅する会社となる合併により，合併により設立する株式会社または合併後存続する株式会社もしくはその完全親会社の株式を取得したときも，その者は訴訟を追行することができる（851条1項2号）。他方，合併の場合にその対価として現金が交付される場合は，原告適格は失われる（訴え却下となる）。完全親会社の完全親会社も「完全親会社」に該当することが定められていることから（会社規218条の3第1項・2項），合併や株式交換の対価として，完全親会社の完全親会社の株式が交付される場合などにも，原告適格は失われない。なお，当初は完全親会社であったが，その後そうでなくなった場合（当該完全子会社の株式の一部を売却したような場合）に原告適格が失われるかについては，「完全親会社」を要件とする会社法851条の規定の文言からは，原告適格は失われると解されうるであろうが，訴追を免れるために意図的に株式の一部を売却するようなことを考えれば，後に完全親会社でなくなった場合でも実質上支配関係があれば原告適格の継続を認めてもよいであろう。

また，原告株主が株式交換や合併などにより完全親会社や存続会社などの株主となった後，原告株主が完全親会社の株式の売却などにより株主でなくなれば原告適格を失うが，当該完全親会社がさらに株式交換や合併をしても，原告が当初の会社の完全親会社または存続会社の株主であるかぎり，原告適格は失われることはない（合併→株式交換→合併というように，合併や株式交換が交互に繰り返される場合も，同様である。）（851条1項の準用により，同1号中「当該株式会社」は「当該完全親会社」，同2号中「当該株式会社」は「合併により設立する株式会社または合併後存続する株式会社もしくはその完全親会社」と読み替えられる。同条2項・3項）。

提訴請求の制限　株主による責任追及等の訴えが当該株主もしくは第三者の不正な利益を図りまたは当該株式会社に損害を加えることを目的とする場合には（例えば，総会屋が訴訟外で金銭を要求することや，会社に対し事実無根の名誉毀損的主張をすることにより会社の信用を傷つけることを目的とする場合），その訴えの提起を請求することができない（847条1項但書）。従来，株主が，代表訴訟制度の趣旨を離れて，会社の利益を侵害し，株主たる資格とは関係のない純然たる個人的な利益などを追求するための取引手段として，その権利を行使する場合は，株主権の濫用とされ当該代表訴訟は却下されていた（長崎地判平3・2・19判時1393・138）。しかし，このような訴権の濫用という一般条項の適用は，その適用範囲が不明確であるという問題があることから，会社法は，従来，訴権の濫用とされていたものの一部について，代表訴訟の構造の特殊性に着目してこれを類型化したうえ，明示的に規定した。もっとも，それ以外の濫用的な訴訟について（例えば，もっぱら取締役に損害を加える目的で代表訴訟を提起したような場合），訴権の濫用の法理が適用され訴えが却下されることを排除する趣旨ではない。

手　続　⑴　**訴え提起の請求**　株主は，会社に対し，書面その他の法務省令で定める方法（会社規217条）により，会社が取締役等に責任追及等の訴えを提起するように請求する（847条1項）。この請求後60日以内に会社が訴えを提起しない場合（訴えの提起をするかどうかは，監査役設置会社・監査等委員会設置会社・指名委員会等設置会社では監査役，監査等委員会または監査委員会の決定による)，そのときに，はじめて，みずから会社のために訴えを提起することができる（同条3項)。会社が請求の日から60日以内に訴えを提起しない場合は，その請求をした株主等に対し，遅滞なく訴えを提起しない理由を書面その他の法務省令で定める方法（会社規218条）により通知しなければならない(847条4項)。ただし，60日の期間の経過により会社に回復することができない損害が生じるおそれがある場合（例えば時効の完成あるいは取締役による財産の隠匿など）には，株主は直ちに訴えを提起することができる（同条5項)。原告株主は，取締役等の責任の発生当時株主であったことを要しない。この点につき，濫訴防止のため，原告は取締役等の責任発生時に株主であることを要するなどの立法論が論議されている。

なお，訴額は，実際の請求額ではなく，「財産権上の請求でない」請求として算定され（同条6項)，代表訴訟を提起する手数料は，一律1,3000円である(民事訴訟費用等に関する法律4条2項)。

⑵　**担保提供**　株主代表訴訟の提起が非常に悪質である場合，株主権の濫用として訴えが却下されることがありうるが（前掲長崎地判平3・2・19)，しかし，株主代表訴訟は，それ自体，原告株主に直接の財産的利益をもたらすものではないから，原告が売名を目的としたとしても，それだけでは権利の濫用にあたるとはいえない（最判平5・9・9民集47・7・4814百選〔第3版〕21事件)。そこで，実際上，濫訴防止のために最も効果的なものとして利用されているのが，担保提供の制度である。すなわち，被告が原告株主の悪意を疎明して請求するときは，裁判所は原告株主に相当の担保提供を命じることができる（847条7項・8項)。「悪意」の意味については，原告株主が被告取締役を害することを知っていることであると解するのが従来の多数説である。しかし，裁判例の多くは,「悪意」とは，請求が理由のないことを認識して訴えを提起した場合（不当訴訟)，または不法不当な利益を得る目的で訴えを提起した場合（不当目的訴訟）のいずれかをいうとする（東京高決平7・2・20判タ895・252百選〔第3版〕68事件)。

訴訟参加
——馴れ合い訴訟の防止および和解

⑴　**総　説**　原告と被告取締役等との馴れ合い訴訟を防止するために，会社または他の株主は，共同訴訟人として，または当事者の一方を補助するために，代

表訴訟に参加することができる（849条1項）。訴訟参加を容易にするために，責任追及等の訴えは会社の本店所在地を管轄する地方裁判所が専属管轄とされ（848条），原告株主の会社に対する訴訟告知の義務（849条3項）が定められている。また，会社が責任追及等の訴えを提起したとき（代表訴訟には至らなかった場合），または会社が株主から代表訴訟を提起した旨の訴訟告知を受けたときは，遅滞なく，その旨を公告しまたは株主に通知しなければならない（同条4項。公開会社以外の会社では株主に通知する。同条5項）。

⑵　**会社の補助参加**　会社が被告取締役側に補助参加できるかという問題について，学説・裁判例の見解は対立していたが，平成13年1月30日最高裁決定は被告取締役側への会社の補助参加を認めた（最判平13・1・30民集55・1・30百選〔第3版〕69事件）。そして，会社法は，株式会社が被告取締役等の側へ補助参加するには，監査役（または監査等委員もしくは監査委員）全員の同意を要求している（849条3項）。会社の被告取締役等の側への補助参加の判断を取締役会に委ねると，同僚の取締役等をかばう意図で補助参加の判断をする可能性があることから，そのような弊害を防止するために，取締役会とは独立した機関である監査役（または監査等委員もしくは監査委員）の同意を要求し，取締役会の判断の公正性を担保する趣旨である。また，会社は代表訴訟の結果について利害関係を有しないことはほとんど考えられないし，訴訟の運営方法についても重大な利害関係を有しており（原告勝訴の場合に原告の株主から費用の支払請求を受ける立場にある），さらに裁判の迅速性や訴訟経済の観点からも，849条1項本文は，株主や会社が民事訴訟法42条に規定する「訴訟の結果について利害関係を有する第三者」であるかどうかにかかわらず，責任追及等の訴えにおいて補助参加することができることを明らかにして，補助参加の利益をめぐる争いが生じないようにしている。

訴訟上の和解　従来の実務では，代表訴訟の係属中に，原告株主と被告取締役との間で和解して代表訴訟を終了させることが少なくなかった。このような和解については，これを認めると原告株主の一存によって会社の権利を処分することを認める結果になり，また取締役の責任免除規定（改正前商法266条5項）からも，否定する見解（従来の多数説）と，その場合の弊害は訴訟参加または再審の訴えによるべきであるとして，肯定する見解が対立していた。会社法は，訴訟上の和解をすることを認め，会社が和解の当事者でない場合は当該会社の承認を要求する（850条１項）。そして，その場合には，責任免除に総株主の同意を要するとする規定は適用されないものとした（同条４項）。これにより，総株主の同意を要することなく，会社は，代表訴訟および会社自身による取締役等に対する訴えにおいて和解を行うことができる。また，代表訴訟において原告株主と被告取締役等が和解を行う場合に，会社が和解の当事者でない場合には，裁判所は，会社に対し和解の内容を通知し，かつ当該和解に異議があるときは２週間以内に異議を述べるべき旨を催告することを要する（同条２項）。これにより，原告株主が単独で和解を行うことが可能になった。さらに，会社がその異議申立期間内に書面で異議を述べなかったときは，裁判所からの前記通知の内容で，株主が和解を行うことを承認したものとみなすこととされ（同条３項），この場合には総株主の同意なくして和解が成立することになる。その期間内に会社が異議を述べたときは，和解を行うことができなくなる。

再審の訴え　原告株主と被告取締役等が共謀して会社の権利を害する目的で判決をさせたときは（例えば原告が故意に敗訴するとか，故意に一部のみ勝訴し他は敗訴する場合），会社または他の株主は，確定した終局判決に対し，再審の訴えを提起できる（853条）。

判決の効力　判決の効力は，当然会社に及ぶ（民訴115条１項２号）。勝訴判決による利益は会社に帰属するから，勝訴株主は，訴訟費用以外の必要費用（調査費用等）の額の範囲内または弁護士もしくは弁護士法人への報酬の範囲内で相当額の支払いを請求することができる（852条１項・３項）。反対に，株主が敗訴した場合，株主に悪意（会社を害することを知っていること）があるときにかぎり，会社に対して損害賠償責任を負う（同条２項・３項）。

多重代表訴訟　子会社の取締役等の任務懈怠によって子会社に損害が生じた場合，子会社は当該取締役等の責任を追及することができるし，さらに，親会社も，当該子会社の株主として代表訴訟によって責任を追及することができる。しかし，子会社の取締役等の間の人的関係（仲間意識や馴れ合い）や，子会社と親会社との間の人的関係により，責任追及がなされないおそれがある。そこで，会社法は，一定の場合に限り，親会社の株主が子会社の取締役等の責任を追及することを認めている（一般的に，多重代表訴訟と呼ばれている。847条の3）。

具体的には，株式会社（X社）の最終完全親会社等（完全親子関係が多層にわたる場合には最上位の株式会社。847条の3第1項2項）の議決権または発行済株式の100分の1以上を有する株主は，X社に対して訴えの提起を請求することができる（847条の3第1項。公開会社では，株式の6ヶ月保有要件を充たす必要がある）。この訴えによって追及ができる責任は，X社の取締役等の責任の原因となる事実が生じた日において，最終完全親会社等（およびその完全子会社等）において計上されたX社株式の帳簿価額が最終完全親会社等の総資産額の5分の1を超える場合における当該取締役等の責任である（同条4項・5項）。このように，企業グループにおける重要な子会社について，取締役等の責任追及がなされないおそれがある場合（完全子会社であり，少数株主が存在しない場合）に，多重代表訴訟が認められることになっている。

第3編
株式会社の財務

【本編で学ぶこと】

本編では，株式会社の財務にかかわる問題を扱う。第1編の冒頭で示したとおり，株式会社は多数の者が出資をして会社という独立した法人格を設立し，会社の事業活動を通じて得た利益を配当として受け取る仕組みである。出資した資産による事業活動が効率的になされるようコントロールする仕組みが前編に記された会社の統治であり，出資行為，また配当の受領や株式の譲渡による出資資金の回収の仕組みが本編の対象である。

株式の譲渡，あるいは会社による資金の調達を考察するためには，会社の資産や負債，資本についての基本的な知識が必要である。そこで，本編では**第1章**で会社の会計について説明している。法学部の学生にとっては耳慣れない用語が続出するが，丁寧に読み進めてほしい。

第2章は株式の譲渡について扱う。会社法は株式会社の多数の株主が絶え間なく株式を譲渡することを可能にする制度を整備している。株式譲渡を容易にするために株式を有価証券化することができ（株券），また会社が現在の株主を確認するための制度（株主名簿）がある。他方で個々の株主の個性が重視される閉鎖的な株式会社では，定款に株主の譲渡について会社の承認を要することを定めることができる。多くの小規模の株式会社ではこの旨の定めがなされている。

株式が自由に譲渡される株式会社では，証券市場が重要な役割を果たす。**第2章第8節**では証券市場を規制する金融商品取引法についても説明する。

第3章は株式会社による資金調達を扱う。株式会社による固有の資金調達法としては，新株発行あるいは自己株式の処分，新株予約権の発行そして社債の発行がある。特に新株発行および自己株式の処分では，発行方法によって既存の株主，または債権者の利害がどのようにかかわるのか，学んでほしい。

第1章　株式会社の会計

1・1　株式会社会計の特色

1・1・1　株式会社会計の目的

利害関係者への財務内容の開示

株式会社では，会社と取り引きする者や会社に投資する者に合理的な判断材料を提供するために，これらの者が会社の計算書類を参照する機会が保障されている（第**1**編第**2**章*2・3・1*公告・開示制度参照）。会社の株主が株主総会で議決権を行使するための判断材料の中心となるのも，会社の決算情報である。

多数の株主や債権者の存する株式会社では，開示の手続やその内容について，当事者間の合意に委ねることは不可能であるし，また個々の会社ごとに開示の方法や会計処理の基準が異なっていては会社間の比較もできない。そこで，法によりこれらの点をあらかじめ規定しておく必要がある。

配当可能限度額の算定

会社法461条は，株式会社が株主に配当や自己株式の買入れにより，分配しうる限度額を規制する（*1・3・2*）。分配可能限度額の算定は，株式会社の会計規定に固有の目的である。配当による会社資産の流出の規制は，有限責任である株式会社の資産をめぐる株主と債権者の権利調整の基本であり，かつ特に会社の経営危機のときに厳しい対立が予想される。そこで同限度額の確定については，強行法による規制が求められる。

1・1・2　企業会計法の体系

会社法の会計規定の構造

会社法は，第2編第5章で，まず株式会社の会計帳簿（432条～434条）および貸借対照表や損益計算書などの計算書類の作成および監査の手続（435条～444条）を規定し，続いて資本金，準備金および剰余金よりなる株主資本の各計数の定義およびその変動

(445条～452条), 最後に剰余金の分配の限度額 (453条～465条) について規定する。貸借対照表の資産や負債の計上および評価については会社法に直接の規定はなく, 会社計算規則に規定されている (会社計算第2編第2章)。

金融商品取引法による財務内容の開示

株式や社債などの有価証券が市場で広く取引されている株式会社については, 投資家の投資判断に資するために金融商品取引法が詳細な企業内容の開示制度を設けている (本編**第2章*2・8・1* 証券市場**参照)。資本市場における公正な取引価格の形成のために, 四半期報告やキャッシュ・フロー計算書など, 会社法にはない詳細な情報の公開が要求される。

会計基準と会計慣行

株式会社および持分会社の会計は, 一般に公正妥当と認められる企業会計の慣行に従う (431条・614条)。会社の計算については, 会社法に規定する事項も, 規定しない事項も, 会計慣行を前提としている。会社計算規則は, 会社法による資本金等の増加や減少の規制, また剰余金の配当の規制に対応して, 資産の計上および評価ならびに株主資本の各項目の変動に関する規定をおくが, これらの規定も, 一般に公正妥当と認められる企業会計の基準その他の企業会計の慣行をしん酌して解釈しなければならない (会社計算3条)。

企業会計の基準の設定は, 当初は大蔵省, その後金融庁の下にある企業会計審議会によって担われてきた。同審議会の前身である経済安定本部企業会計制度対策調査会は,「企業会計の実務の中に慣習として発達したもののなかから, 公正妥当と認められるところを要約したもの」として,「企業会計原則」を公表し, 同原則は, 証券取引法に基づく財務諸表作成の基礎となるとともに, 損益計算に基づく現代企業会計の指導原理となった。企業会計審議会からはその後も「原価計算基準」,「連結財務諸表原則」,「外貨建取引等会計処理基準」などが制定されている。

平成13年7月には, 上場会社や金融機関, 機関投資家などの資本市場関係者が資金を拠出して財団法人財務会計基準機構が設立され, 同機構の下に企業会計基準委員会が設立された。同委員会は, 企業会計審議会に代わって会計基準の設定の役割を担いつつある。

会計基準の国際的な収れんを目指して, ロンドンに本拠をおく国際会計基準

◆ WINDOW 8 ◆　会計規定の変遷

もともと商法は，貸借対照表に計上する資産やその評価について，比較的詳細に規定をおいていた。しかし，商取引やその会計記録の技術が日々進展していくものであること，また会計の分野においては，国際的な調和が近年強く求められていることを考えると，会計手続の詳細を法で規定することには無理がある。法による会計規制は，法の目的に必要な範囲内で，必要最小限のものにとどめ，法で規制されない事項については，専門的な会計基準の設定機関の手に委ねざるを得ない。

平成14年改正商法は，株式会社の資産の評価，また計算書類およびその附属明細書に記載すべき事項については，法務省令で定めることとし（平成14年改正商法281条5項・285条，同商則27～43条），商法の資産の計上および評価に関する規定は削除された。

理事会（IASB）から，国際会計基準（「国際財務報告基準」（IFRS）とよばれている）が公表されており，世界各国で採用されるようになっている。わが国でも，上場会社のうち，一定の条件を満たすものは，国内の会計基準に代わり，IFRSにもとづく連結財務諸表や連結計算書類を作成することができ（連結財務規1条の2・93条，会社計算120条），国際的に事業を展開する会社を中心に，採用企業が増えている。

上記の会計基準はその成立の経緯からみても比較的大規模な株式会社を前提としており，小規模な株式会社ではその原則のすべてが妥当しないことも考えられる。上場を予定しない中小の会社のための「中小企業の会計に関する指針」が関係団体の協力で制定されており，将来的には，このような指針が中小会社にとっての「公正妥当と認められる企業会計の慣行」となることも予想される。

1・2　計算書類等の内容

1・2・1　計算書類等の構成

計算書類の概念　会社法は，「計算書類」を「貸借対照表，損益計算書その他株式会社の財産及び損益の状況を示すために必要かつ適当なものとして法務省令で定めるもの」と定義する（435条2項）。会社計算規則では，計算書類として，株主資本等変動計算書と，注記表を規定する（会社計算59条1項）。

平成17年改正前商法では，貸借対照表，損益計算書，営業報告書，および利益処分案または損失処理案を通常「計算書類」とよんでいた。

貸借対照表　一定の時点（決算期日）における会社の財政状態を表す財務書類を貸借対照表という。貸借対照表は，資産の部，負債の部および純資産の部に区分される（会社計算73条）。

貸借対照表の資産の部には，決算期日の会社の資産の内訳が流動資産，固定資産，繰延資産に区分して示される（会社計算74条1項）。負債の部は流動負債および固定負債の部に分かれる（会社計算75条1項）。純資産の部は，払込資本や留保利益からなる株主資本と，その他の純資産項目（評価・換算差額や未行使の新株予約権）からなる（会社計算76条1項1号）。

損益計算書　損益計算書は，1会計期間（通常は1年）中の会社の経営成果を示し，いくつかの段階に分けて計算される。

売上高は，会社の事業活動の成果として，商品を販売したり，役務を提供したりした結果，現金や売掛金等の債権を取得した額を示す。この売上高から，販売した商品の製造あるいは仕入原価（売上原価）を控除した差額が，売上総利益または（差額がマイナスの場合）売上総損失となる（会社計算89条）。売上総損益から，当期の収益活動に関する販売および一般管理費（給与や宣伝広告費，光熱費，運搬費など）を差し引いて営業利益ないし営業損失（営業損益。会社計算90条）を算出する。

営業損益に，受取利息や受取配当などの主として金融取引から生じる営業外収益と，支払利息や資産の評価損などの営業外費用とを加減して経常利益ないし経常損失（会社計算91条）が計算される。本来の営業活動は効率的になされていても，多額の借入れ（したがって利息の支払負担）を有する会社は，営業損益に比べて経常損益が悪化する。逆に，多額の金融資産を有し，潤沢な利息や配当収入を有する会社は，営業損益に比べて経常損益が向上する。

経常損益に，営業用固定資産の売却益や災害による損失など，非日常的な特別利益や特別損失を加減した額が税引前当期純利益ないし税引前当期純損失と

【貸借対照表】

（平成○年○月○日）　　　　（単位：百万円）

資　産　の　部	
流動資産	××××
現金及び預金	×××
受取手形	×××
売掛金	×××
有価証券	×××
製品	×××
半製品・仕掛品	×××
原材料・貯蔵品	×××
前払費用	×××
短期貸付金	×××
その他	×××
貸倒引当金	△×××
固定資産	××××
有形固定資産	×××
建築物・構造物	×××
機械・装置	×××
器具・備品	×××
土地	×××
リース資産	×××
無形固定資産	××
のれん	×××
特許権	×××
ソフトウェア	×××
投資その他の資産	×××
投資有価証券	××××
関係会社株式長期貸付金	×××
繰延税金資産	×××
長期前払費用	×××
その他	×××
貸倒引当金	△×××
繰延資産	×××
資　産　合　計	×××××

負　債　の　部	
流動負債	××××
支払手形	×××
買掛金	×××
短期借入金	×××
未払金	×××
未払費用	×××
前受収益	×××
製品保証引当金	×××
固定負債	××××
社債	×××
長期借入金	×××
リース債務	×××
退職給付引当金	×××
繰延税金負債	×××
負　債　合　計	××××
純資産の部	
株　主　資　本	
資　本　金	××××
資本剰余金	××××
資本準備金	×××
その他資本剰余金	×××
利益剰余金	××××
利益準備金	×××
別途積立金	×××
その他利益剰余品	×××
繰越利益剰余金	×××
自己株式	△××
評価・換算差額等	×××
その他有価証券評価差額金	×××
繰延ヘッジ損益	×××
新株予約権	×××
純資産合計	××××
負債純資産合計	×××××

【損益計算書】

自平成●●年●●月●●日
至平成●●年●●月●●日　　　（単位：百万円）

経常損益の部		
営業損益の部		
売上高		×××××
売上原価		×××××
販売費および一般管理費		××××
営業利益		×××
営業外損益の部		
営業外収益		
受取利息・配当金	×××	
その他の営業外収益	×××	×××
営業外費用		
支払利息	×××	
その他の営業外費用	×××	×××
経常利益		×××
特別損益の部		
特別利益		
投資有価証券売却益	×××	
固定資産売却益	×××	×××
特別損失		
投資有価証券評価損	×××	
関係会社整理損	×××	×××
税引前当期純利益		×××
法人税および住民税		×××
法人税等調整額		×××
当期純利益		×××

なり（会社計算92条），同額から当期の法人税その他の税額，税効果会計を採用した場合の法人税等調整額等を加減した額が，当期純利益ないし当期純損失として示される（会社計算94条）。

株主資本等変動計算書

会社法では，総会の決議，一定の条件を満たす株式会社では取締役会の決議によって，いつでも剰余金の配当を行うことができる（453条・459条）。自己株式の取得も，特に定款に定めをおく会社などでは（165条2項），随時行われる。このほかにも，資本金や準備金を剰余金に組み替えるなど，株式会社の自己資本の変動は，意外に多様である。株主資本等変動計算書は，株主資本を中心とする純資産の部の1会計期間中の変動額を，変動事由ごとに区分して表示する（会社計算96条）。

株主資本等変動計算書では，株主資本の各項目，すなわち資本金，資本剰余金，利益剰余金および自己株式について，当期首残高と当期変動額，および当期末残高を明らかにし，当期変動額については，変動事由ごとに変動額を表示する（会社計算96条7項）。会社の当期純利益はその他利益剰余金の変動事由として，剰余金の配当は配当原資に応じてその他利益剰余金またはその他資本剰余金の変動事由として，新株発行は資本金および資本準備金の変動事由として変動額が表示される。

株主資本以外の純資産項目（評価・換算項目，新株予約権）についても当期首残高，当期変動額，および当期末残高を記載するが，主要な項目について，その変動事由ごとに表示してもよい（会社計算96条8項）。

注記表・附属明細書　計算書類を補充する書類として，注記表（会社計算97条以下）および附属明細書（会社計算117条）がある。注記表は，計算書類の内容の正確な理解に資する情報である。計算書類全体の前提となる継続性の前提に関する注記や，重要な会計方針（資産の評価方法や収益・費用の計上基準など）にかかわる事項のほか，貸借対照表や損益計算書の重要な項目にする注記を内容とする（会社計算98条1項）。なお，会計監査人を設置しない株式会社については，開示項目の簡略化が認められる（同条2項）。

関連当事者（会社の親会社，子会社，その他の主要株主，そして会社の役員等，会社と密接な利害関係を有する者をいう。会社計算112条4項）との取引の注記は，これらの者との取引が不公正な条件で行われていないかどうかを，取引を開示することによって株主に判断させるためである。

重要な会計方針や関連当事者取引などの重要な注記項目は，株式会社が計算書類の要旨のみを公告する場合を除き（会社計算137条以下），計算書類と一体で公告される（会社計算136条）。

附属明細書には，計算書類の内訳明細（有形固定資産・無形固定資産の明細，引当金の明細，販売費・一般管理費の明細）のほか，貸借対照表，損益計算書，株主資本等変動計算書および注記表の内容を補足する事項が記載される（会社計算117条）。附属明細書は，会社の本店および支店に備え置かれ，閲覧に付されるが（442条），その公告義務はなく，株主総会の招集通知の際にも添付されない。

事業報告

事業報告は，会社の状況に関する重要な事項のうち，計算書類やその附属明細書，ならびに連結計算書類の内容となる事項以外のものを内容とする（会社規118条）。株式会社は，事業年度ごとに計算書類とともに事業報告を作成し，この書類を計算書類とともに定時株主総会に際して株主に提供し，同総会に提出して報告をする（435条２項・437条・438条１項３項）。事業報告は，計算書類ではないので，監査役（会），監査等委員会または監査委員会の監査の対象ではあるが，会計監査人の監査対象ではない（436条２項）。

すべての株式会社は，

①その状況に関する重要な事項のほか，

②業務の適正を確保するための体制（内部統制）の整備について取締役ないし取締役会で決定した場合には（348条３項４号・362条４項６号・399条の13第１項１号ロおよびハ・416条１項１号ロおよびホ），その決定の内容の概要およびその体制の運用状況，

③会社に対する支配権を有する株主のあり方，会社を害する支配株主による買収の防衛策の有無ないしその内容

④特定完全子会社（847条の３により，特定責任の追及を受けうる会社）に関する事項

⑤親会社との取引の公正の確保に関する事項

を開示する（会社規118条２号～５号）。

公開会社では，さらに以下の内容を記載することが求められる。

⑥株式会社の現況に関する事項　会社の主な事業内容や資金調達，設備投資の状況，過去３年間の財政や損益の状況の推移などである（会社規120条）。連結計算書類を作成している会社は，連結計算書類を構成する企業グループに関する情報を提供することができる（同条２項）。

⑦会社の役員に関する事項　役員の氏名，責任限定契約（427条１項）を締結している場合はその内容，役員の報酬，兼職状況についての開示，監査

役，監査等委員や監査委員の中に財務および会計に関する相当程度の知見を有する者がいる場合にはその旨，常勤の監査等委員や監査委員の有無などである（会社規121条）。社外役員については，その独立性に関する事項，および活動の状況についても記載する（会社規124条）。

⑧株式・新株予約権に関する事項　主要株主の氏名等（会社規122条），会社の役員，従業員に提供されるストック・オプションを中心に，新株予約権の発行の概要を記載する（会社規123条）。

⑨会計監査人に関する事項　　会計監査人を設置している会社では，会計監査人の名称等のほか，会計監査人が提供する非監査業務の内容，監査報酬その他会計監査人に提供する利益の内容などを記載する（会社規126条）。

臨時計算書類　株式会社は，最終の決算期日後，事業年度内の一定の日（臨時決算日）を定め，臨時決算日における貸借対照表，および臨時決算日の属する事業年度の初日から臨時決算日までの期間にかかわる損益計算書（併せて臨時計算書類とよぶ）を作成することができる（441条1項）。

臨時計算書類は，本店に備え置かれ，閲覧の対象にはなるものの，公告義務はない（440条・442条）。通常の計算書類と同様に，監査役，監査等委員または監査委員，および会計監査人の監査を受ける（441条2項）。監査手続を経た臨時計算書類は，取締役会および株主総会の承認を得るが，その内容が法令定款に従い株式会社の財産および損益の状況を正しく示すと認められるときには，株主総会の承認は不要である（441条3項・4項，会社計算135条）。

適法に承認を受けた臨時計算書類に計上された利益の額は，剰余金の分配可能額に加算することができる（461条2項2号）。

連結計算書類　連結計算書類（連結貸借対照表，連結損益計算書，連結株主資本等変動計算書および注記表からなる。会社計算61条）は，企業集団を単一の組織体とみなして，企業集団の財政状態および経営成績を報告するために作成される。会社法は，会計監査人を設置する会社に連結計算書類の作成を認め，その上で大会社（当然に会計監査人設置会社である）であって金融商品取引法により，有価証券報告書の提出が義務付けられている株式会社については，連結計算書類を作成することを義務付けている（444条1項・3項）。

連結計算書類は，企業集団の財政や収益の状況を示すために利用され，会社の分配可能額の算定は，原則として個別決算を前提とする。ただし，連結計算書類を作成している株式会社は，分配可能額の算定について，みずから連結剰余金を基礎とすることを定めることができる（連結配当規制適用会社。会社計算２条３項51号・158条４号）。

連結計算書類は，個別計算書類と同様に，会計監査人および，監査役，監査等委員または監査委員の監査を経て，取締役会の承認を受ける（444条４項・５項）。連結計算書類は，定時株主総会の招集通知の際に株主に提供され，また同総会で報告される（同条６項・７項）。ただし，公告や備置きの対象にはなっていない（440条・442条）。

1・2・2　資産・負債の計上と評価

計算書類の構造　貸借対照表は，事業年度の末日に企業が事業活動の結果として支配する経済資源，すなわち資産と，企業が第三者に対して金銭その他の支払い，あるいは役務を提供する義務，すなわち負債の内容を示す。１会計期間に企業が事業活動によって資産と負債の差額，すなわち純資産をどれだけ増加させたかは，当期純利益（減少させた場合には当期純損失）として損益計算書で示される。

当期純損益を算出するためには，会社の活動をすべて会計帳簿に記録し，増資等の資本取引と，営業活動などの損益取引とを区分する。損益取引のうち，当期に属する収益とこれに対応する費用との差引計算によって当期純損益を算出する。資本取引をも含めた純資産全体の変動は，株主資本等変動計算書に示される。

収益・費用の認識　株式会社の当期純損益の算定のためには，当期に属するべき収益と費用を確定する。収益・費用の認識の基準は，現金の支出または流入があったどうかではなく，収入または費用発生の原因となる確定的事実が当期に生じたか否かによる。具体的な例を示してみよう。

⑴　**商品の掛売り**　代金後払いの約束で商品の販売やサービスの提供を行い，決算期になお現金が支払われていない場合にも，当期の損益計算書に売上が計上され，貸借対照表に資産として売掛金等が計上される。

⑵　**機械や設備の減価償却**　複数年度にわたって利用し，企業の営業活動に貢献する機械や設備を購入したときには，購入代金全額を購入した期の費用とはせず，まず取得価額を貸借対照表に資産として計上する。そのうえで，機械が例えば5年間利用できるのであれば，5年間にわたり，毎決算期ごとに一定の法則に従って機械の購入費用を減価償却費として損益計算書に計上する。計上された減価償却費に対応して貸借対照表の資産の価額が減額される（会社計算5条2項）。

資産の評価方法　資産の評価方法は，取得価額によることを原則とし，特に定められた場合のみ時価による評価が認められる（会社計算5条1項）。

⑴　**固定資産**　土地・建物，機械設備，工業所有権，投資資産などの固定資産は原則として取得価額または製作価額で評価し，減価償却をなすべき資産については相当の償却を行う。資産の毀損や陳腐化により設備の価値が著しく減少したと認められるときには，臨時の償却を行わなければならない。このほか，固定資産の収益性の低下により，その投資額の回収ができないことが明らかとなった場合には，回収可能額を反映させるように資産の評価額を減少させ，減損損失を認識する（会社計算5条3項2号）

⑵　**流動資産**　棚卸資産などの流動資産も，原則として取得価額または製作価額で評価する。ただし，資産の時価が著しく下落したときには，取得価額または製作価額まで回復する見込みがあるときを除き，時価にまで評価額を切り下げ，評価損を認識しなければならない（会社計算5条3項1号）。時価が取得価額または製作価額よりも低い場合には時価を評価額とする方法（低価法とよぶ。評価損失のみ認識し，評価益は計上しないことになる）が認められる（同条6項1号）。会計基準（「棚卸し資産の評価に関する会計基準」）では，棚卸資産の評価方法として低価法を原則とする。

⑶　**金融資産**　売掛金や受取手形のような債権は額面価額で評価するのを原則とする。ただし，債権を額面価額を上回る価額で取得したとき，または割引価額で取得したときには，評価額を取得価額まで増額または減額することが認められる（会社計算5条5項）。取立不能のおそれのある債権については，回収不能見込額を資産の計上価額から控除する（貸倒引当金。会社計算5条4項）。市

場価格のない有価証券についても同様である。

市場価格のある社債や株式などの有価証券は，満期まで保有することを目的としている債券，および子会社や関連会社の株式を除いて，時価で評価することができる（会社計算5条6項2号）。会計基準（「金融商品に関する会計基準」）は，売買目的で保有する有価証券や，子会社や関連会社以外の市場価格のある株式の時価評価を義務付けている。

繰延資産と引当金

(1)　**繰延資産**　新製品の市場開拓のためにした支出のように，当期の支出のうちで，収益への貢献という効果が，翌期以降に生じると予想されるときには，当該支出のうち翌期以降の収益に対応する部分については，当期の費用として損益計算書に計上する代わりに，資産として貸借対照表に計上し，収益稼得に貢献する期まで費用計上を繰り延べることが認められている。これを繰延資産という。

どのような場合に繰延資産を計上することができるかについては，会社法および会社計算規則は規定しておらず，会計慣行ないし会計基準に委ねられる（会社計算74条3項5号）。

(2)　**引当金**　将来の費用や損失であっても，その金額を合理的に見積もることができ，かつ，当期の収益の稼得に貢献したと評価されるものは，当期の負担に属する費用として損益計算書に計上され，貸借対照表の負債の部に引当金が計上される。

会社計算則は，引当金の例として，退職給付引当金や返品調整引当金について規定する（会社計算6条2項1号）。

の れ ん

会社計算規則は，合併，会社分割のような組織再編や事業の譲渡において，承継する資産から負債の額を控除した純資産の額と，再編や事業譲渡の対価の額との差額を，のれんとして資産または負債に計上することを認めている。のれんは，「企業の長年にわたる伝統と社会的信用，立地条件，特殊の製造技術及び特殊の取引関係の存在並びにそれらの独占性等を総合した，他の企業を上回る企業収益を稼得することができる無形の財産的価値を有する事実関係」（最判昭51・7・13判時831・29）を内容とするものと考えられるが，客観的な評価方法がないことや，その存続期間を定めることが困難なことから，上記の場合にのみ，計上が認められ，企業内で育成したのれんを計上することは認められない（会社計算11条）。

繰延税金資産・負債　会計上の資産や負債の金額と，法人税法による課税所得算定上の資産や負債との間に差異が生ずるとき（貸倒引当金の計上基準に差異がある場合など），当期利益に対応する法人税の額に比較して実際の課税額が過大になったり過小になったりする。過大に支払った税は将来の会計上の利益に対する課税の前払いであり，これを繰延税金資産として貸借対照表の資産の部に計上する。逆に税額が過小な場合には，当期の会計上の利益に対応する未払いの税負担が繰延税金負債として計上される（会社計算2条3項24号。「税効果会計に係る会計基準」）。

課税所得の算定上損失（税法上は「欠損」という）が生じている場合には，一定の限度まで当該損失を繰り越して将来の課税利益と相殺することができる。そこで，将来の利益が確実に見込まれるときには，繰越欠損金によって減額される税の額がやはり繰延税金資産として計上される。

1・2・3　株主資本その他の純資産項目

純資産の部の構成　会社の資産と負債の差額，すなわち純資産の部は，株主資本とその他の純資産項目に分かれる（会社計算76条1項1号）。株主資本は，その会計的な性質から見ると，株主からの出資である払込資本と，会社の営業活動によって得られた利益のうち，株主に配当されず会社に留保された留保利益からなる。

払込資本は，主として配当に対する規制の観点から，資本金，資本準備金，そして配当が可能なその他資本剰余金に区分される。自己株式は，株主資本から控除されるマイナス項目である。留保利益も配当が拘束される利益準備金と，配当可能なその他利益剰余金とに分かれる（会社計算76条2項・4項・5項）。

資本金　資本金は，株式会社に対する出資資産を基礎として算定される計数であり，分配規制の中心となる（後述***1・3・2*** **会社法の分配規制以外に第1編第2章*2・1・3*資本の維持・充実**参照）。その額を実質的に減少させるときには，つねに株主総会の決議と債権者の保護手続を必要とする。

資本金の額は，原則として会社の設立や新株発行に際して株主となる者が払込みまたは給付した財産の額の総額である（445条1項）。ただし，払込みまたは出資総額の2分の1までは，資本金とせず，資本準備金に計上することができる（同条2項・3項）。金銭以外の資産はその公正価額によって評価されるのが原則であるが，グループ企業間の出資など，現物出資の出資者の帳簿価額をもって出資価額とすることもある（会社計算14条1項2号）。

組織再編（合併，分割，株式交換および株式移転）の対価として株式が交付される場合にも，株式発行に対応する承継資産や完全子会社となる会社の株式の価額（資産の評価は時価を原則とするが，グループ間の組織再編など帳簿価額による場合もある）に応じて会社の払込資本が増加する。ただし，払込資本の額のうちどれだけを資本金，資本準備金およびその他資本剰余金に振り分けるかは，合併契約など組織再編の際の合意によって定まり，445条1項2項の拘束を受けない（445条5項，会社計算35条～39条・45条～52条）。

特殊な株式発行と資本金

(1)　**株式の取得に伴う株式の発行**　取得請求権付株式や取得条項付株式，全部取得条項付株式を取得する対価として，会社の他の種類の株式を発行して交付する場合には，新たな資産の払込みや給付がないので，資本金は増加しない（会社計算15条）。

(2)　**株式無償割当て**　株式の無償割当ての場合も，株式の発行に際して財産等の払込みがないので，資本金や資本準備金は増加しない（会社計算16条）。

(3)　**新株予約権**　新株予約権の行使により株式を発行する場合には，行使された新株予約権の帳簿価額（新株予約権を発行するときに対価として払い込まれた金銭および給付された財産の額。会社計算55条1項）と，予約権の行使に際して払い込まれた金銭その他の資産の価額の合計額だけ，資本金および資本準備金が445条1項2項に従って増加する（会社計算17条）。

準備金

準備金の額は，資本金による資本の維持機能を拡大・強化する。ただし，資本準備金の減少手続は資本金の減少と比較して緩やかである（後述***1・2・4*** **資本金・準備金の減少**など参照）。

準備金は，株式会社に対する出資からなる資本準備金と，留保利益からなる利益準備金とによって構成される。資本準備金の主要な源泉は，会社の設立時および設立後の新株発行，株式発行を対価とする組織再編における，払込資本の総額のうち，資本金に組み込まれなかった部分である（445条3項・5項）。

会社が剰余金の配当をする場合に，準備金の計上総額が資本金の額の4分の

1未満であるときには，準備金の額が4分の1に達するまで，配当額の10分の1に相当する剰余金を減少させて準備金として積み立てることが求められる（445条4項，会社計算22条）。配当する剰余金の総額のうちで，その他資本剰余金からの配当およびその他利益剰余金からの配当の占める割合に応じて，資本準備金および利益準備金を計上する。

剰余金

⑴　**剰余金の構成**　配当規制の観点から定義される剰余金は，株式会社の株主資本のうち，分配可能額の算定の基礎となる部分をいう。剰余金のうち払込資本からなる部分がその他資本剰余金，留保利益からなる部分がその他利益剰余金を形成する。

その他資本剰余金は，資本金や資本準備金の減少手続，自己株式の処分差益のほか，発行株式を対価とする組織再編より生じる。その他利益剰余金は，主として各事業年度の当期純損益によって増減する（会社計算27条・29条・14条・35条～39条）。

⑵　**剰余金の額の算定**　剰余金算定の出発点となる，最終事業年度の末日の剰余金の額は，当該末日のその他資本剰余金およびその他利益剰余金の合計額である（446条1号，会社計算149条を丁寧に展開すると回答が出る）。分配可能額を算定するための剰余金の額は，最終事業年度の末日の剰余金の額に，最終事業年度の末日から剰余金の算定期日までに生じた剰余金の変動を加減する。主要な増減項目を述べると，自己株式処分から生じた処分差益（446条2号），資本金，準備金の減少から生じた剰余金増加（同条3号・4号），組織再編による剰余金の増加（会社計算150条1項5号）などを加算し，期間中に生じた自己株式消却損（446条5号），剰余金の配当額（同条6号），剰余金から資本金および準備金への振替額（会社計算150条1項1号），⑧剰余金の配当によって求められる準備金の計上額（同条1項2号），ならびに⑨組織再編行為より生じる自己株式処分差益（同条1項3号。同項5号ですでに剰余金に加算されている）を減算する。

その他の純資産項目

その他の純資産項目は，負債，株主資本のいずれにも該当しない項目の集合であるが，全体として統一した性質を有するものではない（会社計算76条7項・8項）。

⑴　**評価・換算差額等**　評価・換算差額等項目には，まず市場価格のある有価証券を時価評価する場合の評価差益が含まれる。売買目的有価証券の評価損

益は，損益計算書を通じて当期損益に算入されているので，ここに含まれるのは，その他の市場価格ある株式などの評価益である（会社計算76条7項1号）。

平成17年改正前商法特例法の大会社は，平成10年3月から4年間，その保有する事業用土地を時価で再評価することが認められていた。これらの会社の純資産を増加させるための特別措置であるが，同特例によって生じた土地再評価差額金も評価・換算差額等に含まれる（会社計算76条7項3号）。

金融資産の価格変動リスクに対応するために，その資産の値動きと逆の値動きを示す派生金融取引ないしデリバティブ取引（先物取引やオプション取引など）を行い，両資産の損益を相殺することで，価額変動リスクを回避することができる（リスクヘッジ）。リスクヘッジの対象となる金融資産の評価損益が当期の貸借対照表に反映されていない場合には，リスクヘッジの成果を貸借対照表に反映させるため，リスク手段として行われたデリバティブ取引の評価損益も，リスクヘッジの対象資産の評価損益が認識されるまで繰り延べることが認められる。繰り延べられた評価損益はその他純資産項目に含められる（会社計算76条7項2号）。

⑵　**新株予約権**　新株予約権を有償で発行した場合には，その取得価額で純資産項目として計上する。新株予約権が行使された段階で，行使された新株予約権にかかわる純資産項目は，新株予約権の行使のために払込みまたは給付された資産とともに，払込資本（株主資本の資本金または資本準備金）を形成する。

1・2・4　資本金・準備金の減少など

資本金・準備金の減少の意義

株式会社は，法に定められた手続を経て，資本金および準備金の額を減少させることができる（447条～449条）。資本金の減少に対応して，資本準備金またはその他資本剰余金が増加し（会社計算26条1項1号・27条1項1号），準備金の減少に対応して，その他資本剰余金またはその他利益剰余金が増加する（会社計算27条1項2号，29条1項1号）。準備金や剰余金の減少に対応して，資本金が増加することもある（448条1項2号・同450条，会社計算25条1項1号・2号）。資本金・準備金の減少は，株主資本の各項目間の計数の変動にすぎず，会社の資産や負債の額の変更を伴わない。株式会社が増加した剰余金について配当を行い，あるいは自己株式を取得してこれを消却するのであれば，資本金・準備金の減少手続とは別に，あらためて配当および自己株式の取得・消却手続が必要になる。

資本金および準備金の減少の限度額は，資本金および準備金の減少が効力を生ずる日の，資本金および準備金の額である（447条2項・448条2項）。したがって資本金や準備金の全額を減少させることもできる。株式会社が発行済株式を全部取得条項付株式（108条1項7号）とした上で株主総会決議に基づいて全株式を取得したうえで消却し，さらに100％減資を実行すれば，法定倒産手続外で既存の株主の権利をすべて消滅させることができる。

資本金減少の手続

資本金を減少する場合には，原則として株主総会の特別決議でその内容を決定しなければならない（447条1項・309条2項9号）。資本金が分配可能な剰余金に振り替わることは，株主の利害にも大きくかかわるからである。ただし，定時株主総会で資本金の減少を決議する場合で，減少する資本金の額が欠損の額を超えない場合には，普通決議によることができる（309条2項9号かっこ書，会社規68条）。欠損額の範囲内での資本金の減少は，分配可能剰余金を増加させず，株主の利益に大きな影響を与えることはないためである。

さらに，株式の発行と同時に資本金の減少をする場合で，資本金の額が手続前の額を下回らないときには，取締役ないし取締役会の決定のみで資本金の減少を行うことができる（447条3項）。株主の立場からみれば，従来の資本金や準備金の額を変化させないで，あらたな払込資本の一部をその他資本剰余金に組み込んでいるにすぎず，不利益は生じないためである。

資本金の減少は，配当規制の基礎となる計数の減少を意味するため，債権者の利害に大きくかかわる。そこで，資本金の減少には債権者の保護手続を必要とする（449条）。資本金の減少をする株式会社は，その旨を官報に公告し，かつ知れている債権者に各別に異議申立てを催告する（同条2項）。各別の催告は，株式会社が官報での公告に加えて，日刊紙に掲載する方法または電子公告により公告する場合には，省略することができる（同条3項）。

資本金の減少に異議のある債権者に対しては，当該資本金減少が債権者を害するおそれのない場合を除いて，弁済をするか，担保を提供しなければならない（同条5項）。

資本金の減少は，定められた効力発生日（447条1項3号）に生じることを原則とするが，債権者保護手続が完了しない限り，効力は発生しない（449条6項）。

準備金の減少手続　準備金も資本金とともに配当を規制する計数であり，その減少については原則として債権者の保護手続を経る必要がある。ただし，資本準備金を減少させて資本金に振り替える場合（より配当規制が強固な株主資本項目に振り替わることになる），および定時株主総会における決議で欠損の額の範囲内で準備金を減少させる場合には，債権者保護手続は不要である（449条1項但書，会社計算151条）。

準備金を減少する場合も原則として株主総会の決議でその内容を決定する（448条1項）が，資本金の減少の場合と異なり，つねに普通決議で足りる。減少の限度額は，効力発生日の準備金の額であり，したがって準備金全額を減少させることもできる（同条2項）。資本金の減少の場合と同様に，株式の発行と同時に準備金の減少をする場合で，準備金の額が手続前の額を下回らないときには，取締役ないし取締役会の決定のみで準備金の減少を行うことができる（同条3項）。また，剰余金の配当等を取締役会で決定する旨を定款に定める会社では，欠損の額の範囲内での準備金の減少も，取締役会の決議で決定することができる（459条1項2号）。

1・3　会社の決算と配当

1・3・1　株式会社の決算手続

決算・監査手続の意義　株式会社の各事業年度の決算は，計算書類を作成し，その監査を受け，取締役会ないし定時株主総会の承認をうけて同計算書類を開示する，一連の手続である。

会社法は，監査役，監査等委員会，指名委員会等設置会社および会計監査人設置会社において計算書類の監査を受けなければならない旨を定めるのみで（436条），具体的な監査手続や監査報告の内容については，会社計算規則に定めている。通常の計算書類およびその附属明細書，臨時計算書類，連結計算書類（併せて計算関係書類という。計算規2条3項3号）について共通の規整がなされている。

なお，会計監査人設置会社では，公認会計士法にしたがい，監査基準に定められる監査が実施されるが，会社法上の計算書類の「監査」には，公認会計士や監査法人以外の者が，計算書類に表示された情報と表示すべき情報との合致の程度を確かめ，その結果を利害関係者に伝達する手続も含まれる（会社計算121条2項）。

計算書類の監査

(1)　会計監査人設置会社以外の監査役設置会社　会計監査人設置会社以外の取締役会設置会社では，会計参与を設置する非公開会社を除いては，監査役が設置されおり（327条1項2項。任意に監査役会を設置することもできる），計算書類および事業報告，ならびにこれらの附属明細書について監査役が監査する（436条1項）。監査役は，計算書類および事業報告を受領してから4週間以内，またはこれらの書類にかかわる附属明細書を受領してから1週間以内のいずれか遅い日（取締役との合意でより遅い日を定めた場合には当該合意された日）までに監査報告の内容を通知する（会社計算124条1項1号，会社規132条1項）。

監査役の監査報告には，報告を作成した日のほか，以下①～⑧の内容を記載しなければならない（会社計算122条，会社規129条）。計算書類の監査の結果のほか，事業報告の監査および取締役の職務の執行の監査に関する報告（業務監査に関する報告。381条1項）も含む。ただし，公開会社でない株式会社で定款の規定により監査役の監査の範囲が会計に関するものに限定されている場合（389条）には，事業報告を監査する権限がないことを明らかにして会計監査事項に限定した監査報告を作成する（会社規129条2項）。

①　監査の方法およびその内容（会社計算122条1項1号，会社規129条1項1号）

②　計算関係書類が株式会社の財産および収益の状況をすべての重要な点について適正に表示しているかどうかについての意見（会社計算122条1項2号）

③　事業報告およびその附属明細書が法令定款に従い株式会社の状況を正しく伝えているかについての意見（会社規129条1項2号）

④　取締役の職務の遂行に関し，不正の行為または法令もしくは定款に違反する重大な事実があったときは，その事実（会社規129条1項3号）

⑤　監査のために必要な調査ができなかったときは，その旨およびその理由

（会社計算122条1項3号，会社規129条1項4号）

⑥　追記情報（会社計算122条1項4号）。（正当な理由による会計方針の変更，重要な偶発事象，重要な後発事象など，監査役の判断に関して説明を付す必要がある事項または計算書類の内容のうち強調する必要がある事項である。）

⑦　内部統制の体制整備およびその運用状況に関する記載（会社規118条2号）が事業報告にある場合に，その内容が相当でないと認めるときは，その旨およびその理由（会社規129条1項5号）

⑧　株式会社の支配に関する方針および買収防衛策に関する記載（会社規118条3号），株式会社と親会社との間の取引に関する記載（会社規118条5号）がある場合には，同事項についての意見（会社規129条1項6号）

⑵　**会計参与設置会社**　会計参与のみを設置する取締役会設置会社では，計算書類の作成権限者以外による「監査」の手続はない。ただし会計参与は，担当取締役と共同して計算書類を作成するのであり（374条1項），両者の意見が一致しない限り，計算書類が取締役会および株主総会の承認を受けることはない。

会計参与は，計算書類の作成のために採用した会計処理の原則，手続および表示方法や，計算書類の作成に用いた資料の種類，その他作成の過程および方法，計算書類の作成のために行った報告の徴収や調査の結果，取締役との協議事項などについて，会計参与報告にまとめ，計算書類とともに開示する（374条1項，会社規102条）。

⑶　**会計監査人設置会社**　会計監査人設置会社では，計算関係書類については会計監査人および監査役，監査等委員会（監査等委員会設置会社の場合）または監査委員会（指名委員会等設置会社の場合）（以下では「監査役等」という）が監査し，事業報告およびその附属明細書については監査役等のみが監査する（436条2項・441条2項・444条4項）。

計算書類を作成した取締役または執行役は，会計監査人および監査役等に計算書類を提供し（会社計算125条），会計監査人は，計算書類を受領してから4週間，計算書類にかかわる附属明細書を受領してから1週間のいずれか遅い日，または取締役とより遅い日を合意により定めた場合には当該合意された日までに会計監査報告の内容を取締役および監査役等に通知する（会社計算130条

1項)。これを受けて監査役等は，1週間以内または別により遅い日を合意した場合には，当該合意した日までに取締役および会計監査人に自己の監査の結果を通知する（会社計算132条1項)。

会計監査人の監査報告は，監査報告の作成日のほか，①監査の方法およびその内容，②計算書類の適正性に関する意見，③必要な監査が実施できなかったなどの理由により監査意見が表明できないときはその旨およびその理由，④追記情報を内容とする（会社計算126条1項)。計算書類の適正性に関する意見は，公認会計士または監査法人の監査の結果であることから，監査基準等に従い，原則として無限定適正意見，除外事項を付した限定付適正意見，不適正意見に分れる。追記情報としては，監査役等の監査報告に記載される事項に加えて，継続企業の前提に関する注記にかかわる事項が加わる。

会計監査人設置会社の監査役等は，会計監査の権限を有するが，みずから会計監査を実施して計算書類の適正性に関する意見を表明するものではなく，会計監査人の監査の方法またはその結果が相当でないと認めるときは，その旨およびその理由を報告するにとどまる（会社計算127条2号・128条2項2号・128条の2第1項2号・129条1項2号)。監査役等による会計監査人の監査活動の評価に資するため，会計監査人は独立性や法令遵守の体制，監査業務等の契約の受任または継続の方針，会計監査人の職務の遂行が適正に行われることを確保するための体制等に関して，会計監査の報告の際に監査役等に通知することになっており（会社計算131条)，必要な場合にはこれらの体制に関して監査役等の報告書でも報告がなされる（会社計算127条4号など)。

このほか，会計監査人設置会社の監査役等の監査報告には，会計監査人設置会社以外の監査役の監査報告の項目③，④，⑦および⑧に示される，事業報告その他の業務監査に関する報告（会社規129条～131条）のほか，⑥会計監査報告に含まれない重要な後発事象（会社計算127条3号など）が記載される。

監査役会設置会社，監査等委員会設置会社および指名委員会等設置会社では，監査役会，監査等委員会または監査委員会として監査報告を作成するが，個々の監査役，監査等委員または監査委員は，全体の監査報告の内容と異なる見解を有するときには，自己の見解を監査報告に付記することができる（会社計算128条2項・128条の2第1項・129条1項，会社規130条2項・130条の2第1項・

131条1項)。

計算書類の株主への提供と承認

取締役会設置会社では，計算書類の監査手続を経て，計算書類，事業報告，およびこれらの附属明細書について取締役会の承認を受ける（436条3項)。連結計算書類または臨時計算書類についても同様である（441条3項・444条5項)。

取締役会設置会社は，定時総会の招集通知に際して，取締役会の承認を受けた計算書類および事業報告，ならびに監査役等および会計監査人の監査報告を株主に提供する（437条)。連結計算書類を作成する株式会社では，連結計算書類も提供する（444条6項)。

計算書類等の株主への提供は，招集通知の送付方法に対応して，書面または電磁的方法による（会社規133条2項，会社計算133条2項・134条1項)。会社は，定款に定めを置いて，計算書類の株主資本等変動計算書，個別注記事項，事業報告の一部，連結計算書類を会社のホームページ等に一定期間開示することとし，同ホームページのアドレス等を株主に通知することで，株主への提供に代えることができる（会社規133条3項4項，会社計算133条4項5項・134条4項5項)。これらの書類の記載事項が拡大しており，これらの書類を書面で招集通知とともに送付する場合には印刷，郵送の経費が会社に大きな負担となることを配慮したものである。

計算書類は，定時株主総会に提出されてその承認を受ける（438条1項・2項)。取締役会を設置する会計監査人設置会社では，会計監査人が無限定適正意見を示し，監査役等あるいは個々の監査役，監査等委員または監査委員が会計監査人の監査意見に異議を示していない場合には，計算書類について定時株主総会の承認は不要であり，取締役がその内容を株主総会で報告する（439条，会社計算135条)。

計算書類等の閲覧

会社は定時総会の会日の2週間前（取締役会非設置会社では1週間前）より計算書類および事業報告ならびにこれらの附属明細書を本店および支店に備え置き，会社の株主および債権者は営業時間内にいつでもこれらの書類を閲覧し，その謄本または抄本の交付を求めることができる。備置期間は本店で5年間，支店で3年間である（442条)。

株式会社が他の株式会社や持分会社の子会社である場合には，親会社の株主や社員は，裁判所の許可を得て，当該株式会社の計算書類等の閲覧や謄本等の交付を求めることができる（442条4項）。

貸借対照表等の公告　株式会社は定時株主総会の終了後，遅滞なく貸借対照表（大会社では損益計算書も）を定款に定める方法（939条1項）に従い公告する（440条1項）。公告は，要旨のみで足りる場合を除いて，個別注記表の主要な事項と一体でなされる（会社計算136条）。公告方法として官報または日刊新聞に掲載する方法を規定する会社では，貸借対照表および損益計算書の要旨を公告することで足りる（440条2項，会社計算137条以下）。これらの会社も取締役会の決議により，貸借対照表や損益計算書についてのみ，ホームページへの掲載等，電磁的方法による公告を利用することができる（440条3項）。

金融商品取引法による開示制度　金融商品取引法上の開示書類は，財務局，書類提出会社，ならびに金融商品取引所および金融商品取引業協会において公衆の縦覧に供される（金商25条）。財務に関する書類は，キャッシュ・フロー計算書のような会社法の計算書類にはない情報も含み，また前期との比較記載を前提とするなど，詳細である。なお，金融商品取引法上の開示書類については，電磁的方法による開示制度も整備されている（EDINET。金商27条の30の2以下）。

以上の状況を前提に，金融商品取引法上の有価証券報告書を提出している会社については，会社法上の計算書類の公告は免除されている（440条4項）。

1・3・2　会社法の分配規制

分配の意義　剰余金の配当および自己株式の買入れは，会社債権者の観点からは，ともに会社から株主への資産の払戻しである。そこで，会社法は，両者を分配として統一的に規制する。分配可能額の制限に服する分配行為を461条1項に列挙したうえで2項で「分配可能額」の算定について規定する。限度額を超過する分配をしたときの責任についても，統一的な規定（462条）を設ける。

株式会社は，定時株主総会における決算手続とは独立して，株主総会ないしは取締役会の決議に基づいて，随時に分配を行うことができる（156条～165

条・453条～460条）。

剰余金の配当手続　株式会社は，株主総会の決議によって，いつでも剰余金の配当をすることができる（453条）。配当手続では，その他資本剰余金の配当と，その他利益剰余金の配当とを区別していない。定期的な配当については，その他利益剰余金のうち，任意積立金として区分されていない項目（繰越利益剰余金）の範囲内で行うことが多いだろう。

会計監査人設置会社で，取締役の任期を1年と定め，かつ監査役会，監査等委員会または指名委員会等を設置する株式会社は，剰余金の処分を取締役会が定める旨を定款に定めることができる（459条）。

取締役会に授権することができる事項は，①特定の株主からの取得以外の自己株式の取得の決定（156条1項），②剰余金の配当の決定（454条1項），③欠損額の範囲内での準備金の減少の決定（449条1項），および④その他の剰余金の処分（452条）である。これらの事項を取締役会の専決事項とするために，これらの事項について，株主総会の決議によっては定めない旨（したがって株主の提案権の行使も認められない）を定款に定めることもできる（460条1項）。

取締役会に剰余金の配当等の事項の決定を授権する定款の定め，ならびにこれらの事項について株主総会の決議によっては定めない旨の定款の定めは，前提となる計算書類が適正なものである場合に限り，効力を有する。具体的には，計算書類について会計監査人の無限定適正意見が示され，かつ監査役会，監査等委員会および監査委員会，ならびに個々の監査役，監査等委員および監査委員が会計監査人の監査の方法と結果に異議を述べていないことが必要である（459条2項・460条2項，会社計算155条）。

剰余金の分配手続を株主総会の権限とする株式会社でも，1事業年度の途中で1回に限り，取締役会の決定で剰余金を配当する旨を定款に定めることができる（454条5項。中間配当）。

分配可能額の計算　分配可能額は，分配の効力発生日の剰余金の額に，会社法の観点からの規制を加減して算定する（461条2項）。以下では主要な項目のみを取り上げる。なお，分配可能額算定の基礎となる剰余金の額は，最終事業年度末日の剰余金の額に，最終事業年度の末日から剰余金算定日までの間に生じた剰余金の増減を反映させたものであることに留意する必要がある（446条。*1・2・3*株主資本その他の純資産項目参照）。また，株主資本以外の純資産項目（評価・換算項目および新株予約権）は，原則として分配可能額の算定項目に含まれない。

⑴　**自己株式**　分配可能額算定時の自己株式の帳簿価額を控除する（461条2項3号）。会社法上は，株主資本の控除項目に過ぎず，資産性を認め難いからである。最終事業年度末日後から算定時までに処分した自己株式の対価の額も全体を控除する（同条2項4号）。株主総会の承認等正当な決算手続を経ていない差益を分配可能額から控除するためである。

以上の規制を具体的にみると，自己株式をその帳簿価額を超える価額，つまり処分差益が生じる状態で処分したとき，減算項目である自己株式（461条2項3号）の額が処分した自己株式の帳簿価額相等だけ減少し，さらに処分差益の額だけその他資本剰余金が増加する（446条2号）。上記2項目は分配可能額を増加させる。他方で自己株式の処分価額全体が減算項目である（461条2項4号）。帳簿価額＋処分差益が処分価額だから，全体を通算すると最終決算期以後に生じた自己株式の処分は分配可能額に影響を与えないことになる。自己株式の消却も減算項目である自己株式の額を減少させるが，消却額だけ剰余金を減少させるので（446条5項），やはり分配可能額に影響しない。結局，自己株式については，最終の決算期以後の取得により増加した自己株式の額だけに注意すればよい。

⑵　**臨時計算書類の損益**　臨時計算書類を作成したときには，臨時計算書類に含まれる損益および自己株式処分差損益を加減する（461条2項2号・5号）。なお，最終決算期以降に複数の臨時計算書類を作成した場合には，最終の臨時計算書類以外の損益等は控除される（会社計算158条5号）。

⑶　**のれん・繰延資産**　貸借対照表の資産の部に計上されるのれんや繰延資産は，独立して処分可能な資産ではなく，配当等の原資にふさわしい資産とはいえない。そこで，のれん等調整額（資産に計上したのれんの額の2分の1および資産に計上した繰延資産の額の合計額）が資本金および準備金の額の合計額を超える場合には，超過額の大きさに応じて会社計算規則（会社計算158条1号）に定める額を控除する。

⑷　**評価・換算差損**　評価差益である有価証券評価差額金，土地再評価差額

金は元来株主資本を構成しないが，評価差損が生じているときは，同差損額を控除する（会社計算158条２号３号）。売買目的有価証券（会社計算２条３項26号）の評価損益は，損益計算に含まれるので，評価損のみならず評価益も分配可能額に算入されている。

(5)　**連結配当規制適用会社**　連結計算書類を作成している会社は，連結ベースの配当規制の適用を選択することができる（会社計算２条３項51号）。この場合には，個別の貸借対照表の剰余金の額よりも，連結貸借対照表の剰余金の額が低い場合には，その差額を控除する（会社計算158条４号）。

(6)　**300万円を下回る純資産の額**　会社法は純資産の額が300万円を下回る場合に剰余金の配当を禁止しているが（458条），同規制を分配一般に及ぼし，資本金，準備金，未行使の新株予約権，評価・換算差額の合計額が300万円に満たない場合，差額を控除する（会社計算158条６号）。

(7)　**資本充実責任**　現物出資の価格てん補責任（52条・212条１項２号・285条１項３号），仮装払込みの支払責任（52条の２・102条の２・213条の２・286条の２），および不公正な発行価額のてん補責任（212条１項１号・285条１項１号２号）の履行によって増加したその他資本剰余金の額が控除される（会社計算21条・158条８号イ）。

現物配当

株式会社は現金以外の資産を配当の対象とすることができる（454条１項１号・４項）。配当の対象となる資産については，特に制限はないと解されるが，会社の自己株式の分配については，募集株式の発行等に関する手続（199条）に服するものとされ，配当資産とすることはできない。

現物配当では，配当される資産の評価について株主の合意を得られない場合があり，また配当された資産に対する選好も異なりうる。そこで，現物配当については，株主に配当資産に代わり金銭の分配を請求する権利を与える場合（454条４項１号）を除いて，株主総会の特別決議による承認を必要とする（309条２項10号）。取締役会に剰余金の処分権限が認められている株式会社では，上述の金銭分配請求権が認められる場合に限って，取締役会が現物配当について決定することができる（459条１項４号）。

現物配当についても，原則として株主の有する株式の数に応じて配当財産を割り当てることを要するが（454条3項），不可分の財産（例えば子会社株式）を配当財産の対象とするときは，少数の株式しか有しない株主に対しては，財産を割り当てることができない場合が生じうる。そこで，一定の数以上の株式（基準株式数）を有する者に対しては現物の配当を行い，基準株式数に満たない株式を有する者に対してはその価額に相当する金銭を支払うことを定めることができる（454条4項2号・456条）。

剰余金についてのその他の処分　452条は，450条，451条に定める剰余金の額の減少による資本金や準備金の増加，剰余金の配当（453条）のほかに，損失の処理，任意積立金の積立てその他の会社の財産の処分を伴わない剰余金の処分を行うことができる旨を定める。定款により剰余金の処分権限を取締役会に移行させている株式会社では，本条の処分権限も取締役会に認められる（459条1項3号）。

本条の処分としては，任意積立金の積立て，繰越損失のてん補のための任意積立金の取崩し，その他積立金の目的外の取崩し等がある（任意積立金を目的に従って取り崩す場合には，あらためて株主総会または取締役会の決議を要しない。会社計算153条2項2号）。

1・3・3　違法な剰余金の分配に対する責任

規制される分配　分配規制に服する行為は，剰余金の配当および，461条1項に列挙される自己株式の取得行為である。取得請求権付株式の取得および取得条項付株式の取得については，分配可能額による規制が別に規定されている（166条1項但書・170条5項）。これらの規定によると，取得請求権付株式および取得条項付株式の取得については，分配可能額を超える場合には取得の効力が生じない。461条1項に列挙される分配行為については，分配可能額を超える分配行為も，有効であることを前提にして役員等や受領者の責任が規定されているとも思えるが，分配行為を無効と解する考え方も有力である。

単元未満株式の買取り（192条1項），株式の内容の変更や組織再編等において反対株主の買取請求権が行使されたとき（116条・182条の4・469条・785条・797条・806条など），吸収合併や吸収分割，事業全部の譲受けにより自己株式を取得するとき，組織再編の対価として自己株式を取得するとき等は，分配可能額による規制に服しない。ただし，株式の内容等（116条）または株式併合（182条の４）にかかわる反対株式の買取請求に応じた結果，分配可能額を超えて払戻しをすることとなったときには，役員等は，超過額を弁済する責任を負う（464条）。

違法な分配に対する責任を負う者の範囲　分配可能額を超える分配がなされたときは，462条に定める者は，連帯して分配によって交付された金銭等の相当額を会社に支払う義務を負う（462条１項柱書）。責任を負う者は，①金銭等の交付を受けた者，②分配行為の職務を行った業務執行取締役ないし執行役，③業務の執行に関与した者（会社計算159条），④分配議案の株主総会または取締役会への提案者（462条１項各号，会社計算160条・161条）である。監査役や会計監査人は，462条に基づく責任の対象ではないが，任務を怠った場合には，これによって会社がこうむった損害を賠償する（423条１項）。

本条に定める責任は，責任を負う取締役や執行役が自己の無過失（注意を怠らなかったこと）を立証すれば，免れることができる（462条２項。金銭の交付を受けた者は，受領した金銭等の返還をするのみであるので，無過失を立証して責任を免れる余地はない）。債権者の利益を守るため，本条の責任については，分配可能額を超える部分については，総株主の同意があっても免除することができない（同条３項）。

欠損てん補責任　分配時には適法な分配であった場合でも，分配が行われた事業年度に関する計算書類が承認された時点で，株式会社に欠損が生じているときには，分配行為の職務を行った業務執行者は，欠損の額または分配額のいずれか低い額を会社に支払う義務を負う（465条）。本条の責任も，業務執行者が自己の無過失を立証することで，免れることができる。

欠損てん補責任は，461条１項に列挙される分配行為のみでなく，取得請求権付株式の取得や，取得条項付株式の取得についても適用される（465条１項４号・５号）。他方，定時株主総会で剰余金の配当について決議した場合などには，本条の責任は適用されない（同条１項10号かっこ書）。

株主に対する求償請求等　会社の債権者は，462条１項によって金銭の支払義務の生じている株主に対して，自己の債権額の範囲内で，株主が交付を受けた金銭額を支払わせることができる（463条２項）。本条の請求権は，債権者代位権（民423条）と性質を同じくし（ただし会社の無資力を行使要件としない），債権者は自己への直接の支払いを請求することができる。一方，株主とともに違法な分配について責任を負う業務執行者等は，自己の義務を履行した場合でも善意の株主に対しては求償権を行使することができない（463条１項）。

第2章　株式と株式の譲渡

2・1　株式の意義と機能

2・1・1　株式の意義

株式とは，少額な割合的単位の形式をとる社員の地位をいう。ここに社員の地位とは，株式を取得した者が株式会社に対し各種の株主権を行使できる関係に立つことを表す概念である。すなわち，株式とは会社と株主との間の法律関係であり，イメージ的には各種の株主権を束ねたセット商品のようなものである。

株式会社においては，この株式が割合的単位の形式をとっているところに特徴がある（第Ⅰ編第1章2・1・1株式制度について参照）。株式会社は資本的結合団体であるから，出資の額に応じて発言と収益の機会を提供しなければならない。このためには，各株主の出資額を整数倍で表現できるような単位（寄付金を集めるときの口数に相当する技術）が必要なのであり，その役目を果たすのが株式である。会社と株主との間の法律関係が，株式の数によって処理できるように仕組まれていることは，株式の自由な譲渡を認める場合に，会社と株主との法律関係を簡便に処理するために役立つ。

2・1・2　株式の機能

株式の果たす機能は，大きく分けて2つに整理することができる。1つは，資金調達の手段としての側面である。株式会社は株式の発行を通じて大量の遊休資本を集中させるための制度であるから，その具体的な手段である株式は資本の集中に資するものでなければならない。会社法は，株主の自益権・共益権について，多様な内容の株式（種類株式）を用意することで，資金を調達する会社と出資者のニーズに対応しようとしている（後述2・2株式の内容と種類参照）。

2つめは，株主の投下資本回収の手段としての側面である。株式会社においては，株主の負担する責任は間接有限責任に一本化されているのであり，会社債権者による責任追及の制度的保障として，資本充実・維持の原則が設けられていることはすでに述べた（**第1編第2章*2・1・3*資本の維持・充実**参照）。しかしながら，この仕組みを株主の側から見た場合には，投下した資本が会社からは返還されないことを意味することになり，このままでは，株主が投資に対するインセンティブを失ってしまう危険性がある。そこで，株式譲渡の自由を保障することで，投資回収の途を確保している（後述***2・3*株式の譲渡**参照）。

2・2　株式の内容と種類

2・2・1　株式の内容についての定め

内容の異なる複数の種類の株式を発行していない株式会社では，定款に定めをおくことで，譲渡制限，株主から会社への取得請求権，会社による取得について定めることができる。

譲渡制限株式　譲渡による株式の取得について，株式会社の承認を要する旨を定款に定める株式である（2条17号・107条1項1号・同条2項1号）。承認機関は，取締役会を設置しない株式会社では株主総会，取締役会設置会社では取締役会であるが，定款に定めをおいて，株主総会（取締役会設置会社の場合）や代表取締役に承認権を与えることもできる（139条1項）。株主間の譲渡や，会社の役員に対する譲渡など，特定の譲渡については承認があったものとみなす旨を定款に規定して，承認手続を省略することもできる（107条2項1号ロ）。

取得請求権付株式　株主が株式会社に対してその株式の取得を請求することのできる旨を定款に定める株式である（2条18号・107条1項2号・同条2項2号）。取得の対価としては，金銭その他の財産，また当該会社の社債，新株予約権，新株予約権付社債を定めることができる。会社法は，株主が取得請求権を行使することのできる期間について定めをおくことを規定するのみであるが（107条2項2号へ），権利行使について条件を付することが禁止されているわけではないので，一定事由の発生などを条件とすることもできる。

取得条項付株式　株式会社が一定の事由が生じたことを条件としてその株式を取得することができる旨を定款に定める株式である（2条19号・107条1項3号・同条2項3号）。取得事由として，株主総会や取締役会が別に定める日とすることも可能である（107条2項3号ロ・168条）。株式の一部のみを取得することもできる（107条2項3号ハ）。取得の対価は，取得請求権付株式と同様に，金銭その他の財産，または当該会社の社債，新株予約権，新株予約権付社債である。

2・2・2　種類株式

内容の異なる2種類以上の株式の発行を定款に定める株式会社を種類株式発行会社という（2条13号・108条）。会社法は，定款で定めることのできる事項として，前述の譲渡制限，取得請求権，取得条項のほか，剰余金の配当，残余財産の分配，議決権の行使，株主総会決議による全部取得，会社の重要決定に対する拒否権，および取締役または監査役の選任権を規定する（108条1項）。種類株式発行会社が譲渡制限，取得請求権，取得条項について規定するときは，各種類株式の全部または一部についてそれぞれの条項を規定する。ある種類株式に対して，複数の内容を定款で定めることも可能であり，実例も多い。

剰余金の配当　配当について内容の異なる株式としては，①配当の支払いについて，普通株式に比して優先的な権利を有する優先株式，逆に②普通株式に配当がなされてはじめて配当を受けることが認められる劣後株式が典型である。このほかに，③特定の子会社または事業部門の業績に連動して配当が決まるトラッキング・ストックの発行や，端的に，④「普通株式に対して決議された配当の120％」の配当を受ける権利を有する株式を認めてもよい。③や④の場合には，配当の基準についてのみ普通の株式と異なるのであって，配当について優先権を有するわけではない。配当を受ける権利の無い無配当株式も認められる（ただし105条2項参照）。

優先株式は，一定額または一定割合の優先配当を受けた後，なお配当可能利益がある場合には普通株式と平等の立場でその残余の利益から配当を受けることができるかどうかによって，参加的優先株式と非参加的優先株式とに分けられる。また，ある年度の配当が約定された優先配当額ないし優先配当割合に満たない場合，その不足分が次年度以降の利益からてん補されるかどうかによって，累積的優先株式と非累積的優先株式とに分けられる。

残余財産の分配　一定額までは普通株式に優先して残余財産の分配を受ける権利を有する株式や，ある種類株主に，特定の財産の分配請求権を優先的に付与する株式などが考えられる（108条2項2号）。逆に残余財産の分配の権利をまったく有しない株式も認められるが，配当を受ける権利および残余財産の分配の双方が否定される種類株式の発行は認められない（105条2項）。

議決権条項付株式　株主総会における議決権をまったく認めない株式（無議決権株式），議決権を行使することのできる事項を限定する株式，あるいは議決権の行使につき条件を定められている株式である（108条2項3号）。公開会社において議決権行使が現実に制限される種類株式の数が発行済株式総数の2分の1を超えるに至ったときには，会社は直ちに議決権制限株式の数を発行済株式総数の2分の1以下にするために必要な措置をとることが求められる（115条）。

譲渡制限株式　種類株式発行会社では，各種類株式のすべて，あるいはその一部のみを譲渡制限株式とすることができる。譲渡制限の内容は，種類株式発行会社でない会社が譲渡制限を付する場合と同じである（108条2項4号）。

取得請求権付株式　種類株式発行会社では，取得の対価として，現金（償還請求権と呼ばれる）その他の資産，会社の社債，新株予約権，新株予約権付社債のほか，会社の他の種類の株式を定めることができる（108条2項5号ロ。転換請求権と呼ばれる）。例えば，無議決権優先配当株式に普通株式への転換請求権を認める等の利用方法がある。

取得条項付株式　取得請求権付株式と同じく，種類株式発行会社では，取得の対価として，現金（強制償還条項付株式）その他の資産，会社の社債，新株予約権，新株予約権付社債のほか，会社の他の種類の株式を定めることができる（108条2項6号ロ。強制転換条項付株式）。優先株式を発行する場合に，会社の判断で普通株式に転換することを定める条項が付されることが多い。

全部取得条項付株式　株主総会の特別決議により，当該種類株式すべてを取得することができる旨が定められた株式である（108条1項7号）。既存の株式を全部取得条項付株式に切り替え，株主総会の決議を経て同株式のすべてを取得し，株式の消却と資本減少の手続（447条。本編**第1章** ***1・2・4*** **資本金・準備金の減少など**参照）をとれば，100％減資が実現する。

全部取得条項付株式を設けるときは，取得対価の価額の決定方法についてあらかじめ定款に規定することを要するが（108条2項7号イ），取得対価の実際の算定方法については，実際に取得を決定する株主総会で決定する（171条1項1号）。債務超過の状態にある会社等では，無償で取得することも認められよう。取得の対価として，現金その他の資産のほか，会社の他の種類の株式を定めることもできる。

株式取得の対価の額に同意できない株主は，裁判所に取得の価格の決定を申し立てることができる（172条）。

拒否権付株式　法律や定款で株主総会や取締役会の決議事項とされる事項のうち，定款で定める事項について，株主総会や取締役会の決議に加えて，ある種類株式の種類株主総会の決議を要するものと規定することができる（108条1項8号・同条2項8号）。当該事項について，当該種類株主に拒否権を与えていることになり，「黄金株」とよばれることもある。

拒否権付株式は，敵対的買収から会社を守る，「買収防衛策」としては最も強力である。しかし，極く少数の株式を有する者が会社の主要決定事項を決定できる力を有することは，株式会社の統治原則からみて正常といえない。証券取引所の上場規則は，取締役の選解任など重要事項につき拒否権を付与された種類株式を発行している会社の上場を，原則として認めない。

取締役・監査役の選任権付株式　取締役または監査役の選任について特別に権限を有する株式である（108条1項9号・同条2項9号・347条，会社規19条）。本種類株式の発行は，指名委員会等設置会社および公開会社には認められない（108条1項但書）。

2・2・3　株式の内容にかかる定款の変更手続

株式会社が設立後に，全部の株式の内容として取得条項を付する定款の変更

◆ *WINDOW 9* ◆　ベンチャー企業と種類株式の活用

ベンチャー・キャピタルがベンチャー企業に資金を提供しようとするとき，種類株式を活用することでベンチャー・キャピタルとベンチャー企業の経営者の支配権を両当事者の意向に添うように決定することができる。ベンチャー・キャピタルから出資を受けるが，その経営支配を限定的なものに留めるためには，ベンチャー・キャピタルに無議決権または議決権の制限された優先配当株式を交付することが考えられる。ただし，ベンチャー・キャピタルの利益を確保するため，欠損等の事由が生じたときは，現金による償還または普通株式への転換を認める取得請求権条項を付することになろう。

ベンチャー・キャピタルが，取締役会への人員派遣を含めて，ベンチャー企業の経営に積極的にかかわる意思を有するときには，一定数の取締役の選任権を有し，かつ一定の重要事項については拒否権をも有するような種類株式の発行を求めることが考えられる。この場合には会社の上場の決定を取得事由とする取得条項を定めることが通常だろう。

を行う場合，または種類株式発行会社がすでに発行されている種類株式に取得条項を付する定款の変更を行う場合には，それぞれ全株主の同意ないし当該種類株式の全株主の同意が必要である（110条・111条1項）。

設立後の株式会社が全部の株式の内容として譲渡制限を設ける定款の変更を行う場合にも，特殊決議（原則として議決権を行使できる株主の半数以上であって，当該株主の議決権の3分の2以上の賛成）を必要とする（309条3項1号）。

種類株式発行会社が既存の種類株式に，あらたに譲渡制限条項または株主総会による全部取得条項を設ける場合にも，それぞれ通常の種類株主総会決議よりは厳格な決議要件が求められる（111条2項・324条2項1号・同条3項1号）。

譲渡制限条項や全部取得条項の新設に反対する株主には，その株式の買取請求権が認められている（116条1項1号2号）。

2・2・4　発行可能株式総数

株式会社は，その定款に発行可能株式総数を定める（37条）。発行済株式総数が，発行可能株式総数を上回ることは許されない。株式の発行が原則として取締役会の決議事項とされている公開会社では，発行可能株式総数は，発行済株式総数の４倍を超えることができず，取締役への新株発行の「授権」に限度が定められる（37条３項・113条３項・180条３項）。新株の発行について原則として株主総会の特別決議による承認を求める公開会社でない株式会社では，発行可能株式総数に制約はない。

会社が新株予約権を発行している場合には，新株予約権の行使によって発行が予定される新株式の数を留保する必要があるため，同発行予定株式数は，発行可能株式総数から発行済株式総数を控除した額を上回ることはできない（113条４項）。

種類株式発行会社では，各種類株式について発行可能株式総数を規定する（114条）。

取得条項付株式や取得請求権付株式の取得の対価として，他の種類の株式の提供が予定されている場合や，種類株式発行会社が新株予約権を発行している場合には，それぞれの権利の実行によって発行が予定される株式の数は，各種類株式の発行可能種類株式総数から，発行済種類株式総数を控除した額を上回らないことが求められる（114条２項）。

2・3　株式の譲渡

2・3・1　株式譲渡自由の原則

退社等の場合に出資の払戻しが認められる持分会社（611条・624条）と異なり，株式会社では株主が会社自身から出資の払戻しを受ける機会は限定されている（自己株式の取得が認められる場合。後述 ***2・4* 自己株式の取得**）。特に，株主のイニシアティブで投資を回収する方法としては，株式の譲渡によるしかない。

会社法は，「株式は，その有する株式を譲渡することができる」旨を定めている（127条）。株式会社は，その株式の全部または種類株式の一部について，株式の譲渡に会社の承認を必要とする旨を定めることはできるが，会社が譲渡を承認しない場合には，会社自身または会社が指定する者が譲渡を希望する株主から株式を買い取ることが求められる。会社法の定める譲渡制限を超えて，たとえば株主による株式の譲渡を一切禁止し，会社による買取請求をも否定す

◆ *WINDOW 10* ◆　契約による株式の譲渡制限
（従業員持株会の規約の適法性）

会社法127条は，定款による株式の譲渡制限に制約を設けた規定であって，株主間の契約による譲渡制限を否定する趣旨ではない。

これに関して実際上問題となるのは，従業員持株会の規約として，退職時に購入価格で持株会に譲渡することを強制することが許されるかという点である。購入価格と譲渡価格が同額であるということはキャピタル・ゲインを奪うことになるが，従業員との契約締結時に十分な説明がなされ，かつ会社から支払われる奨励金や配当等の支給状況からみて，十分なインカム・ゲインが確保されているならば，この種の規約を公序良俗に反するとして無効とする必要はないと解されている（最判平7・4・25判タ948・13百選〔第2版〕21事件）。

るような定款規定は効力を生じない。

2・3・2　株式譲渡の方式

会社法は，株式の譲渡を容易にするために，株券を発行し，株式を有価証券化することを可能としている（214条以下）。株券発行会社では，株式の譲渡は，当該株式にかかわる株券を交付しなければ，その効力を生じない（128条1項）。

株券を発行しない株式会社の株式譲渡の方式については，特に定めがないので，一般原則に従い意思表示のみによって当事者間では譲渡の効力が生じることになろう。

一方，上場会社については，「社債，株式等の振替に関する法律」に基づき，平成21年1月以降，株券による譲渡に代えて，口座の振替による譲渡方式が規定されている。

したがって，株式会社は，株式の譲渡方式によって，①株券の発行がなく，かつ社債株式振替法の適用もなく，意思表示のみによって株式が譲渡される会社，②株券を発行し，株券の交付を株式譲渡の効力発生要件とする会社，③株券を発行せず，社債株式振替法の適用を受けて，振替制度により株式譲渡の法律関係を処理する上場会社，の3つに分かれる（詳細は，後述***2・3・4*** **株式発行**

会社における株式譲渡～2・3・6 上場会社の株式譲渡参照)。

2・3・3　株主名簿および基準日

株主名簿の意義　株式会社は，株主名簿を作成しなければならない。株主名簿には，株主の氏名，住所，保有株式数，株式の取得日，および株券が発行されている場合には株券の番号が記載される（121条)。

株式の譲渡は，当事者間でのみなされるので，会社と株主との関係は，もっぱら株主名簿の記載に基づいて処理される。株式の譲渡は，取得者が当該株式について株主名簿の書換えを受けなければ，株式の発行会社および第三者に対して（株券発行会社では会社に対して）当該譲渡を対抗することができない（130条)。また株式会社が株主に対してする通知や催告は，株主名簿に記載された住所に宛てて発すればよい（126条1項)。仮にそれが到達しなかったとしても，通常到達すべかりし時に到達したものとみなされる（同条2項)。

会社は，株主名簿の記載変更や名簿の備え置きその他の株主名簿の管理に関する事務を委託するため，定款に株主名簿管理人を定める旨を規定することができる（123条)。

名義書換未了の株式譲受人の地位　前述のように，株式の取得者は，株主名簿にその氏名が記載されない限り，会社に株式を譲り受けたことを対抗できない。しかし，130条は，株主名簿の記載を，株式譲渡の効力要件としているわけではないので，会社の側から名義書換未了の株式譲受人を株主と認め，権利行使を認めることは可能である（最判昭30・10・20民集9・11・1657)。また株式譲受人が正当な手続によって名義書換えを請求したにもかかわらず，会社が故意または過失により名義書換えを怠った場合には，当該会社はもはや株主名簿に記載がないことを理由として株式の取得者の権利行使を拒むことはできない（最判昭41・7・28民集20・6・1251百選〔第3版〕15事件)。

株主名簿の閲覧等　株式会社は，その株主名簿を本店または株主名簿管理人の営業所に備え置き，株主・債権者の閲覧および謄写請求に応じなければならない（125条)。会社は，請求者が株主としての権利の行使に関する調査以外の目的で請求を行ったなど，法定（125条3項各号）の拒絶事由が存する場合を除き，株主の閲覧請求を拒むことができない。親会社の株主も，裁判所の許可を得て，子会社の株主名簿を閲覧することができる（同条4項）。

株券を発行しない会社の各株主は，株主名簿に記載された自己に関する事項を記載した書面の交付を請求することができる（122条）。株券を有しない株主が，自己の権利内容を第三者に証明する術を提供するためである。

基準日の意義　株式会社は，一定の日（基準日）を定め，基準日に株主名簿に記載されている株主をもって株主としての権利を行使する者と定めることができる（124条1項）。会社は定時総会の議決権行使や決算手続とともに行う剰余金の配当等について，定款にあらかじめ基準日を定めることができる。定款に定められていない基準日を定める場合には，当該基準日および行使することのできる権利などを公告する（同条3項）。なお，基準日が定められている場合でも，基準日現在の株主の権利を害しない範囲で，基準日後に株式を取得した者に株主総会における議決権行使を認めることができる（同条4項）。

失念株の譲受人の地位　株式譲受人の過失によって基準日までに名義書換えがなされていない場合には，上述のように譲受人は会社との関係では自己が株主であることを主張できないので，配当金や株式分割等により交付される株式は，基準日現在の株主名義人に交付されることになる。それでは株式の譲受人は，当事者間では有効に株式が譲渡されていることを根拠に名義人が取得した配当金や株式を引き渡すことを名義人に要求することができるか。最高裁は，株主割当てによる株式の引受けを受ける権利について，基準日に株主名簿に記載されている株式名義人は，自己固有の権利として引受権を取得するのであり，名義書換えを失念した株式譲受人は，株式を受領した名義人に対して何らの請求権を有するものではないと判示した（最判昭35・9・15民集14・11・2146）。学説の多くは，少なくとも配当や株式分割など名義人の出捐が伴わない場合には，名義人が二重に利得を得るなど，不当な結果が生じることを重視し，不当利得（民703条）等を根拠に現存利益の返還義務等を名義人に課している。最高裁も，株式分割の場合に，名義人が取得した株式について譲受人の不当利得返還請求を認めている（最判平19・3・8民集61・2・479百選〔第3版〕16事件）。

Horitsubunka-sha Books Catalogue 2016

法律文化社 出版案内

法律分野

2016年版

2・3・4　株券発行会社における株式譲渡

株券の意義

株式会社は，株券を発行する旨を定款に定めることができる（214条）。種類株式発行会社では，すべての種類の株式について，株券を発行するかどうかを定めるのであり，一部の種類の株式についてのみ株券を発行する旨を定めることは認められていない。平成17年改正前商法の下では，株式会社は株券を発行することが原則とされていたため，現存の株式会社では，公開会社でない株式会社でも株券を発行するものが多い。

株券による株式譲渡

株券は，有価証券一般がそうであるように，権利と証券とを結合することによって，表章された権利の流通を促進する機能を持つ。前述のように株式の譲渡は，株券を交付しなければ，当事者間でも効力を生じない（128条1項）。また，裏書等の行為を要さず，株券の交付のみによって株式譲渡の効力を生じるので，株券はいわゆる無記名証券に該当する。

株券の占有者は，株式の適法な権利者であると推定される（131条1項）。株券の占有者から株式の譲渡として株券の交付を受けた者は，悪意または重大な過失がない限り，譲渡人が実際には無権利者であったとしても，当該株券にかかる株式の正当な権利者となる（同条2項）。

株券の発行

株券発行会社は，株式の発行後，株券を発行することを要する（215条1項）。ただし，公開会社でない株券発行会社は，株主から請求があるときまでは，株券の発行を要しない（同条4項）。

株券は，発行会社の商号，株式数，その他必要な事項を記載し，代表取締役または代表執行役が署名または記名捺印した上で，発行される（216条）。

株券発行前の株式の譲渡は，会社に対して効力を有しない（128条2項）。ただし，会社が株券の発行を不当に遅滞している場合には，判例は，信義則を根拠として，会社は株式の譲渡の効力を否定できないとする（最判昭47・11・8民集26・9・1489）。もっとも，公開会社でない株式会社は株主の請求があってはじめて株券を発行することが求められるので，会社法の下では，会社が株券の発行を不当に遅滞しているという事態は，それほど生じない。

株券不所持制度

株券の紛失等の危険をおそれる株主は，すでに株券が発行されている場合には同株券を提出した上で，会社に対して株券の所持を希望しない旨を申し出ることができる（217条）。申出を受けた会社は，株主名簿に当該株式にかかる株券を発行しない旨を記載する。

株券不所持の申出があった株式も，譲渡するためには株券の交付が必要である。株主はいつでも株券の発行を請求することができる。

名義書換えの請求　株券発行会社では，株式取得者は，株主名簿にその氏名が記載されなければ，会社に対して譲渡を対抗することができない（130条2項）。取得者は，株券を提示した上で単独で株主名簿の名義書換えを請求することができる（133条2項，会社規22条2項1号）。株券の占有者として適法な権利者であると推定されるためであり，会社も権利推定効の反射的効果として，株券の占有者の名義書換請求に応じ，名義人を株主として権利行使を認めれば，免責される。

株券の失効　株主が株券を紛失した場合には，第三者による善意取得を抑止し，みずからが権利行使することを可能とするために，喪失した株券を無効にして，あらたな株券を取得しなければならならない。会社法は，このために株券の失効制度について規定し，有価証券の無効宣言のための公示催告および除権決定の手続は（非訟114条以下），株券については適用されない（233条）。

株券を喪失した者は，株券発行会社に対して株券喪失登録を請求することができる（223条，会社規47条）。株券発行会社は，請求を受けて，株券喪失登録簿に必要事項を記載する（221条）。喪失者として記載された者が株主名簿上の名義人でない場合には，同名義人に喪失登録がなされた旨を通知する（224条）。株券喪失登録をした株券にかかる株式については，名義書換えができず，また，喪失登録をした者が株主名簿上の名義人でない場合には，議決権の行使もできない（230条）。

株券喪失登録がなされた株券の保有者は，喪失登録の抹消を請求することができる（225条）。喪失登録者が株式の帰属を争うのであれは，当該株券について占有移転禁止の仮処分を得たうえで，訴訟を提起して，株券の引渡しを求めることになる。

株券喪失登録がされた株券は，登録が抹消されない限り，登録がされた日の翌日から起算して1年を経過した日に無効となり，株券発行会社が喪失登録者に新株券を交付する（228条）。

株券喪失登録がなされたことによって当該株券の善意取得が排除されるわけではない。また，手形の除権判決と善意取得の関係についての判例（最判平13・1・25民集55・1・1）からみても，株券喪失登録から1年を経過して，当該株券の無効が確定したとしても，すでに生じた善意取得の効果が覆るわけではないだろう（ただし，新株券の保有者は正当な権利者であると推定されるので（131条1項），株式を善意取得した者は，その事実を主張・立証することが求められる）。

2・3・5　株券を発行しない会社の株式譲渡

株券不発行会社の株式譲渡方法

定款に株券の発行を定めない株式会社で，社債株式振替法の適用がないものでは，株式の譲渡は，当事者間では意思表示のみで効力が生じる。しかし，このような譲渡を外形的に確認する方法がないため，会社の株主名簿に株式取得者の氏名が記録されない限り，当該株式譲渡を当該会社その他の第三者に対抗することができない（130条1項）。

名義書換えの請求

株式の発行会社以外の者から株式を取得した者は，名義書換えを命じる確定判決を得た場合や，相続等の一般承継を証する書面を有する場合など，利害関係人を害するおそれがないとして法務省令で定める場合を除き，株主名簿上の株主またはその一般承継人（株式の譲渡人）と共同で，株主名簿の名義書換えを請求する（133条，会社規22条1項）。株券を発行しない株式会社の株式の取得者は，適法な権利者であることを推定させる表章を有しないためであるが，共同の名義書換請求自体に権利推定効があるわけではないので，虚偽の名義書換請求に応じた会社が株主名簿上の株主に権利を行使させた場合に，免責されるかどうかについては疑問の余地がある。

2・3・6　上場会社の株式譲渡

株式振替制度

「社債，株式等の振替に関する法律」により，平成21年から，上場会社における株式，社債，新株予約権の譲渡は振替決済制度によって行われている。上場会社の株主は証券会社に口座を設立し，保有する上場会社の株式等が口座に記録される。振替の業務は，法の定める振替機関（株式会社証券保管振替機構）によって統括される。

振替株式の譲渡手続　振替株式については，株式の譲渡は，譲受人の口座に当該株式についての記載がなされることが譲渡の効力発生要件となる（社債株式振替法140条）。その口座に振替株式についての記載がある者は，当該株式についての権利を適法に有するものと推定され（同143条）この者から当該株式の振替を受けた者は，譲渡人が適法な権利者でなかったとしても，悪意重過失のない限り，当該株式についての権利を取得する（同144条［善意取得］）。

株式の発行会社は，振替機関から定期的に通知を受けて（振替151条［総株主通知］），振替口座簿に記載された株主の氏名を一斉に株主名簿に記載する（同152条）。振替株式の譲受人は，個別に会社に対して名義の書換えを請求することはできない（同161条１項による会社法133条の適用排除）。

振替株式における少数株主権の行使　振替株式については130条第１項は適用されず，少数株主権の行使の要件として求められる株式の保有期間は，振替記載がなされた時点から計算される。少数株主権を行使しようとする株主は，振替機関を通じて発行会社に対して自己の株式保有に関する通知を行い（振替154条［個別株主通知］），少数株主権は，上記通知がされた後，４週間（社債株式振替法施行令40条）が経過する日までの間に，行使されなければならない。

2・3・7　所在不明株式の処分

株式会社が株主に対して行う通知や催告は，株主名簿に記載された住所地にあてて行うが（126条１項），これらの通知や催告が５年以上到達しない場合には，会社はそれ以上費用をかけて当該株主に対して通知や催告を行うことを要しない（196条１項）。このような株主が，剰余金の配当についても５年間継続して受領しなかった場合には，会社は，当該株式を競売またはその他の方法で売却し，あるいは，みずから買い取ることができる（197条）。会社が競売や売却をする場合には，利害関係人が異議を述べる機会を確保するため，公告および株主名簿の名義人に対する催告を行う必要がある（198条）。

2・3・8　譲渡制限株式の譲渡承認手続

定款による譲渡制限の意義　すでに述べたように，株式会社は，株式の全部または種類株式の一部の譲渡について会社の承認を要する旨を定款で定めることができる（107条1項1号・108条1項4号）。この制度は，昭和41年商法改正によって導入されたものであり，少なくとも制定時は非上場会社のみを対象としていたわけではないが，実質的には小規模で同族的な会社における株主集団の静的な秩序を維持する役割を果たしている。

会社法は，株式譲渡によって既存の集団の目からみてふさわしくない者があらたに株主として加わり，あるいは株主間の持株比率が変動することを防ぐことを認めるが，他方において，株主の投下資本回収の機会を保障することが必要であるため，株主が譲渡の承認を求めてきた場合には，会社は，譲渡を承認するか，さもなくば当該株式を買取り，あるいは買取人を指定することが求められる。

種類株式発行会社は，発行する種類株式の一部についての譲渡制限を定めることができる。普通株式を上場している会社でも，発行する別の種類株式については譲渡制限を定めることは可能である。議決権に関する定めのある株式や，拒否権付株式など，会社の支配にかかわる株式についてのみ譲渡制限を定めることなどが考えられる。

譲渡承認の手続　譲渡制限株式を他人に譲渡しようとする株主は，会社に対して当該他人に対する譲渡を承認するかどうかを決定するよう，請求することができる（136条）。譲渡制限株式を取得した者も，取得の承認を請求することができる（137条1項）。譲渡制限株式を会社の承認なく取得した者は，会社に対して取得者であることを主張できないだけであって，当事者間では譲渡は有効だからである。

名義書換請求と同様に，株券発行会社では，取得者は単独で譲渡の承認請求をなしうるが，株券不発行会社では，承認の請求を命じる確定判決を得ている場合や，競売によって株式を取得した場合などを除いて，取得者による請求は，株主名簿上の名義人と共同でしなければならない（137条2項，会社規24条）。譲渡承認の請求者は，会社が譲渡を承認しない場合には，会社または会社の指定する者が当該株式を買い取るべきことを併せて請求することができる

(138条1号ハ・同条2号ハ)。

会社は，請求を受けて譲渡承認にかかる決定をした場合には（取締役会設置会社では，定款に特段の定めのない限り，取締役会が決定機関，取締役会を置かない会社では，株主総会が決定機関である。139条1項），決定の内容を請求者に通知する（139条2項）。会社が請求を受けた日から2週間以内に通知をしない場合には，譲渡を承認したものとみなされる（145条1号）。

不承認の場合の手続

(1)　**会社または指定買取人による買取手続**　譲渡を承認しないときには株式を買い取るべきことを請求者に求められている場合に，会社が譲渡の承認を拒絶するときは，会社または指定買取人による株式の買取手続を進めなければならない。

会社が株式を買い取る場合には，その旨を株主総会の特別決議で決定する（140条1項2項・309条2項1号）。会社は決定を請求者に通知するとともに，通知日の1株当たりの純資産の額を基礎として計算される額を供託しなければならない（141条1項2項・会社規25条）。

会社は株式を買取る者を指定することができる。買取人は，定款であらかじめ規定しておくか，取締役会設置会社であれば取締役会で決定する（140条4項・5項）。指定買取人は，指定を受けた旨，および買取る株式の数を請求者に通知し，やはり1株当たりの純資産の額を基礎として計算される額を供託する（142条1項2項）。

会社による買取りの通知は，譲渡を承認しない旨の通知がなされてから原則として40日以内に，指定買取人による買取りの通知は，譲渡を承認しない旨の通知がなされてから原則として10日以内に行わなければならない。会社または指定買取人からの買取りの通知が期限内になされなかった場合には，会社が譲渡を承認したものとみなされる（145条2号）。

上記買取りの通知によって承認請求者と会社または指定買取人との間で株式の売買契約が成立し，請求者は会社または指定買取人の承認がない限り，譲渡承認請求を撤回することはできない（143条）。

会社が株券発行会社である場合には，請求者は，会社または指定買取人から供託を証する書面の交付を受けてから1週間以内に，株券を供託しなければならない。株主が株券供託を怠った場合には，会社または指定買取人は，売買契約を解除することができる（141条3項4項・142条3項4項）。

⑵　**売買価格の決定**　会社または指定買取人による買取りの通知がなされて後，譲渡承認請求者との間で株式の売買価格について協議が行われるが，協議が調わない場合には，当事者は，通知の日から20日以内に，裁判所に対し，売買価格の決定を申し立てることができる（144条1項・2項・7項）。

裁判所は，承認請求の時における株式会社の資産状態その他一切の事情を考慮して，売買価格を決定する（同条3項）。通常は，会社の1株当たりの純資産額，1株当たりの利益，または配当，さらに，同種の営業を営む上場会社の株式の市場価格との比較などの要素を組み合わせて，売買価格を決定する。

譲渡制限株式の名義書換請求　譲渡制限株式については，相続など包括承継による取得の場合を除き，譲渡についての承認を得た後，または指定買取人が株式を取得したときでなければ名義書換えを請求することができない（134条）。

2・4　自己株式の取得

2・4・1　自己株式の取得規制

規制の意義　株式会社が自己の株式を取得することは，出資の払戻しにほかならないこと，また，一部の株主だけに有利に投資資金を回収する機会を与えることになりかねないことから，わが国の商法は，会社による自己株式の取得を原則として禁止し，法で定める例外的な事由によるときのみ取得を認めるという態度をとってきた。しかし，会社の財務政策やストック・オプションへの対応など，自己株式の取得の必要性が拡大し，平成13年商法改正は，従来の原則を根本的に変更し，商法の定める手続にしたがう限り，原則として配当可能利益の範囲内で，自己株式の取得を認め，かつ，取得した自己株式の保有期間についても制限を定めず（金庫株の許容），会社が自己株式を取得後に，会社の経営状況等を考慮しながら，自己株式の処分，消却などの決定をすることを認めた。平成17年成立の会社法もこの立場を踏襲する。

会社法上の取得規制　155条および会社法施行規則27条は，会社が自己株式を取得できる場合を網羅的に列挙する。施行規則では，自己株式を無償で取得する場合や株式買取請求権に応じて自己株式を取得する場合，権利の実行に当たり目的を達成するために必要不可欠であるとして自己株式を取得する場合などが規定されている。

自己株式の取得・処分に伴う弊害を防止するため，自己株式取得の財源規制については，反対株主の買取請求権に応じて自己株式を取得する場合など，会社の意思によらないで自己株式を取得する例外的な場合を除き，剰余金の配当と統一的な規制に服することとされている（461条1項。本編**第1章** ***1・3・2*** **会社法の分配規制**）。また自己株式の処分については，株式の発行と統一した規制に服する（199条以下）。

2・4・2　自己株式の取得

株主との合意による自己株式の取得

(1)　**取得の決定**　会社が株主との合意により自己株式を取得する場合には，株主総会で取得総額および取得総数を定める（156条。剰余金の配当等について取締役会が決定する旨を定款に定める会社では，自己株式の取得に係る決定をも取締役会で行う旨を定めることができる。459条1項1号）。取得ができる期間も，1年を超えない範囲で当該決議で定める。

実際に自己株式を取得するときには，前記授権決議の範囲内で取得株式数や対価の内容・額を決定する（157条）。同決定は，取締役会設置会社では取締役会決議による。

(2)　**株主全員に対する譲渡の勧誘**　株主全員に，保有する株式の譲渡の機会を提供する場合には，会社は，各株主に自己株式取得の決定を通知し（公開会社では公告でよい），各株主からの譲渡の申込みを勧誘する（158条）。通知を受けた株主は譲渡の申込みをすることができる。申込数が取得総数を上回るときは，取得総数を申込総数で除した額を基準に，各株主からの取得数を決定する（159条）。

(3)　**特定の株主からの取得**　会社が特定の株主から自己株式を取得する場合には，自己株式の取得に関する事項を決定する決議（156条）において，その旨を定める。この決定は，自己株式取得の決定を取締役会が行う旨を定款に定める会社も含めて，すべて株主総会の特別決議による（160条1項・309条2項2号かっこ書)。特定の株主のみを利する危険が高いためである。本件決議について，自己株式を譲渡する当該株主は議決権を行使することはできない（160条4項)。

この決議に際して，他の株主は自己をも株式を売却する特定の株主に加えたものを議案とすることを会社に請求することができる（160条2項・3項)。売主追加の議案変更請求権は，定款で同請求権を認めない旨を規定するとき（株式発行後にこのような定款規定を追加するときには，株主全員の同意が必要である。164条)，市場価格のある株式を市場価格を超えない価格で取得するとき（161条，会社規30条)，公開会社でない株式会社が株式の相続人その他の一般承継人との合意により，その株式を取得するとき（162条）には認められない。

(4)　**証券市場における取得**　株式会社が証券市場を通じて自己株式を取得する場合，または公開買付（金商27条の2・27条の22の2）により自己株式を取得する場合には，個別の取得価額や取得株式数の決定，各株主への譲渡の申込みの勧誘等を行うことなく，自己株式を取得することができる（165条1項)。また，取締役会設置会社は，市場取引等による自己株式の取得を取締役会決議のみで決定することができる旨を定款に定めることができる（同条2項)。

(5)　**子会社からの取得**　子会社は，法の定める例外の場合を除いては，その親会社の株式を取得してはならないが（135条，会社規23条)，例外的に取得した場合にも，相当の時期にその有する親会社株式を処分する必要がある。処分の方法については，特に規制はないが，親会社自身が子会社から親会社の株式を取得する場合には，特定の株主からの取得ではあるが，160条の規制によることなく，取締役会設置会社では取締役会で決定して取得することができる(163条)。

株主との合意以外の自己株式の取得

(1)　**取得請求権付株式の取得**　取得請求権付株式の株主は，定款の定めに従い，株式会社に対してその有する株式の取得を請求することができ（166条1項)，会社は，株主が請求をした日に当該取得請求権付株式を取得し，請求をした株主も，請求をした日に対価として定められた株式や社債の権利者となる（167条)。ただし，取得請求の日に対価として交付する財産の帳簿価額が461条2項に定める分配可能額を超えているときには，取得請求をすることができない（166条1項但書)。

⑵　**取得条項付株式の取得**　一定の事由が生じた日に株式会社が当然に株主から株式を取得する旨の定めがある場合（107条2項3号イ）には，同事由が生じた日に会社は株式を取得し，株主は対価を取得する（170条1項・2項）。会社が取得期日を別に定める場合（107条2項3号ロ）には，取得期日を決定した後，当該期日の2週間前までに株主等に通知または公告しなければならない（168条）。会社が取得条項付株式の一部のみを取得する場合には，株主総会ないしは取締役会で取得する株式を決定したうえで，取得する株式の株主に通知，または公告をする（169条）。

取得条項付株式の取得では，株券発行会社においても株券の引渡しを受けることなく自己株式の取得や対価の取得効果が生じ，取得された株式にかかる株券は取得の効力が生じた日に効力を失う（219条3項）。会社は株券等の提出を求める手続を行う（同条1項）。株主から株券の提出がなくとも自己株式取得の効力および株券の失効は発生する。

取得条項付株式の場合も，取得請求権付株式と同様に，対価として交付する財産の帳簿価額が取得時点の分配可能額を超えているときには，会社は取得を行うことができない（170条5項）。

⑶　**全部取得条項付株式の取得**　全部取得条項付株式（108条1項7号）の取得は，株主総会の特別決議で決定する（171条1項・309条2項3号）。同総会で対価の額（会社の財務状況次第では無償による取得となることもある），対価の内容，株式を取得する日（取得日）も決定する。対価の額に同意できない株主は，裁判所に取得価格の決定を申し立てることができる（172条）。

全部取得条項付株式が，キャッシュアウト（WINDOW 11）の手段として利用されている現状に鑑み，平成26年会社法改正で株主の保護が強化された。会社は取得対価の相当性その他の事項を記した書面を会社に備え置き，株主の閲覧に供しなければならない（171条の2，173条の2）。取得が法令定款に違反する場合には，不利益を受けるおそれのある株主は，会社に対して取得の差止めを求めることができる（171条の3）。

全部取得条項付株式の取得および対価の交付は，取得日に効力を生じる（173条）。株券発行会社では，株券は株式取得の効力発生とともに無効となるので，株券提出手続を採る必要がある（219条1項3号）。

(4) **相続人に対する売渡請求**　譲渡制限株式については，譲渡による株式の取得について，会社の承認を必要とするが，相続その他の一般承継を抑止することはできない。譲渡制限株式を発行している株式会社が，相続人その他の一般承継人による会社の株式の保有を適切でないと判断したが，これらの者から合意によって株式を取得すること（160条・162条）ができない場合に，会社はこれらの者にその保有する株式を会社に売り渡すように請求することができる旨を定款に規定することができる（174条）。売渡請求を行う旨の決定は株主総会の特別決議による（175条・309条2項3号）。売渡しの請求は相続その他の一般承継があった日から1年以内に行わなければならない（176条）。売渡価格は請求がなされて後，当該株主と会社との間で協議して決定するが，協議が調わない場合には，裁判所に売買価格の決定を申し立てることができる（177条）。

取得条項の付された株式と異なり，相続人等に対する売渡しの請求の決議により，当然に株式にかかる移転の効力が生じるわけではないので，会社はあらためて売渡しの実行を求める必要がある。

2・4・3　自己株式の保有と処分

自己株式の保有

会社は取得した自己株式を保有し続けることができる（「金庫株」とよぶことがある）。会社法は，自己株式を有する会社自身も株主であることを前提に，会社に株主としての権利を否定すべき場合には，個別にその旨を規定している（186条2項・278条2項［株式・新株予約権の無償割当て］・202条2項・241条2項［募集株式・新株予約権の割当て］・308条2項［議決権］・453条［剰余金の配当］など）。

自己株式の処分

株式会社が保有する自己株式を処分する方法としては，①消却する，②売却処分する，③新株予約権が行使されたときに行使者に交付する，④組織再編の対価として交付することが考えられる。

②ないし④の処分をする場合には，自己株式は再度会社以外の者に交付されることになるが，その手続は新株発行をする場合と変わらない。②売却処分は，新株発行と同じ手続に服し（199条），新株予約権の行使や組織再編に伴う自己株式の交付も，新株式を発行して交付する手続と一括して規定されている。ただし，新株発行をする場合と自己株式を処分する場合とでは，株式の交付に伴う

株主資本の構成が異なってくる（本編第1章*1・2・3*株主資本その他の純資産項目）。

2・4・4　自己株式の消却

意　義

株式会社は，自己株式を消却することができる（178条）。ただし，自己株式の取得手続と，自己株式の消却手続は結びついているわけではない。会社は取得した自己株式を消却するかどうかを自己株式の取得時点で定めることは求められていない。

手　続

取締役会設置会社では，自己株式の消却の決定は，取締役会がする（178条2項）。

自己株式の消却の決定は，消却する自己株式の種類，数を内容とする。

株式会社が自己株式を消却する場合には，消却した自己株式の帳簿価額に相当するその他資本剰余金を減少させる（会社計算24条3項）。会社の資本金の額には変化はない。

自己株式の消却により，会社の発行済株式総数が減少する。会社の発行可能株式総数は変更しないので，自己株式の消却の結果，発行済株式総数が発行可能株式総数の4倍以下となることも考えられるが，この場合にも，発行可能株式総数等を減少させる措置をとる必要はない。

2・4・5　違法な自己株式取得の効果

会社が法定の手続に違反して自己株式を取得したときの取得行為の効果については，明示の規定はない。違法な取得が相対取引によるときには，善意者の保護が必要である場合を除き，取得行為を無効と解してよいように思うが，この場合も相手方から取引の無効を主張することは認められないと解されている（最判平成5・7・15判時1519・116）。これに対して市場による取得や公開買付けによる取得では，善意の売却者を保護する必要から，取引そのものは有効と解さざるを得ないのではないか。

461条の分配可能額の規制に反する自己株式の取得の効果は，同条に違反する剰余金の配当の効果と統一的に考察される。規定の文言からは，規定に反した配当や自己株式の取得が有効であることを前提にして対価の受領者や関与した役員等の責任が規定されているとも思えるが（462条），分配は無効であるとの解釈も有力である。分配規制に違反する自己株式の取得を有効と理解した場合でも，会社に株式を譲渡した者が462条に規定する責任を履行したときには，代位権（民422条）または不当利得（民703条）の適用ないし類推適用に基づいて，当該者に譲渡した株式ないしその代償物の引渡請求が認められる。

取得請求権付株式および取得条項付株式については，分配可能額を超えている場合には取得請求ないし取得条項の行使ができないことと明記され（166条1項但書，170条5項），これに違反した取得は，効力を生じないことが明らかである。

2・5　特別支配株主の株式等売渡請求権

株式等売渡請求権の意義　株式会社の特別支配株主（ある株式会社（対象会社）の総議決権の10分の9以上を自己またはその完全子法人を通じて保有する者。会社，個人の他，投資事業有限責任組合などでもよい。会社179条1項，会社施規33条の4）は，所定の手続を経て対象会社の残る少数株主にすべての株式を売り渡すように請求する権利を有する（179条1項）。対象会社の株主総会の承認を必要とせず，また法定の手続にしたがって売渡請求を行えば，効力発生日に特別支配株主は当然にすべての株式を取得する。少数株主の排除（キャッシュアウトとよばれる。WINDOW 11）を迅速に実現することを可能にする。

株式等売渡請求の手続　売渡請求を行おうとする特別支配株主は，売渡請求に関する事項（179条の2）を定めて，対象会社に通知し，その承認を求める（179条の3第1項）。売渡請求は，当該特別支配株主および対象会社を除くすべての株主が有する全株式を対象としなければならない。ただし，特別支配株主の完全子法人が有する株式は排除することができる。また，対象会社が新株予約権を発行しているときは，新株予約権をも対象とすることができる。

対象会社の承認　売渡請求については，対象会社の承認が必要である。取締役会設置会社では，取締役会の決議で承認する（179条の3第3項）。売渡請求は，特別支配株主と少数株主との間の株式の売買であり，対象会社が取引の当事者となるわけではない。しかし，対象会社の取締役は，少数株主の

◆ *WINDOW 11* ◆　キャッシュ・アウト

会社の支配株主が，残る少数株主の保有する株式すべてを個別の合意を求めることなく現金を対価として取得し，当該会社を完全子会社としてしまうことをキャッシュ・アウトと呼んでいる。少数株主に対して不当であるとも思えるが，業績が悪化した会社を根本的に変革するときなどには，キャッシュ・アウトにも一定の合理性があると理解されている。

キャッシュ・アウトを実現する手段としては，①現金を対価とする株式交換，②普通株式を全部取得条項付株式とし，当該株式の取得の対価として他の種類の株式を交付するが，高い割当比率を設定することで少数株主をすべて端数株主としてしまう方法，③高い比率の株式併合を実施することで，おなじく少数株主をすべて端数株主とする方法が考えられる。従来は税負担の回避，またキャッシュ・アウトのための総会決議が多数決の濫用（831条１項３号）として決議取消しが認められるリスクの回避などの理由から，全部取得条項付株式が多く利用された。

平成26年改正会社法は，新たなキャッシュ・アウトの手段として特別支配株主に株式等売渡請求権を認めるとともに，全部取得条項付株式や株式併合について，少数株主の権利を保護するために組織再編に準じた情報開示を求め，また少数株主の差止請求権を新設している（→2.4.2，2.6.1）。

利益のために，売渡の対価が会社の状況から見て相当と評価できるか，また特別支配株主が，対価を確実に交付できると見込まれるかなどを，その職務として判断することが求められる。

対象会社が売渡請求を承認したときには，株主にその旨および特別支配株主の氏名等を通知または公告し（179条の４，会社規33条の６），また取締役の判断の根拠などを示した書面を会社に備え，株主の閲覧に供しなければならない（179条の５，会社規33条の７）。

売渡請求の効力発生　特別支配株主は，定められた取得日に売渡株式の全部を取得する（179条の９第１項）。株券発行会社では，売渡請求の承認後，対象会社は株券の提供を求める。売渡の効力発生日に株券は無効となる（219条１項４号の２・３項）。

売渡株主の保護　特別支配株主の売渡請求により，売渡株主は一方的にその株式を奪われる。そのため，会社法は売渡株主の権利の保護のための一連の措置をおいている。対象会社の承認もそのひとつである。

特別支配株主に該当しない者による売渡請求など，株式売渡請求が法令に違反する場合，対象会社が法令に定める手続きを履行しない場合，売渡請求の対価が対象会社の財産の状況その他の事情に照らして著しく不当である場合には，株主は売渡請求の差止めを求めることができる（179条の7）。売渡対価の額に反対する株主は，裁判所に売買価格の決定を申し立てることもできる（179条の8）。

株式売渡請求の手続きに重大な法令違反がある場合や，特別支配株主が売渡の対価を交付しない場合には，売渡株主は売渡株式等の取得の無効の訴えを提起することもできる（846条の2以下）。対価の不払いがごく一部に留まる場合には，無効事由とはならないと解する余地はあるが，その場合でも，対価の交付を受けていない株主が取引を個別に解除すること（民540条以下）はできると解するべきであろう。

2・6　株式の併合・分割・無償割当て――投資単位の調整

株式の併合，分割，そして無償割当ての場合には，会社は出資資産の受領または資産の支出を伴うことなくその発行済株式総数を増減させる。一連の行為は株式会社の投資単位の調整などの目的で行われる。

2・6・1　株式の併合

意　義　株式の併合とは，数個の株式を併せて，株式数を減少させる会社の行為である。株式併合は，①投資単位が過小で，株主の管理コストの負担がかさむ場合に，投資単位を適正な大きさにまで引き上げるため，②資本金の減少手続の一環として，また③組織再編における株式の割当比率を調整するためにも用いられる。

手　続　株式併合には，株主総会の特別決議を要する（180条2項・309条2項4号）。株式分割と異なり，株式併合は，1株に満たない端数を生ぜしめる点で，株主の利益に重大なかかわりを有するからである。会社は株主総会に株式の併合を必要とする理由を説明しなければならない（180条4

項)。

種類株式発行会社では，株式の種類ごとに併合を行うことができる（180条2項3号)。特定の種類の株式のみを併合することも，株式の種類ごとに異なる併合の割合を定めることも可能である。

株式併合の割合に対応して会社の発行済株式総数は減少するが，公開会社の発行可能株式総数が併合の効力発生日の発行済株式総数の4倍を超えることは認められない（180条3項）ので，必要であれば，発行可能株式総数を変更する（180条2項4号)。

株式の併合は前記株主総会で定めた日に効力を生じる（180条2項2号・182条)。

株券発行会社では，株券の交換が必要になるので，株券の提出を求め（219条1項2号)，株式併合の効力発生とともに新株券を発行する。

端数株式の処理　併合の結果，1株に満たない端数が生じるときには，端数の合計数に相当する株式を売却して，代金を端数株主に交付する（235条)。会社は，端数株主に交付される金銭の額およびその額の相当性に関する事項などを記載した書面を事前に備え置き株主の閲覧に付することが求められる（182条の2，会社規33条の9)。

株主の保護　株式の併合が法令定款に違反する場合で，株主が不利益を受けるおそれがあるときには，株主は併合の差止めを請求することができる（182条の3)。平成26年会社法改正による差止請求の整備の一環であり（784条の2，796条の2，805条の2［組織再編]，171条の3［全部取得条項付株式の取得])，これらの規定の文言との整合性を考えると，端数株主に交付される金銭の額の相当性は，原則として「法令又は定款に違反する場合」には含まれない，解されよう。

端数株主に交付される金額に反対の株主は，会社に対し，端数株式を公正な価格で買い取ることを請求することができる（182条の4)。買取価格について会社との協議が調わない場合には，裁判所に価格の決定を申し立てることもできる（182条の5)。

2・6・2　株式分割

意　義

株式分割とは，株式を細分化し，株式数を増加させる会社の行為である。株式分割が行われても，会社の資産・負債項目，さらに純資産項目に変化はなく，単に発行済株式総数が増加するにすぎないので，分割比率に応じて株式の価値が低下するはずである。株式分割は，株価が高騰している会社が，その株価を引下げ，もって株式の流通性を高めようとする場合などに利用される。各株主は株式分割によって増加した株式を自己の持株数に応じて取得することになるため，その支配比率に変動は生じない。

手　続

株式分割の決定は，取締役会設置会社では，取締役会の決議によってなされる（183条2項）。決定は，特定の基準日に株主名簿に記載のある株主に対し1株当たり一定の割合で分割株式を交付することを内容とする。基準日は，定款に定めのない限り，その2週間前までに公告することを要する（124条3項）。

種類株式発行会社では，種類株式ごとに分割をするか，分割をする場合にはその比率を決定する（183条2項3号）。複数の種類の株式が発行されている場合には，ある種類株式の併合や分割が，他の種類株式に不利な影響を与えることもある。株式の併合，分割，または無償割当てによってある種類株式の株主に損害を及ぼすおそれのある場合には，当該種類株式の種類株主総会の承認を求める（322条1項）。定款で種類株主総会の決議を要しない旨を定めることができるが，この場合には当該種類株式の株主に株式買取請求権が認められる（322条2項・116条1項3号）。

株式分割の効力発生

株式分割は，株式会社が定めた効力発生日（183条2項2号）に効力を生じる。定められた基準日に株主名簿に記載のある株主は定められた割合にしたがって，あらたな株式を取得する（184条1項）。会社は発行した株式について，株式名簿に記載し（132条3項），また株券発行会社では，株券を発行して株主に交付しなければならない。

株式分割後の発行済株式総数は，発行可能株式総数，また種類株式発行会社では，発行可能種類株式総数の範囲内でなければならない。ただし，複数の種類株式を現に発行していない株式会社では，株式分割の割合に対応して発行可能株式総数を増加する定款の変更を，株主総会の決議によることなくすることができる（184条2項）。

株式分割の結果として1株に満たない端数が生ずる場合には，端数の部分につき発行した株式を一括して売却し，その代金を端数に応じて株主に分配する（235条）。

2・6・3　株式無償割当て

意　義　株主に対して無償で，各株主の持株数に応じて株式を交付する制度を無償割当てという（185条）。株式分割とよく似ているが，株式分割は，株式の単位の細分化のみを意図するもので，複数の種類株式を発行している場合には，各種類株式について同一の種類の株式の数が増加し，また自己株式も分割の対象となるのに対し，株式の無償割当てでは複数の種類株式を発行している場合に，すべての種類の株式に1つの種類の株式（他の種類株式の株主にとっては異なる種類の株式の交付を受けることになる）を割り当ててもよく，他方で自己株式に対しては割り当てることはできない（186条2項）。

手　続　株式無償割当ての決定は，取締役会設置会社では，定款に別段の定めのない限り，取締役会が決定する（186条3項）。株主への割当ては，その有する株式の数に応じて行わなければならない（同条2項）。種類株式発行会社では，無償割当てを受ける株式の種類，また割り当てる株式の種類を決定する（同条1項1号・3号）。無償割当てでは基準日を設けることは求められていないが，割当てを受ける株主を確定するために基準日を設けることもできる。

株式無償割当ての効力発生　割当てを受けた株主は，定められた効力発生日にあらたに発行された株式または処分された自己株式の株主となる（187条1項）。株式会社は効力発生後遅滞なく，株主に割当てを受けた株式の種類および数を通知しなければならない（同条2項）。会社は割当てを受けた株主に関する事項を株主名簿に記載し（132条1項），また株券発行会社では，あらたな株券を発行する。

株式無償割当てに際して1株に満たない端数が生ずる場合には，端数の合計数に対応する株式を一括して売却し，その代金を端数に応じて株主に分配する（234条1項3号）。

株式無償割当後の株式会社の発行済株式総数は，発行可能株式総数および発行可能種類株式総数の範囲内であることを要する。株式分割の場合と異なり，株主総会の決議によらないで発行可能株式総数を増加させる定款変更をすることはできない。

2・7　単元株式

2・7・1　単元株式制度の意義

投資単位が小さい株式会社は，株式の併合によって投資単位を大きくすることができるが，発生する端数に対して金銭補償をしなければならないという負担が生ずる（235条）。また，株主の管理費用の観点からは，投資単位を一定以上の大きさにする必要があるが，株式の流通性を確保するためには，むしろ投資単位を小さくすることが望ましい。会社法は，株式会社が定款の定めによって一定数の株式を１単元とし，１単元以上の株式を有する株主のみに株主総会における議決権を与えて株主の管理費用を節減する余地を認めている。

2・7・2　単元株式制度の概要

単元株式数の設定

株式会社は定款で一定の数の株式をもって１単元とすることができる（188条１項）。一定の数は，1000および会社の発行済株式総数の200分の１に当たる数を超えてはならない（188条２項，会社規34条）。不当に高い単元の設定で，ごく一部の株主のみに議決権が独占されることを防止するためである。単元株式数を定める定款変更を行う場合には，株主総会で当該単元株式数を定めることを必要とする理由を説明しなければならない（190条）。単元株式制度の採用や単元株式数の増加は，単元未満株主となった者から株主権の一部を奪うことになるので，株式併合と同様の弊害が生じるためである。

会社が株式の分割と同時に単元株式制度を採用し，または単元株式数を増加させる場合で，定款の変更後に各株主が有する株式の数を変更後の単元株式数で除した数が，変更前の株主の持株数を下回らないときは，会社は株主総会決議によらないで単元株式制度の採用または単元株式数の増加を内容とする定款変更をすることができる（191条）。例えば会社が1株を100株に分割することを決定すると同時に，100株を単元株式数とする定款変更をする場合には，株主の従来有していた権利が縮減するわけではないからである。

同じように，単元株式制度を廃止する場合や，単元株式数を減少させる場合も，取締役会の決議のみで定款を変更することができる（195条）。これらの変更は実質的に株式分割と同じ効果を有し，既存の単元未満株主から権利を奪うものではないからである。

単元未満株主の権利　単元株式制度を定めた場合には1単元について1個の議決権が与えられ，単元未満株式を有する株主は，当該単元未満株式については，議決権は与えられない（189条1項・308条1項但書）。

会社法の原則では，単元未満株式には議決権以外の株主権は認められることになるが，株式会社は定款で，法令上制約できないとされている権利以外のすべてまたは一部について，単元未満株式に権利の行使を認めない旨を定めることができる。会社法および施行規則が定める制約できない権利としては，基本的自益権である配当の受領および残余財産の分配請求権，単元未満株式の買取請求権，全部取得条項付株式や取得条項付株式の取得，あるいは組織再編において株式の対価を受領する権利，株式無償割当てを受ける権利，定款・株主名簿の閲覧請求権，株主名簿記載事項を記した書面の交付請求権，株主名簿の名義書換えおよび譲渡制限株式の取得承認を求める権利，株式の併合・分割・無償割当てにより金銭の交付等を受ける権利などがある（189条2項，会社規35条）。従って代表訴訟の提訴権などを定款で排除することができる。

単元未満株主の買取請求権　単元未満株式の株主はその株式の買取りを株式会社に請求することができる（192条）。会社の買取義務は分配可能限度額の制約を受けない。会社は市場価格のある株式については市場価格で，市場価格がない株式については買取請求者と協議した価格で単元未満株式を買い取る。協議が調わない場合には裁判所に価格の決定を申し立てることもできる（193条）。

単元未満株主の売渡請求権　会社は定款で，単元未満株主が，保有する単元未満株式と併せて1単元の株式となるために必要な株式を売り渡すよう，会社に求める権利を認めることができる（194条）。会社は保有する自己株式から単元未満株主に必要な株式を売却する。

単元未満株式の譲渡　単元未満株式の流通についても，原則として制限はなく，名義の書換えも認められる。ただし，株券発行会社は定款をもって単元未満株式については株券を発行しないこととすることができる（189条３項）。また，株券を発行しない会社では，一般承継その他規則で定められた場合以外の取得を理由とする名義書換えや譲渡制限株式の譲渡承認請求について，単元未満株式については請求権を有しない旨を定款で定めることができる（会社規35条１項４号５号・同条２項２号３号）。

2・8　証券市場

2・8・1　証券市場

概　要　株式，社債等は有価証券（株券・社債券等）にその権利が表章されることから，有価証券の交付により，株式，社債等は譲渡が可能でありまた容易である。これらの有価証券の取引に関する規制は，会社法による規制よりも金融商品取引法による規制が重要となっている。金融商品取引法ではその対象となる有価証券をまず定義し（金商２条１項各号），さらに証券が発行されていなくても証券とみなして規制の対象となる場合がある旨を定めている（「みなし有価証券」金商２条２項各号）。これらの金融商品取引法上の有価証券は売買の対象となることから，そこにはおのずと市場が形成される。まず発行市場とよばれる市場は，例えば企業が資金を調達するために株式を発行するように，あらたに有価証券を発行する市場を意味する。これに対して流通市場とは，例えば私たちが証券会社の窓口においてすでに発行されている株式を買付けるように，すでに発行された有価証券の売買等の流通に関する市場である。金融商品取引法はこれらの市場に対応すべく，有価証券の発行開示および企業内容の継続開示に関する規定を設けて投資家を保護している。

有価証券の発行開示　(1)　**総　説**　有価証券の発行開示とは，例えば株式を発行してあらたに株主を募集して資金を調達する場合のように，有価証券の募集にあたり当該有価証券の投資判断に必要な情報を開示することを目的とする。募集とは証券の発行により広く多くの投資家から資金を調達することであるが，金融商品取引法は有価証券の募集を，いくつかの条件はあるものの，あらたに発行される有価証券の取得の申込みの勧誘であると規定している（金商2条3項）。そして有価証券の募集または売出し（有価証券の売出しとは，多数の者に対して，既発行の有価証券を均一の条件で売付けの申込みまたはその買付けの申込みを勧誘することをいう〔金商2条4項〕）については，例外はあるものの，発行者たる会社は，内閣総理大臣に届出をしその効力が生じていないかぎり，募集または売出しを行うことができない（金商4条・15条1項）。

届出の効力が生じるまでは募集または売出しはできないが（金商8条。内閣総理大臣が受理した日から15日を経過した日に効力が生ずるのが原則），届出書を提出した後は有価証券の買付けの申込みの勧誘を行うことができる。そして，有価証券届出書に記載すべき事項と基本的に同一の事項を記載した目論見書（金商2条10項・13条）をあらかじめまたは同時に交付しなければ，募集または売出しによりこれを投資家に取得させまたは売り付けてはならないと規定されている（金商15条2項）。

会社法は，公開会社の募集株式に関して，募集事項の通知を払込期日（または払込期間を定めたときは払込期間の初日）の2週間前までに，株主に対して行わなければならないと定めている（201条3項）。この通知に代えて公告によることもできるが（201条4項），ここで述べる有価証券届出書または有価証券報告書等の金融商品取引法に定められた一定の書類を，払込期日（または払込期間を定めたときは払込期間の初日）の2週間前までに届出または提出している場合には，募集事項の通知を必要としない（201条5項，会社規40条）。

有価証券届出書の記載の方式として，次の3つの方式がある。なお，いずれかの方式により提出された有価証券届出書およびその添付書類は，内閣総理大臣がこれらの書類を受理した日から一定期間，公衆の縦覧に供される（金商25条1～3項）。

⑵　**完全開示方式**　証券の募集または売出しに関する情報（証券情報）のみならず，発行会社の企業内容に関する企業情報も含めて，法令に定める事項をすべて有価証券届出書に記載して開示する方式（金商5条1項，企業開示8条1

項)。

⑶　**組込方式**　１年以上継続して有価証券報告書を提出している会社が利用することができる方式。証券情報については有価証券届出書に記載しなければならないが，企業情報については，最近の有価証券報告書およびその添付書類ならびにその後提出している四半期報告書・半期報告書等を有価証券届出書に綴じ込み，かつ有価証券報告書提出後生じた事実で内閣府令で定めるものを記載することにより企業情報の記載に代えるものである（金商５条３項，企業開示９条の３)。

⑷　**参照方式**　１年以上継続して有価証券報告書を提出している会社のうち，その発行にかかる株式が金融商品取引所に上場されているかまたは店頭売買有価証券として登録されており，かつ一定の要件を満たす場合にかぎり利用することができる方式で，証券情報は有価証券届出書に記載しなければならないが，企業情報については最近の有価証券報告書およびその添付書類ならびにその後提出している四半期報告書・半期報告書等を参照すべき旨を記載すればよい（金商５条４項，企業開示９条の４)。また参照方式を採用することができる会社は，一定の場合には有価証券の発行について内閣総理大臣に発行登録書を提出して募集または発行の登録をしておけば，最大２年間は証券発行事項のみを記載した発行登録追補書類を内閣総理大臣に提出すれば募集または売出しをすることができる（金商23条の２～23条の12)。

企業内容の継続開示

流通市場で取引される有価証券の発行会社の企業内容を継続的に開示させることは，投資家に合理的な投資判断のための資料を提供し，さらに公正な証券市場を確保することになる。会社が発行している有価証券が，①金融商品取引所に上場されている有価証券（上場有価証券）の場合，②金融商品取引業協会に登録されている有価証券（店頭売買有価証券）の場合，③募集または売出しにつき内閣総理大臣への届出または発行登録がなされている有価証券（先の①または②を除く)，④上記①～③以外のもので，最近５事業年度のいずれかの末日における有価証券の所有者が500人以上の場合（資本金が５億円未満であるときおよび当該事業年度の有価証券の所有者の数が300人未満であるときを除く）のいずれかに該当する会社は，有価証券報告書，四半期報告書，臨時報告書等を内閣総理大臣に提出しなければならない（金商24条1項・24条の4の7・24条の5，金商令3条の6）。

有価証券報告書は毎事業年度ごとにその事業年度終了後3ヶ月以内にその事業内容を記載し，四半期報告書は事業年度の第1・第2・第3四半期の財務情報等を記載し，さらに臨時報告書は会社の財政状態・経営状態に著しい影響を与える事象が生じた場合または一定の事由が生じた場合には遅滞なくその事由を記載し，それぞれ内閣総理大臣に提出しなければならず（金商24条1項・24条の5第1項・4項，金商令3条の6・4条，企業開示15条），これらの書類は，先に述べた有価証券届出書と同様に公衆の縦覧に供される（金商25条1～3項。上述の*2・8・1*参照）。

2・8・2　公開買付制度

公開買付け（Tender Offer, Take Over Bid〔TOB〕）とは，有価証券報告書の提出会社の株券等につき，不特定かつ多数の者に対して，公告により株券等の買付け等の申込みまたは売付け等（売付けその他の有償の譲渡をいう）の申込みの勧誘を行い，取引所金融商品市場外で株券等の買付け等を行うことをいう（金商27条の2第1項・6項）。公開買付けは，対象会社の支配権の取得または経営参加のために行われるもので，かつては，対象会社を救済する目的で行われる公開買付けが見受けられた程度であった。しかし，近年では，わが国でも企業買収にあたり積極的に利用されるようになってきた。しかも救済を目的とするような友好的な企業買収のみならず，対象会社の経営陣等の反対にもかかわらず企業買収を行う敵対的な企業買収において，公開買付けの利用が目立つようなってきた。公開買付けにおいては，対象会社の株主が，買収者からの公開買付けに応じるべきか否かを決定するのに必要な情報の開示が要求される。また，取引所金融商品市場外で取引が行われることから，当該取引については公平性（投資家の利益が確保され，すべての投資家が平等に取り扱われる）等が要求されている。

わが国における公開買付けに関する規定は，昭和46（1971）年に旧証券取引法に設けられ，平成2（1990）年の改正では，後述（*2・8・3*）の大量保有報告書制度の導入にあわせて改正され，その後も改正がなされている。発行会社以外の者が発行会社の株式を買い付けることに関して，大まかに次のような規制を行っている。

まず，取引所金融商品市場外での買付けは，一定の場合を例外とし，公開買付けで行うことを原則とした（金商27条の2第1項）。公開買付手続が義務づけられる場合として，公開買付後の株券所有割合が5％を超えるときは原則として公開買付けとし（金商27条の2第1項3号），特定売買等による取得または著しく少数の者からの取得で3分の1超となる場合には必ず公開買付けを行わなければならない（金商27条の2第1項4号・5号）。公開買付開始公告（新聞公告または開示用電子情報処理組織を使用した公開買付け開始公告）後，公開買付けを行うことができる（金商27条の3第1項・2項，金商令9条の3）。買付け期間は20～60日であり（金商27条の2第2項，金商令8条），応募株主は，公開買付け期間中はいつでも契約解除をすることができる（金商27条の12）。公開買付けに関する違法行為については，損害賠償制度がある（金商27条の16～27条の20）。これらにより投資家を保護するようにしている。

上述の公開買付けと異なり，発行会社が自己株式を取得する場合の公開買付制度もある。これは，平成6（1994）年に商法上の自己株式取得規制が緩和され，利益による株式消却のための自己株式取得の方法の1つとして公開買付けの利用が可能とされ，平成9（1997）年にはストック・オプションが認められ（自己株式取得方法としての公開買付け），平成10（1998）年には資本減少による株式消却の場合にも公開買付けが行われることになり，そして平成13（2001）年の商法改正により，自己株式の取得が原則禁止から原則自由に転換されたことから（旧商210条），最近では自己株式取得のための公開買付けが多く行われている。金融商品取引法も，これらに対応するために，通常の公開買付けを「発行者である会社以外の者による株券等の公開買付け」（第2章の2，第1節）とし，自己株式取得のための公開買付けについては「発行者である会社による上場等株券の公開買付け」（第2章の2，第2節）を別に設けて規定し，それぞれの場合について規制している。

2・8・3　大量保有報告書――5％ルール

意義と目的　会社法上，公開会社の発行済株式総数（自己株式を除く）の10分の1以上を有する株主の氏名または名称および数等の記載が要求され（会社規119条3号・122条1号），また金融商品取引法上の有価証券報告書（金商24条），四半期報告書・半期報告書・臨時報告書（金商24条の5）等により，発行会社はその会社の株主に関する情報を開示している。これに対して，株式大量保有報告制度は，株主自身がその保有状況を開示する制度である。株式の買集め（いかなる名義をも問わず）現象による弊害（会社からみれば，誰がどれだけ保有しているのか不透明であること，投資家からみれば，大株主のみが知ることができる情報等を利用して彼らのみが利益をはかることができること）の解消のため，諸外国において株式大量保有報告制度が設けられていること等を理由として，平成2（1990）年の改正によってこの制度が設けられた（金商27条の23以下）。特に会社にとっては，株式の買集め対策を採ることができ（誰が会社の株式を買集めているのかがわかる），買集め者の資金源を明らかにすることもできる。また，最近の企業買収の例にもあるように，対象企業とは何ら接点もなかった者がいきなり対象会社の大株主として登場し，この株式所有を背景として企業買収を迫ることもある。このように，市場の公正性，透明性の観点からも，また企業買収に関する観点からも大量保有報告書制度は重要な制度といえる。

大量保有報告書　保有割合が5％を超える者（大量保有者）に対して，内閣総理大臣への大量保有報告書の提出義務が課せられ，しかも実質的に保有者をとらえるために，共同保有者およびみなし共同保有者の概念が設けられている（金商27条の23）。大量保有報告書に関しては，「株券等の大量保有の状況の開示に関する内閣府令」（平成2年大蔵省令36）により詳細に規制されている。対象となる有価証券の保有割合が5％を超えて大量保有者となった日から5日以内に，大量保有報告書を提出しなければならない（金商27条の23第1項・2項，金商令14条の5）。保有者は，発行会社および金融商品取引所または金融商品取引業協会に対してこれらの報告書等の写しを提出しなければならない（金商27条の27）。これらの報告書等に関しては，保有者が提出をしなかったりまたは虚偽の記載を行った場合には，金融商品取引法に定める罰則規定により罰せられる（金商197条の2第5号・6号・207条1項2号）。

金融商品取引法27条の23第1項の規定による大量保有報告書の記載内容は，次の通りである（保有開示2条）。すなわち，この場合は第1号様式による報告書の提出となり，提出者の氏名または名称，住所（個人の場合は，住所を記載した書面を提出すれば，大量保有報告書への記載は市区町村名までで足りる）または本店所在地，報告義務発生日，その他の必要な事項を記入した後，「第１　発行会社に関する事項」として，発行会社について，名称，会社コード，本店所在地，上場・店頭の別，上場金融商品取引所を記入し，「第２　提出者に関する事項」として，提出者である大量保有者について，個人か法人かにより提出者に関する事項は異なるものの，氏名または名称，住所または本店所在地，事業・職業内容，その他の必要事項を記入し，保有目的，保有株券等の内訳（保有する株券等の総数，種類ごとの保有形態等の保有内訳，保有割合等），最近における取得または処分の状況（最近60日間のすべての取引等），当該株券等に関する担保契約等重要な契約，取得資金（自己資金，借入金の別。借入金の場合には，借入先の名称，業種，所在地，借入金額等）等を記載する。さらに，「第３　共同保有者に関する事項」，「第４　提出者および共同保有者に関する総括表」も定められている。

そして，大量保有報告書提出者は，その保有割合が１％以上の増加または減少した場合その他の大量保有報告書に記載すべき重要な事項の変更があった場合は，内閣府令で定めるところにより，原則として，その変更があった日から５日以内に変更報告書を内閣総理大臣に提出しなければならない（金商27条の25第１項・２項，金商令14条の８）。

大量保有報告書（変更報告書も含む）の提出者は，大量保有報告書の写しを発行会社および金融商品取引所または金融商品取引業協会にも送付しなければならず（金商27条の27），さらに，それらの書類は公衆の縦覧に供される（金商27条の28）。

第3章　会社の資金調達

3・1　資金調達の方法

3・1・1　資金調達の方法と機能

株式会社は営利法人であることから，その事業活動の維持・事業規模の拡大のために多額の資金を必要とする。この資金は，会社が証券を発行したり，金融機関から借り入れたり，企業間信用（支払手形）などにより調達される。一般に，資金調達の源泉を2つの観点から次のように分けて考えることができる。まず資金を会社外部から調達するのか会社内部から調達するのかにより，外部資金と内部資金に分けることができる。外部資金としては，株式，社債，借入金，企業間信用（支払手形）があり，内部資金としては，利潤の内部留保，減価償却費がある。次に会社が調達した資金を返済する義務があるか否かにより，自己資本と他人資本に分けることができる。自己資本とはその資金の返済義務がないもので，株式，利潤の内部留保がこれにあたる。これに対して他人資本とは，その資金の返済の義務があるもので，社債，借入金，企業間信用（支払手形）がこれにあたる。内部資金は利子等の資金利用の対価がないことから外部要因に左右されない最も安定した資金といわれているが，外部資金は金融市場等の外部要因に左右されやすい。金融機関からの借入金は短期的なものであるが，株式および社債による資金調達は長期的なものである。また株式と社債を比べてみると，株式の場合には自己資本の増大となるが，社債は他人資本の増加でありしかも利子の支払いを必要とする。さらに平成13（2001）年・14（2002）年の商法および関連諸法の改正，会社法の制定により，株式制度および社債制度は新株予約権の創設をはじめとしてその多くが改正された。これらの改正も含めて，資金調達はその方法により会社の財務体質に影響を与え，ひいては会社の事業活動にも影響を与えることから，会社がいずれの資金調達方法を採るかは，会社の財務政策・資本政策・配当政策等を十分に考え，さらに資金調達の目的，調達すべき金額，資金調達に要する費用等を検討して，会社に適した資金調達方法を採用することになる。

3・1・2　自己金融と減価償却

3・1・1 で述べたように，資金を外部より調達するのではなく，利潤の社内留保と減価償却費のように，会社の営業活動から得た資金を留保することにより資金を調達するのが自己金融である。自己金融には，社内留保としての準備金と引当金があり，また減価償却がある。これらのうち，前2者は会社の計算公開に関するものである（本編**第1章株式会社の会計**参照）。

準 備 金　法定の準備金として資本準備金と利益準備金がある（32条1項3号・445条3項・4項，計算規76条2項・4項・5項参照）。会社は，株式の発行にあたり株主となる者が払込みまたは給付した財産の額のうち資本金として計上しない額（払込剰余金）を，資本準備金として計上しなければならない（445条1項〜3項）。利益準備金はその源泉を利益とするものである。会社法は，資本準備金と利益準備金を準備金とし（445条4項），剰余金の配当をする場合には，株式会社は，法務省令で定めるところにより，当該剰余金の配当額の10分の1に相当する額を，資本金の4分の1に達するまで積み立てるものである（445条4項，会社規116条9号，会社計算4条1項・22条1項）。準備金に関しては，合併・吸収分割・新設分割・株式交換・株式移転に際して準備金として計上すべき額が定められている（445条5項，詳細は，会社計算35条以下）。また会社が任意で積み立てる（定款の規定または株主総会決議によって積み立てる），任意準備金もある。

引 当 金　会社計算規則6条2項は，「次に掲げる負債については，事業年度の末日においてその時の時価又は適正な価格を付すことができる」として同項1号で退職給付引当金・返品調整引当金のほかに「将来の費用または損失（収益の控除も含む。……省略……）の発生に備えて，その合理的な見積額のうち当該事業年度の負担に属する金額を費用又は損失として繰り入れることにより計上すべき引当金（……省略……）」と規定している。引当金には利益留保性のものを含まず，それは費用の見越計上であるといわれている。引当金は貸借対照表の負債の部に記載される（会社計算75条2項1号ニ・2号ハ二。貸倒引当金については会社計算78条)。また引当金の計上基準・会計方針の変更に関しては，会社計算規則101条３号・102条の２第１項参照。

減価償却　固定資産の減価償却および自己金融としての減価償却は，固定資産の取得に要した支出を一定の方法で期間的に配分し減価償却費として毎期の損益計算書に計上することであり，回収された投下資本の額を示すだけで利益留保のように新しい資金とはいえないとしても，減価償却の計上は現実にはかなり自由になされうるものであり，かなりの部分は利益留保性のものである場合が少なくないので，内部資金の１つとして考えられると説明されている。減価償却の方法は，一般に公正妥当と認められる企業会計の基準その他の企業会計の慣行をしん酌して（会社計算３条）会社が決する。減価償却の方法として，①定額法（原価から残存価額を控除した額をその耐用年数で除して算定された額を毎年償却する方法)，②定率法（資産の未償却残高に一定率を乗じて算定した額を毎年償却する方法)，③生産高比例法（原価から残存価額を控除した額を耐用期間における総生産額で除した額に毎期の生産高を乗じた額を毎期償却する方法）がある。なお，減価償却の計上が恣意的に行われることがないように，開示が要求されている（440条。例えば公開会社の有形固定資産について，会社計算137条・138条・139条１項２号・３項１号)。

3・1・3　新しい資金調達方法

本章*3・2*　**募集株式発行による資金調達**以下で述べる伝統的な株式会社における資金調達の方法，すなわち株式の発行および社債の発行のみならず，近年ではこれらとは異なる方法での資金調達も行われている。

コマーシャル・ペーパー（CP）　CP は短期の資金調達のために発行され，わが国においては昭和62（1987）年よりその発行が認められている。わが国の CP は約束手形の形をとって発行されていたが，現在では，次に述べる短期社債型（電子 CP）もある。約束手形の形式をとるものは，その券面上に CP であることが示されている。

短期社債　CP は短期で発行される社債と解されていると述べたが，「社債，株式等の振替に関する法律」によると「短期社債」とは証券を発行しないものであり（ペーパーレス)，各社債の金額が１億円を下回らないものであり，元本の償還について，社債の総額の払込みのあった日から１年未満の日とする確定期限であること（分割払いの定めがないこと），利息の支払期限も元本の償還期限と同じであること，担保付社債信託法の規定により担保が付されるものではないこと，社債の発行決議において当該決議に基づき発行する社債の全部が社債振替法の適用を受けることを決議していること，以上を満たすものである（振替66条）。短期社債には新株予約権を付することはできず，社債原簿も作成する必要がなく，社債権者集会に関する会社法の規定の適用もない（振替83条）。

資産の流動化

種々の資産または債権の流動化（証券化）が考案され，これにより債権の回収・資金の調達を行うことができるようになった。平成10（1998）年に「特定目的会社による特定資産の流動化に関する法律」を制定し特定目的会社（SPC）を利用して，特定の資産を流動化する（資産を証券化する）ことにより，資金を調達することができるようになった（その後，特定目的信託を利用するものも加えた）。現在では「資産の流動化に関する法律」（平成10・６・15法律105号）となり，資産流動化計画（資産流動化法５条）または資産信託流動化計画（資産流動化法226条）に基づき，資産の流動化による資金調達が行われている。

自己株式の取得

自己株式を取得することは，かつては，わが国では政策的な配慮から原則禁止とし，例外的に取得することができる場合を定めていたが，平成６（1994）年の商法改正以降，徐々に緩和され，会社法も自己株式の取得・保有・処分をすることが容易にできるようになっている（155条以下）。自己株式の取得そのものは資金調達ではないものの，これにより取得した株式を消却または保有し処分することにより，株主管理ならびに将来の株主への配当負担，ストック・オプションの場合の株式の発行費用等の軽減をはかるという財務戦略を会社は採ることができる。

このように，短期的な資金調達方法から，資産または債権を幅広く証券化することで債権の回収・資金の調達もでき，さらには会社の財務体質の改善を行うことにより，会社にとって最もふさわしい財務戦略を採られることになる。

3・2　募集株式発行による資金調達

3・2・1　募集株式発行（新株発行）の意義

株式をあらたに発行することには，資金調達を目的とする通常の株式の発行（募集株式の発行）と，資金調達を目的とせずしかも通常の株式発行と同様に株式発行後に当該会社の発行済株式総数が増加する，いわゆる特殊の株式の発行がある。後者の例として，株式の分割（183条以下），株式無償割当て（185条），種類株式としての取得請求権付株式の取得と引き換えに他の株式を交付する場合（2条18号・167条），種類株式としての取得条項付株式の取得と引き換えに他の株式を交付する場合（2条19号・170条），新株予約権（2条21号・236条以下）または新株予約権付社債（2条22号・292条）の新株予約権の行使による場合（280条），株式交換（2条31号・767条），会社の分割における吸収分割の場合（2条29号・757条・758条4号），合併における吸収合併の場合（2条27号・749条）等においても株式が発行されることがある。これらの場合については，それぞれの担当箇所において説明がなされるので，本節では通常の株式の発行である募集株式の発行について述べる。

また従来の自己株式の処分に関する手続が新株の発行に関する手続を多く準用していたことから（旧商211条参照），会社法は，従来の新株発行にあたる募集株式の発行の場合と，自己株式の処分として株主を募集する場合とを，同じ規制とすることにした（199条1項）。

募集株式の発行方法として，公募，第三者割当て，株主割当てがあり，これらにより資金を調達することになる。公募とは広く多くの者から株主を募る方法で，多額の資金を調達する場合に適している。第三者割当ては，募集株式について，第三者に新株を割り当て発行するもので，特定の人または企業等との間で当事者間の関係を深めることを目的とする場合に利用されている。株主割当ては，まさに株主にのみ株式を発行するものである。これらについては，後述する。

3・2・2　募集株式発行の手続

募集事項の決定

(1)　**非公開会社の場合**　非公開会社の場合，あらたに株式を発行してそれを引き受ける者を募集しようとするときは，募集事項を株主総会の特別決議により決定しなければならない（199条1項・2項・309条2項5号）。募集事項は，①募集株式の数（種類株式発行会社の場合には，その種類および数），②払込金額またはその算定方法，③金銭以外の財産を出資の目的とするときは，その旨，内容および価額，④払込等の期日または期間（②および③の払込給付の期間），⑤株式の発行による資本金および資本準備金に関する事項である（199条1項）。これらの募集事項は，募集ごとに均等に定めなければならない（発行条件均等の原則または発行条件均一の原則。199条5項）。また，①の事項に関して，種類株式発行会社の場合，譲渡制限株式を発行するときは，例外はあるものの，譲渡制限株式の種類株主総会の決議を要する（199条4項）。なお，株主以外の第三者に対して特に有利な払込価額で発行する（募集株式を引き受ける者に対して特に有利な払込価額で発行する）場合には，株主総会にて，その払込金額でその第三者を株主として募集することについて，説明をしなければならない（199条3項）。さらに，非公開会社であっても，募集株式の上限および払込金額の下限を定めて，取締役または取締役会設置会社の場合には取締役会に，これを委任することができる（200条1項・309条2項5号）。委任は，上記④の払込期日（払込期間を定めたときは，その期間の末日）が，決議の日から1年以内である募集に限られている（200条3項）。

(2)　**公開会社の場合**　公開会社の場合には，新株の発行は，原則として取締役会において決定する（201条1項）。取締役会で決定する事項は，上述(1)に記載した①〜⑤の事項である（201条1項・199条1項）。このうち，②払込金額またはその算定方法については，市場価格のある株式を引き受ける者の募集をするときは，これらに代えて，公正な価額による払込みを実現するために適当な払込金額の決定の方法を定めることができる（201条2項）。なお，株主以外の第三者に対して特に有利な払込価額で発行する（募集株式を引き受ける者に対して特に有利な払込価額で発行する）場合には，株主総会にて，その払込金額でその第三者を株主として募集することについて説明することを要し，また株主総会の特別決議によらなければならない（201条1項・199条3項）。

◆ *WINDOW 12* ◆　募集株式の発行価額の決定方式

新株発行の発行価額については，その価額の決定を誤ると会社が思ったような資金を調達することができない場合も生じてくる。そこで，投資家の需要がどの程度のものであるかを把握したうえで，新株を発行して資金を調達することが望まれる。近年，ブックビルディング方式（需要積み上げ方式）により，発行価額の決定が行われている例が多く見受けられる。これは，あらかじめ機関投資家等の意見を聴き，それに基づいて仮目論見書に仮条件（発行価額の価格帯を示す）を記載して投資家に提示し，投資家の反応（当該株式を購入したい投資家の反応）を把握し，かかる反応を最終の発行価額決定に反映させる方式である（201条２項参照）。

募集株式の発行方法　非公開会社であろうと公開会社であろうと，募集株式の募集方法として，募集株式を誰に引き受けてもらうかにより，前述の***3・2・1***で述べた，株主割当て，第三者割当て，公募がある。これらの方法は，それぞれ単独で行われることもあるが，それぞれの方法を併用する（例えば，株主割当てと公募を併用する）こともある。

⑴　**株主割当て**　株主に株式の割当てを受ける権利を与えて行われるもので，会社は，先に述べた募集事項（199条１項所定の事項）に加えて，株主に対し，募集株式の割当てを受ける権利を与える旨，および募集株式の引受けの申込みの期日を定めなければならない（202条１項）。株主割当ての場合には，株主はその有する株式の数に応じて，募集割当てを受ける権利を与えられている（202条２項）。株主割当ての決定は，原則的に株主総会決議（202条３項４号）でされ，また公開会社では取締役会の決議（202条３項３号）である。ただし，定款の定めで取締役の決定による場合と取締役会の決議による場合としているときには，それらに従う（202条３項１号・２号）。また会社は，募集株式の引受けの申込みの期日の２週間前までに，株主に対し，募集事項，当該株主が割当てを受ける募集株式の数，募集株式の引受けの申込みの期日を通知しなければならない（202条４項）。これにより，株主は，株主割当てに応じるか否かを判断することになる。

⑵　**公　募**　幅広く多くの者から多額の資金を調達するときに用いられる方法で，会社が直接行う直接募集（自己募集），証券会社に募集を委託する間接募

集（委託募集）がある。間接募集は，証券会社に募集の取扱いのみを委託する場合，証券会社に募集の取扱いを委託しかつ申込期日に申込みがなく残った株式を証券会社が引き受ける場合（残額引受け），証券会社が一括して引き受けてこれを大衆に販売する場合（205条。総額引受け・買取引受け）に分けられるが，総額引受け・買取引受けが多く利用されている。

(3)　**第三者割当て**　募集株式の募集にあたり，第三者に新株を割り当て発行する場合である。これは，特に有利な払込金額による場合をのぞき，非公開会社の場合は株主総会決議であり（ただし取締役または取締役会に委任することができる。一定の要件はある），公開会社の場合には取締役会決議により，新株を引き受ける第三者を特定して行う。特に有利な価額による場合については，後述する。

第三者に対する有利価額発行　前述のとおり第三者に募集株式を割り当てて発行する場合には，株主総会決議または取締役会決議により募集株式を引き受ける第三者を特定してこれを行うことができる（第三者割当て）。第三者割当ては，特定の人または企業等との間で募集株式の発行会社の財務体質を改善したりまたは業務提携をする等，資金調達を行う一方で当事者間の関係を深めることを目的とする場合に利用され，企業買収に対する対抗策としても用いられている。しかし，この場合に第三者に有利な払込金額で新株の発行が行われると，株主はその経済的利益が損なわれる。そこで第三者割当ての場合であっても，その払込金額が第三者にとって特に有利な場合には，公開会社の場合には，第三者にとって特に有利な払込金額で発行することを必要とする理由を株主総会において説明しなければならず，しかも株主総会決議は特別決議である（201条1項・199条2項・3項・309条2項5号）。公開会社の場合には，取締役会決議のみで行うことができる第三者割当てなのか，それとも株主総会の特別決議を必要とする第三者割当てに該当するのかは，まさに「有利な払込金額」であるかが重要である。この点については，後掲，***3・3・2*** において述べる。

支配権の異動を伴う募集株式の発行等　公開会社においては，原則として，取締役会が募集株式の発行を決定するが（201条1項），特定引受人（親会社等の場合または株主割当てによる場合を除く）に募集株式を割り当てることによ

◆ *WINDOW 13* ◆　株式無償割当てと新株予約権無償割当て

株式無償割当てとは（185条），会社が株主（種類株式発行会社の場合には，ある種類の株主）に対して，無償で株式を割り当てることである（185条1項）。この割当ての手続・効力発生等に関する規定が設けられている（186条・187条）。会社は，株主の有する種類の株式ではなく，他の種類の株式を割り当てることもできる。ただし会社が有する自己株式については，この株式無償割当てを行うことができない（186条2項）。新株予約権についても，会社が株主（種類株式発行会社の場合には，ある種類の株主）に対して，無償で新株予約権を割り当てることができ，株主は，割当日に，新株予約権者となる（277条・279条）。会社が有する自己株式については，これを行うことができない（278条2項）。新株予約権無償割当てに関する割当通知の通知期限は，効力発生日後遅滞なくかつ権利行使期間の末日の2週間前までである（279条。特に通知期間と権利行使期間に関しては，同条3項参照）。

り，特定引受人が募集株式発行後に総株主の議決権の過半数を有することになる場合には，払込期日の2週間前までに，株主に対し，特定引受人の氏名・名称・引き受けた募集株主となった場合に有する議決権数等の所定の事項を通知又は公告しなければならない（206条の2第1・2項）。もっとも，払込期日の2週間前までに，金融商品取引法4条1項から3項までの届出をしている場合には，この通知・公告は不要である（206条の2第3項）。通知・公告から2週間以内に，総株主の議決権の10分の1（定款でこれを下回る割合を定めたときはその割合）以上の議決権を有する株主が反対する旨を通知した場合は，払込期日の前日までに，株主総会決議による承認を受けなければならないが，その会社の財産の状況が著しく悪化している場合において，その会社の事業の継続のため緊急の必要があるときは，この限りではない（206条の2第4。決議について，同条5項参照）。

なお，支配株主の変動が生ずるような募集新株予約権の発行についても，同様な規制を設けている（244条の2）。

◆ WINDOW 14 ◆　金融商品取引法上の募集と私募

金融商品取引法では，募集の概念を定めており，募集とは多数の者（50名以上の者）に対して取得勧誘をすることとされており（金商2条3項1号，金商令1条の5。なお金商2条3項3号，金商令第1条の7の2に注意），さらに私募を定めており，私募とは①適格機関投資家（生命保険会社のような，投資家としてプロの者）向の勧誘で，当該有価証券がその取得者から適格機関投資家以外に譲渡されない場合（金商2条3項2号イ，金商令1条の4），②少人数向けの勧誘とは，すなわち募集および①に該当せず，当該有価証券がその取得者から多数の者に譲渡されるおそれが少ない場合（金商2条3項2号ロ・ハ，金商令第1条の5の2・1条の7。なお証取令1条の6参照）をいう。またこれらについては，種々の規制が設けられている。このように，金融商品取引法上の募集・私募の概念と，会社法上の，株主割当て，第三者割当て，公募の概念とは，つねに一致するものではない。

3・2・3　募集事項決定後の手続
――通知・申込み・割当て・出資の履行

通知・申込み

会社は，募集株式の募集に応じて引受けの申込みをしようとする者に対し，商号，募集事項（199条1項），金銭払込みの場合の払込場所，その他の必要事項（会社規41条）を通知しなければならない（203条1項)。もっとも会社が，金融商品取引法上の目論見書（金商2条10項）を申込みをしようとする者に対し交付している場合または法務省令で定める場合には（会社規42条），このような通知は不要である（203条4項)。また公開会社では，募集株式の引受けの申込みの期日の2週間前までに，株主に対し，募集事項を通知または公告をしなければならないが（201条3項・4項），金融商品取引法上の有価証券届出書または有価証券報告書をはじめとする一定の書類の届出または提出があるときは，これらの通知または公告は不要である（201条5項，会社規40条)。

上述の通知等により情報を得たうえで，募集株式の引受けの申込みをしようとする者は，①氏名または名称および住所，②引き受けようとする募集株式の数について，書面に記載して会社に交付するか電磁的方法により会社に提供しなければならない（203条2項・3項)。またこの申込にあたり払込み金額と同額の申込み証拠金を払込ませるという慣行もある（最判昭45・11・12民集24・12・1901）。株主割当ての場合には，申込期日（202条1項2号）までにその申込みを行わなかった株主は，株式の割当てを受ける権利を失う（204条4項）。

また，募集株式の発行について金融商品取引法の適用を受けるときは，有価証券届出書およびその添付書を内閣総理大臣に提出して公衆の縦覧に供されなければならず，また目論見書を作成して交付しなければならない（金融商品取引法の規制について，**第2章*2・8・1*証券市場**参照）。

割当て　株式の申込みが行われると，会社は割当てを行う。割当ては，自由に行うことができる（割当自由の原則）。申込者が多いときには，申込者が会社に申し込んだ引き受けようとした募集株式数より少ない株式数の割当てしか受けられないこともある（204条1項参照）。割当てを受けると，募集株式の引受人となることから，割り当てられた株式数に応じて出資を行う義務を負うことになる。

総株引受けの場合　募集株式を引受けようとする者が，その総数の引受けを行う契約を締結する場合（総株引受けの場合）には，上述した募集株式の申込み（203条）と割当て（204条）に関する規制は適用されない（205条）。これらに関しては，会社と募集株式を引き受けようとする者との間の契約において定めることができるし，また総株引受なので会社が割当てる相手先は契約相手の募集株式を引受けようとする者のみである。

出資の履行　(1)　**現物出資**　募集株式発行にあたり，会社の設立と同様に現物出資が認められており，現物出資に関する事項は株主総会または取締役会において決定される（199条1項3号・201条1項）。設立時と異なり，現物出資をなす者についての制限はなく，また定款に定める必要もない（28条1号・34条1項と対照）。

現物出資については，不当に目的物を評価すると資本充実の観点からは不測の事態を招くので，裁判所に調査のために検査役の選任を申し立てなければならない（207条1項）。裁判所は，この申立てを不適法として却下する場合を除き，検査役を選任し，検査役が必要な調査を行いその結果を裁判所に報告する（207条2項・4項。また会社に対してもその調査結果を提供する〔207条6項〕）。裁判所は検査報告を聴き価額が不当なものであると認めたときは，それを変更する決定を行う（207条7項）。現物出資財産を給付する募集株式の引受人がこれを承認すれば決定どおりに変更されるが，これに不服のときはこの決定確定後1週間内にその募集株式の引受けの申込みまたは総株引受けの場合にはその契約を取り消すことができる（207条8項）。

設立時の検査役による調査の例外と同様に，募集株式の場合でも，次のような例外が設けられている（検査役の調査を必要としない）。すなわち，①募集株式の引受人に割り当てる株式の総数が発行済株式の総数の10分の1を超えない場合，②現物出資財産の価額の総額が，500万円を超えない場合，③現物出資財産が市場価格のある有価証券（金融商品取引法2条1項により金融商品取引法上の有価証券とされるもの）であり，定めた価額が市場価格として法務省令で定める方法（会社規43条）により算定されるものを超えない場合，④現物出資財産の価額が相当であることについて，弁護士，弁護士法人，公認会計士，監査法人，税理士，税理士法人により証明（現物出資財産が不動産である場合にあっては，当該証明および不動産鑑定士の鑑定評価）を受けた場合，⑤現物出資財産が株式会社に対する金銭債権（弁済期が到来しているものに限る）であって，当該金銭債権について定められた価額が当該金銭債権にかかる負債の帳簿価額を超えない場合，以上の5つの場合である（207条9項各号。なお4号については同条10項参照）。これらのうち，⑤は，会社の債権者がその債権を回収する代わりに債権を現物出資して債務者たる会社の株式を取得し，債務者たる会社も募集株式を債権者に発行することにより債務を履行する形となる（なお，この点については，**WINDOW 21 債務の株式化**を参照）。

(2) **出資の履行**　募集株式の株式引受人は，払込期日（払込期間を定めたときは，その期間内）に払込金額の全額を払い込まなければならない（208条1項）。もっとも，申込証拠金が払い込まれているときはその金額は払込金額に充当される。現物出資の場合には，その出資財産の全部を給付しなければならない（208条2項）。金銭の払込みは会社の指定した銀行等の払込取扱場所において行う（208条1項・203条1項3号）。払込期日または払込期間を定めたときはその期間内に，払込みまたは給付をしないと失権する（208条5項）。

募集株式発行の効力

募集株式発行の効力は，払込期日または払込期間を定めたときはその期間内に履行をした日に生じるので，払込期日または出資の履行をした募集株式の株式引受人は，株主となる（209条)。募集株式の発行の決議で定められた株式数のすべてについて引受けおよび出資がなされなくても，払込期日または払込期間内に払込みまたは給付されたものについてのみ募集株式発行の効力が生ずる（社債の発行で従来より認められていた，いわゆる，打ち切り発行が募集株式の発行においても認められた→後述 *3・5・3* 参照)。失権した株式については，未発行株式となる。また新株発行の効力が生ずると，発行済株式総数等に変更が生じまた資本も増加することから，これらにつき本店所在地にて２週間以内に会社は変更登記をしなければならない（911条３項５号・９号・915条１項，商登56条。なお募集株式の募集について払込期間を設定した場合には，その払込期間の末日から２週間以内に変更登記を行えばよい〔915条２項〕)。なお募集株式発行無効の訴えにおいて，変更登記と募集株式発行の効力との関係について，判例は，旧商法280条ノ15第１項にいう発行の日とは，募集株式発行による変更登記の日ではなく，募集株式発行の効力の発生日であると判示した（最判昭53・３・28判時886・89)。

3・3　瑕疵ある募集株式の発行

3・3・1　募集株式発行の差止め

概　要　会社が法令もしくは定款に違反しまたは著しく不公正な方法により株式を発行し（募集株式の不公正発行)，これにより株主が不利益を受けるおそれがある場合には，株主は会社に対してその発行の差止めを請求することができる（210条)。この差止請求は，裁判外のみならず，会社を相手とする訴えを提起し，この訴訟を本案として発行差止めの仮処分を求めることができる。360条にも差止請求権が認められているが，同条は「株式会社に著しい損害が生ずるおそれ」と定めていることから，株式会社の保護を目的としている。これに対して，210条による差止請求は「株主が不利益を受けるおそれ」と定めており，株式会社ではなく株主の利益を保護することを目的としている。

差止事由　(1)　**法令違反・定款違反**　法令に違反する募集株式の発行の例としては，株主総会または取締役会の決議を欠く発行（199条

1・2項・201条1項），株主総会の特別決議を欠く第三者に対する有利価額発行（199条1・2項・201条1項・309条2項5号），払込金額その他募集事項の不均等な発行（199条5項）があげられる。定款に違反する発行の例として，定款に定める発行可能株式総数（37条・98条・113条），定款に定めのない種類株式発行（108条1項・2項）に違反する発行などがある。

⑵　**不公正な方法での新株発行**　著しく不公正な方法による発行とは，法令または定款に違反しないが，著しくその発行が不公正なものまたは不当な目的で行われるもので，例えば，会社を支配する目的で取締役の地位の維持または強化をはかるために取締役またはその同調者に対してのみ多数の株式を発行する場合が考えられる。不公正な方法による発行については，資金調達の目的をどのように解するかにより，募集株式発行が不公正か否かを考えることになる。すなわち，主要目的理論・主要目的ルールと呼ばれるもので，これによると，資金調達の目的の他に，他の目的（例えば当該会社を支配する目的）がある場合，どちらの目的が当該募集株式発行の主要な目的であるかを基準として考えることになる。判例（例えば，東京地決平元・9・5判時1323・48，東京高決平16・8・4金判1201・4）は，会社にとって資金調達の目的があるかぎり，不公正な方法にならないと解する傾向にある。

もっとも，募集株式発行の差止めが有効に機能するためには，前述，***3・2・3*** **募集事項決定の後の手続――通知・申込み・割当て・出資の履行**で述べた公示機能が有効に働いていることが重要である。

⑶　**有利な払込金額による発行**　前節，***3・2・2*** **第三者に対する有利価額発行**で述べたように，有利な払込金額で第三者に割り当てて募集株式を発行するときには，公開会社の場合でも株主総会における特別決議（309条2項5号）を必要とする（201条1項・199条2項・3項。非公開会社の場合には，募集事項の決定は株主総会で行う〔199条2項・3項〕）。しかし，有利な払込金額とはいかなる価額なのかは，個別に判断しなければならないことから，この判断は大変難しいものとなる。判例では，特に有利な発行価額（払込金額）と公正な発行価額（払込金額）について，次のように判示している。例えば，特に有利な発行価額（払込金額）とは，公正な発行価額（払込金額）と比較して特に低い価額をいい，公正な発行価額（払込金額）というのは，募集株式発行により企図される

◆ *WINDOW 15* ◆　近年の差止請求事例

募集株式の発行にせよ，募集新株予約権の発行にせよ，かかる発行が株主にとって不利益なおそれのある場合には，これを差し止めることができる（210・247条）。しかも，それは，①かかる発行が法令または定款に違反する場合（210条1号・247条1号），②新株予約権の発行が著しく不公正な方法により行われる場合（210条1号・247条2号）の，いずれかの場合である。①の場合には，個別の事件ごとに判断されるとしても，そもそも判断材料となる法令・定款に違反してかかる発行が行われることから，差止めの判断は違反行為の有無から導くことができる。これに対して，②の場合には，かかる発行が著しく不公正な方法により行われる場合となっており，何が不公正な方法であるのかは，個別の事件ごとに判断されることになる。

近年の差止めの事例は，支配権をめぐる株主間の対立，企業買収に関するものが，多く見受けられる。例えば，募集株式発行関係として，東京高決平成21年5月12日判タ1282号273頁（ピコイ事件），東京高決平成21年12月1日金判1338号40頁（日本ハウズイング事件），山口地宇部支決平成26年12月4日金判1458号34頁（第三者割当で支配権維持目的の事例）等があり，募集新株予約権の例として，東京高決平成17年3月23日判時1899号56頁（ニッポン放送事件）百選〔第3版〕99事件，東京高決平成17年6月15日判時1900号156頁（ニレコ事件），最決平成19年8月7日民集61巻5号2215頁（ブルドックソース事件）百選〔第3版〕100事件等がある。

資金調達の目的が達せられる限度で旧株主にとって有利な価額である（東京高判昭46・1・28高民集24・1・1），業務提携のために行われた上場株式の第三者割当てについて，発行価額（払込金額）決定直前の株式価格の半額以下の発行価額（払込金額）で行われたもであっても，決定直前の株式価格について，割当先の会社の資本参加，業務提携等の投機的な思惑により異常に高騰したと認められる部分も考慮しなければならない（東京高判昭48・7・27判時715・100），上場会社の発行価額（払込金額）に関して，発行価額（払込金額）決定直前の株式価格，株価の騰落習性，売買出来高の実績，そのほかの会社，株式，株式市場に関する諸事情を総合して，旧株主の利益と会社の有利な資金調達を実現するという利益との調和の中に公正な発行価額も求めるべきである（最判昭50・4・8民集29・4・350），市場価格が基準となるが，市場価格が客観的な価値よりはるかに高騰しており，それが一時的現象にとどまる場合には，市場価格を基礎として修正し公正な発行価額を算定できる（東京地決平元・7・25判時1317・28），発行価額（払込金額）決定の直前の市場価格が公正な新株発行価額（払込金額）の算定の基礎となるが，合理的な理由がないのに市場価格が高騰し，しかも，それが一時的現象にとどまる場合には，市場価格を公正な発行価額（払込金額）算定の基礎から排除しうる（大阪地決平2・6・22判時1364・100）等，と判示されている。

3・3・2　不公正な払込金額等で募集株式を引き受けた者等の責任

不公正な払込金額で募集株式が発行された場合，取締役（指名委員会等設置会社の場合については，取締役または執行役）は，会社に損害が生じた場合には，任務懈怠による損害賠償責任を負う（423条1項）。

募集株式引受人の差額てん補責任

さらに，①不公正な払込金額で募集株式が発行された場合，取締役（指名委員会等設置会社の場合については，取締役または執行役）と通じて著しく不公正な払込金額で株式を引き受けた者（通謀引受人）対して，公正な払込金額との差額に相当する金額を会社に支払う義務を課している（212条1項1号。公正な払込金額については，前述***3・3・1*** **有利な払込金額による発行**を参照）。また，②金銭による払込みではなく現物出資の場合には，募集株式の引受人が現物出資財産の給付により株主となった時，その現物出資財産の価額が募集事項にて定められた価額（199条1項3号）に著しく不足する場合には，その不足額を支払わなければならない（212条1項2号）。ただし現物出資財産の給付をした募集株式の引受人が善意かつ重過失がない場合には，引受けの申込み等を取り消すことができる（212条2項）。これらは，不公正な価額で募集株式の発行がなされたとき，取締役（または執行役）と通謀引受人との間で価額につき通謀がなされている場合には，会社の資本充実の観点から，公正な払込金額と不公正な払込金額との差額を通謀引受人に支払わせることにしたものである。しかもこの場合には，株主による代表訴訟が認められている（847条）。

取締役の差額支払義務

上述の***3・3・2*** **不公正な払込金額等で募集株式を引き受けた者の責任**における**募集株式引受人の差額てん補責任**②の場

合は，当該募集株式の引受人の募集に関する職務を行った業務執行取締役または指名委員会等設置会社の執行役，株主総会決議があった場合にその議案を提案した取締役等をはじめとする一定の取締役等は（213条1項各号，会社規44～46条），その現物出資財産の価額が募集事項にて定められた価額（199条1項3号）に著しく不足する場合には，その不足額を支払わなければならない（213条1項）。ただし現物出資財産の価額について検査役の調査を受けた場合，または取締役等がその職務を怠らなかったことについて注意を怠らなかったことを証明したときは，この支払義務を負わない（213条2項）。また現物出資財産の価額について相当であるとの証明をした者（207条9項4号）も，その証明をすることについて注意を怠らなかったことを証明しないかぎり，その不足額を支払わなければならない（213条3項）。

株式引受人の仮装払込み責任　株式会社の設立に際して発起人が払込みを仮装した場合と同様に（52条の2），出資を仮装した募集株式の引受人は，株式会社に対し，払込みを仮装した払込金額（すなわち，本来拠出すべきであった財産）の全額の支払等をする義務を負う（213条の2第1項）。また，仮装に関与した取締役等も，注意を怠らなかったことを証明しないかぎり，当該引受人と連帯して金銭の支払をする義務を負う（213条の3，会社規46条の2）。新株予約権の発行・行使に際して払込みを仮装した場合についても，定められている（286条の2・286条の3，会社規62条の2）。

3・3・3　募集株式発行の無効

募集株式発行の無効　募集株式が発行された後に，これを無効にするべき事由がある場合に，一般原則に従って無効を認めると，いつでも誰でも無効を主張することができ，また法律関係の画一性・安定性を害することになる。そこで，会社法は，会社組織に関する訴えの中に新株発行無効の訴えの制度を設け（828条1項2号），募集株式の発行の無効は訴えのみによりこれを主張することができるものとしている。

なお，募集株式の引受けの無効または取消しについては，会社設立の場合と同じように（51条・102条4項），一定の制限が定められている（211条，消費者契約7条2項）。

募集株式発行無効の訴え　募集株式発行の無効は訴えによってのみ主張でき，しかもこの提訴は新株発行の効力が生じた日（209条）より6ヶ月以内（非公開会社では1年以内）に行わなければならない（828条1項2号）。新株発行の効力が生じた日とは，払込期日（払込期間を定めたときは，その期間内に出資を履行した日）である（199条1項4号）。訴えを提起することができる者は，株主，取締役または清算人，監査役設置会社の場合は，株主，取締役，監査役，または清算人であり，指名委員会等設置会社の場合は，株主，取締役，執行役，または清算人である（828条2項2号）。被告は会社である（834条2号）。この裁判手続については，会社組織に関する訴えにおいて規定されている。

無効原因　無効原因については，会社法はなんら規定を設けていないので，無効原因は解釈に委ねられている。いったん発行された募集株式の効力を後から無効とすることから，募集株式発行による法律関係の保護を考えながら，法令定款違反の新株発行であっても，できるだけ無効原因を狭めて解釈することが妥当である。そこで無効原因として，例えば，①発行可能株式総数（37条・98条・911条3項6号）を超える株式の発行，②定款に定めのない種類の株式（108条）の発行，③株主に募集株式の割当てを受ける権利を付与している場合にそれを無視した発行，④取締役会決議（201条1項）を経ることなく発行された場合，⑤株主総会の特別決議（199条2項・3項・201条1項）を経ることなく行われた第三者に対する有利価額発行，⑥公告または通知（199条2項・3項・201条1項）の欠缺にもかかわらず発行した場合，⑦募集株式発行の差止めの仮処分命令（210条）に違反して発行した場合，⑧不公正な方法により募集株式が発行された場合等が考えられる。これらのうち，①と②を無効原因とすることについては，判例・学説とも争いがない。③を無効原因とすることについては，かつては新株引受権が法定されていたことから，これを無視した募集株式発行は無効と解されていたが，会社法では株主に募集株式の割当てを受ける権利を付与することになったことから（202条），定款でこのことを定めている場合は無効と解することになろうが，定款に定めのないときは，これを無効原因ではないと解することになろう。④以下については争いがあり，判例は，④については，代表取締役がこれを行ったときは有効な募集株式発行であると判示しているが（最判昭36・3・31民集15・3・645），会社法の下ではこれは公開会社の場合であり，非公開会社の場合には発行には株主総会決議を要することから株主総会決議を欠くときは無効と解している（最判平24・4・24民集66・6・2908百選〔第3版〕29事件）。⑤についても有効な募集株式発行であると解している（最判昭40・10・8民集19・7・1745，最判昭46・7・16判時641・97百選〔第3版〕24事件）。⑥については，公示は株主に募集株式発行差止請求権を行使する機会を保障するための手段であるから，公示を欠くことは募集株式発行差止請求権を行使しても他に差止事由がないことから差止めが認められない場合でない限り，募集株式発行の無効原因となると判示した（最判平9・1・28民集51・1・71百選〔第3版〕27事件）。⑦については，募集株式発行差止請求権は株主の利益を保護するために設けられたものであり，しかも募集株式発行差止めの仮処分命令を得る機会が与えられたと解されるので，この差止めの仮処分に違反した発行は無効であると判示した（最判平5・12・16民集47・10・5423百選〔第3版〕101事件）。⑧については，募集株式発行は株式会社の組織に関するものであるが，会社の業務執行に準じて取り扱われるものであるから，たとえ取締役の地位に関する諸事情・募集株式を発行した諸事情があるとしても，代表取締役が発行している以上これを有効な募集株式発行と判示している（最判平6・7・14判時1512・178百選〔第3版〕102事件）。これらについて学説では，④および⑤については反対説もあるもののおおむねこれらの判決と同様に解し，有効な募集株式発行と解する見解が多い。また⑥の判決は学説の有力説（折衷説）にたって行われており，⑦および⑧については他の考え方から批判する見解もある。結局のところ，④から⑧までを含む新株発行の効力に関する問題については，学説上は，発行された株式の効力と第三者との関係をどのように考えるかにより，大きく分けて有効説，無効説，折衷説の3説が述べられており，それぞれの立場から，発行された募集株式の効力について考えられている。もっとも，会社法施行後においては，非公開会社と公開会社とでは，発行手続も異なるうえに株主保護に関する考え方も異なることから，このことを考えて上述の①～⑧を含めて，今後は無効原因について考えていくことになる。

無効判決の効果　募集株式の発行を無効とする判決が確定すると，第三者に対してもその効力が及び（838条［対世効］），また募集株式は将来に向かってその効力を失う（839条［遡及効の否定］）。募集株式の発行の無効判決が確定すると，裁判所書記官は職権で遅滞なく，本店所在地を管轄する登記所にその登記を嘱託しなければならない（937条1項1号ロ）。また判決の確定時における当該株式の株主に対して，その払い込んだ金額または現物出資財産の給付のときはその給付を受けた時における価額に相当する金額を，会社は支払わなければならない（840条1項）。この返還する金額が募集株式発行の無効判決が確定した時の会社財産の状況に照らして不相当な場合には，無効判決が確定した時から6ヶ月以内に，会社または株主の申立てにより，裁判所は金額の増減を命ずることができる（840条2項・3項）。株券発行会社の場合には，返還金の支払をするのと引き換えに株券（無効となった株式の株券）を返還することを請求することができる（840条1項）。なお自己株式の処分に関しても，返還に関する規定が設けられている（841条）。

3・3・4　募集株式発行の不存在

募集株式発行の実体がまったくないのに，募集株式発行の変更登記のみが行われるような場合には，募集株式発行の不存在を主張することができる。この場合には，いつでも，誰でも，どのような方法でも主張することができる。また募集株式発行の不存在の確認の訴えを提起することもできる（829条1号）。

旧商法においては，会社法のような条文はなかったが，判例は，募集株式発行不存在確認の訴えを認めていた。最判平成9年1月28日（民集51・1・40）は，「募集株式発行不存在確認の訴えについて商法上はなんら規定がされていないが，募集株式発行の不存在は新株発行に関する瑕疵として無効原因以上のものともいえるので，無効原因がある場合と同様に，対世効のある判決をもって確定する必要があり，募集株式発行無効の訴えの規定に準じて募集株式発行不存在確認の訴えを肯定する余地があり，この訴えは少なくとも会社を被告としてのみ訴訟を提起することが許される」と判示した。最判平成15年3月27日（判時1820・145）は，募集株式発行自体がないのに新株発行の登記がなされているなどその外観が存する場合には，募集株式発行不存在確認の訴えを肯定すべきとし，募集株式発行不存在の訴えに出訴期間の制限がないものと解し，理由については，募集株式発行不存在確認の訴えは，募集株式発行に瑕疵があるために無効を求める新株発行無効の訴えと異なり，外観にかかわらず新株発行の実体が存在しない場合にその不存在の確認を求めるものであるが，募集株式発行の不存在はこれを前提とする訴訟においていつでも主張することができるから，募集株式発行不存在の訴えの出訴期間を制限しても，同期間の経過により新株発行の効力を早期に確定させるために設けられた出訴期間に関する規定を類推適用する合理的な根拠を欠くと判示していた。このようなことから，会社法は，募集株式発行不存在の確認の訴えを規定した。

3・4　新株予約権

3・4・1　新株予約権の意義

新株予約権とは，新株予約権を有する者（新株予約権者）が，会社に対してその権利を行使することにより，当該会社から株式の交付を受ける権利である（2条21号）。この場合，会社はあらたに株式を発行するか，またはこれに代えて会社がその有する自己株式を権利行使者に移転する義務を負う。新株予約権の利用目的としては，ストック・オプション，企業買収（敵対的企業買収）への防衛策，資金調達（特に新株予約権付社債）等がある。会社ごとに発行しなければならない状況・目的等が異なるものの，新株予約権の発行は，資金調達のみならず，会社経営または会社支配においても，重要な問題となっている。なお新株予約権付社債については，後述***3・5・6*** **新株予約権付社債**にて説明する。

3・4・2　新株予約権（募集新株予約権）の発行手続

募集事項の決定

(1)　**非公開会社の場合**　非公開会社の場合，新株予約権を発行してそれを引き受ける者を募集しようとするときは，新株予約権の内容（後述，新株予約権の内容参照）をはじめとして（236条），新株予約権の募集事項を株主総会の特別決議により決定しなければならない（238条2項・309条2項6号）。募集事項は，①募集新株予約権の内容および数，②募集新株予約権と引換えに金銭の払込みを要しないこととする場合にはその旨（いわゆる，新株予約権の無償発行である），③前述②以外の場合には，募集新株予約権の払込金額（募集新株予約権1個と引換えに払い込む金銭の額）またはその算定方法，④募集新株予約権の割当日，⑤募集新株予約権と引換えにする金銭の払込みの期日を定めるときは，その期日，⑥募集新株予約権が新株予約権付社債に付されたものである場合には，募集社債に関する事項，⑦新株予約権付社債に付された新株予約権買取請求の方法につき別段の定めをするときはその定めに関する事項である（238条1項）。これらの募集事項は，募集ごとに均等に定めなければならない（238条5項）。①の事項に関して，種類株式発行会社の場合，募集新株予約権の目的である株式の種類の全部または一部が譲渡制限株式であるときは，例外はあるものの，譲渡制限株式の種類株主総会の決議を要する（238条4項）。また，②の事項に関し金銭の払込みを要しないこととすることが当該者に特に有利な条件であるとき，または③募集新株予約権の払込金額が当該者に特に有利な金額であるときには，株主総会にて，これらによって募集新株予約権を引き受ける者を募集する理由を取締役は説明しなければならない（238条3項）。

非公開会社であっても，ア．委任に基づいて募集事項の決定をすることができる募集新株予約権の内容および数の上限，イ．募集新株予約権につき金銭の払込みを要しないこととする場合にはその旨，ウ．前述イ．に規定する場合以外の場合には，募集新株予約権の払込金額の下限等を定めて，取締役または取締役会設置会社の場合には取締役会に，これを委任することができる（239条1項・309条2項6号）。委任する場合には，募集新株予約権の割当日が当該決議の日から1年内の日である募集に限られている（239条3項）。

(2)　**公開会社の場合**　公開会社の場合には，原則として取締役会において決定する（240条1項）。取締役会で決定する事項は，上述(1)に記載した①～⑦の事項である（240条1項・238条1項）。なお，②の事項に関し金銭の払込みを要しないこととすることが当該者に特に有利な条件であるとき，または③募集新株予約権の払込金額が当該者に特に有利な金額であるときには，株主総会にて，これらの条件または金額で募集新株予約権を引き受ける者を募集する理由を説明しなければならない（240条1項・238条3項）。またこれらの募集事項は，募集ごとに均等に定めなければならない（240条1項・238条5項）。

新株予約権の内容　新株予約権を発行するときは，236条1項各号に定める事項を，当該新株予約権の内容としなければならない。

すなわち，①新株予約権の目的である株式の数（種類株式発行会社にあっては，株式の種類および種類ごとの数）またはその数の算定方法，②新株予約権の行使に際して出資される財産の価額またはその算定方法，③金銭以外の財産を当該新株予約権の行使に際してする出資の目的とするときは，その旨ならびに当該財産の内容および価額，④新株予約権を行使することができる期間，⑤新株予約権の行使により株式を発行する場合における増加する資本金および資本準備金に関する事項，⑥新株予約権の取得について当該株式会社の承認を要することとするときはその旨（譲渡制限新株予約権に関する事項），⑦新株予約権について，当該株式会社が一定の事由が生じたことを条件としてこれを取得することができることとするときの一定事由，⑧合併（合併により当該株式会社が消滅する場合に限る），吸収分割，新設分割，株式交換，株式移転の場合の，存続会社，新設会社，承継会社等による新株予約権の承継に関する事項，⑨新株予約権を行使した新株予約権者に交付する株式の数に1株に満たない端数がある場合において，これを切り捨てるときはその旨，⑩新株予約権証券（新株予約権付社債に付されたものを除く）を発行するときはその旨，⑪前述⑩の場合において，新株予約権者が証券の転換請求（290条）を行うことができないときはその旨，これらが新株予約権の内容となる。

なお，新株予約権付社債に付された新株予約権の数は，当該新株予約権付社債についての社債の金額ごとに，均等に定めなければならない（236条2項）。

⑴　**新株予約権の発行価額と権利行使価額**　新株予約権の発行にあたり，募集新株予約権の払込金額（238条1項2号・3号）と新株予約権行使における出資価額（権利行使価額。会社236条1項2号・3号）を決議することになっている。これは，新株予約権は募集株式の発行と異なり，会社に対する払込み・出資が2回あることを意味する。すなわち，新株予約権の割当てを受けると，権利行使期間（236条1項4号）の前日までにまたは払込期日（238条1項5号）に払込金額の全額を払い込まなければならず（246条1項・3項。ただし無償発行の場合を除く），さらに権利行使をする際には権利行使価額の全額を払い込むかまたは金銭以外の財産を給付するときはそれを給付しなければならない（281条1項・2項）。前者については，割当日に割当てを受けていれば新株予約権者となるが，払込金額を払込期日までに払い込まなければ新株予約権者となっていた

としても（245条1項），その募集新株予約権を行使することができない（246条3項）。後者の場合には権利行使はその行使期間内（236条1項4号）に行わなければならず，新株予約権を行使した日に株主となる（282条）。新株予約権を行使する日に，権利行使価額の全額を払い込むかまたは金銭以外の財産を給付しなければならない（281条1項・2項）。

(2) 新株予約権の行使条件　権利行使価額（236条1項2号・3号）および権利行使期間（236条1項4号）以外の権利行使の条件についても，新株予約権の内容として株主総会または取締役会にて定めることができ（238条1項・240条1項），権利行使条件を登記しなければならない（911条3項12号ハ）。ストック・オプションとしての新株予約権の利用の場合，条件を付けて発行することがほとんどであろう。条件の例として，例えば，「取締役の地位にいる間」，「会社に勤めている間」というようなことが考えられ，これらの条件は権利行使期間（236条1項4号）とあいまって，いつでも，どんな場合でも権利を行使することができるのではないことを示すことになる。

新株予約権（募集新株予約権）の発行方法

新株予約権の発行方法としては，新株発行・募集株式の発行方法の場合と同じで，株主割当て，第三者割当て，公募が考えられるが，この新株予約権制度が利用される場面について考えると（前述 ***3・4・1*** 参照），第三者割当てが多く利用されよう。またストック・オプションの多くがそうであるように，第三者割当てについては特に有利条件による発行の場合には，公開会社であっても株主総会における特別決議が必要である（240条1項・238条2項・3項・309条2項6号）。株主割当ての場合は（募集新株予約権の割当てを受ける権利を株主に与える場合は），その決定は，原則的に株主総会決議（241条3項4号）であり，また公開会社では取締役会の決議（241条3項3号）である。ただし，定款の定めで取締役の決定による場合と取締役会の決議による場合としているときには，それらに従う（241条3項1号・2号）。また会社は，募集新株予約権の割当てを受ける権利を株主に割り当てるときは，株主に，引受けの申込みの期日の2週間前までに，株主に対し，募集事項，当該株主が割当てを受ける募集新株予約権の内容および数，募集新株予約権の引受けの申込みの期日を通知しなければならない（241条4項）。割当ては持ち株数に応じて行われるが，1株未満の端数については切り捨てられる（241条2項）。なお，新株予約権を株主割当てで発行する場合には，会社が保有する自己株式には割り当てられない（241条2項かっこ書）。

新株予約権の有利発行　募集株式の発行における ***3・2・2*** の**第三者に対する有利価額発行**で述べたのと同じように，新株予約権を有利な条件または金額で発行する場合には，公開会社の場合であっても，通常の新株予約権の発行と異なり，株主総会にて，これらの条件または金額で募集新株予約権を引き受ける者を募集する理由を説明しなければならない（240条1項・238条3項）。これらに該当するのは，①無償で新株予約権を募集新株予約権を引き受ける者に割り当てることが，その者に「特に有利な条件」であるとき（238条1項2号・238条3項1号），②募集新株予約権の払込金額が募集新株予約権を引き受ける者に「特に有利な金額」であるときである（238条1項3号・238条3項2号）。この場合，新株予約権の価値を測定して「有利か否か」の判断を行うことになるが，その場合には，オプションの価値を測定するブラック・ショールズ・モデルなどを利用して行うが，これらのモデルは将来の株価を予測できなくても，オプションの価値を測定することは可能であると説明されている。

支配権の異動を伴う新株予約権の発行　公開会社においては，募集株式発行の場合と同様に（206条の2），支配権の異動を伴う新株予約権を発行するときには，特定引受人（親会社等の場合または株主割当てによる新株予約権の発行の場合を除く）の情報及び所定の事項を通知または公告しなければならない（244条の2第1・3項）。募集株式発行の場合と異なり，交付株式の定めにより議決権数等の計算を行い（244条の2第2項），特定引受人が当該新株予約権を行使することにより株式保有割合が2分の1を超える場合には，通知または公告から2週間以内に10分の1以上の議決権を有する株主が反対する旨を通知した場合は，割当日の前日までに，株主総会決議による承認を受けなければならない（244条の2第5項）。（なお，このような規制についての詳細は，本章**支配権の異動を伴う募集株式の発行**を参照のこと。）

通知・申込み　会社は，募集新株予約権の募集に応じて引受けの申込みをしようとする者に対し，所定の通知を行わなければならない（242条1項，会社規54条）。もっとも会社が，金融商品取引法上の目論見書（金商

２条10項）を申込みをしようとする者に対し交付している場合または法務省令で定める場合には（会社規55条），このような通知は不要である（242条４項）。募集株式の引受けの申込みをしようとする者は，①氏名または名称および住所，②引き受けようとする募集新株予約権の数について書面に記載して会社に交付するか，電磁的方法により会社に提供しなければならない（242条２項・３項，会社施行令１条５号，会社規230条）。株主割当ての場合には，申込期日（241条１項２号）までにその申込みを行わなかった株主は，募集新株予約権の割当てを受ける権利を失う（243条４項）。

新株予約権については，登記が必要となる（911条３項12号・915条１項。なお新株予約権の行使の場合については，915条３項参照）。

割当て・払込み　新株予約権の申込みが行われると，会社は割当てを行う。割当ては，自由に行うことができる（割当自由の原則）。申込者が多いときには，申込者が会社に申し込んで引き受けようとした募集新株予約権数より少ない数の割当てしか受けられないこともある（243条１項参照）。会社は，割当日の前日までに，申込者に対し，当該申込者に割り当てる募集新株予約権の数を通知しなければならない（243条３項）。割当てを受けると，募集新株予約権の引受人となることから，割り当てられた募集新株予約権数に応じてその払込金額の全額を払い込む義務を負うことになる（246条１項）。金銭で全額払い込むのが原則であるが，会社の承諾を得て，金銭以外の財産を給付する（現物出資をする）ことができるし，また会社に対する債権をもって相殺することもできる（246条２項・３項）。

すべての募集新株予約権を引き受ける契約の場合　募集株式の場合（205条）と同じように，募集新株予約権の募集に応じて引受けの申込みをしようとする者が，その総数の引受けを行う契約を会社と締結する場合には，上述した募集新株予約権の申込み（242条）と割当て（243条）に関する規制は適用されない（244条１項）。

3・4・3　公示と発行差止め

公開会社の場合には，取締役会において募集新株予約権の募集事項が決定すると（240条１項），必要な事項を通知または公告しなければならない（240条２

項～4項)。これらの公示は，割当日（238条1項4号）の2週間前までに行わなければならない（240条2項)。これは，募集株式の発行の場合と同様に，会社が募集新株予約権を募集することを公にし，これらの公示により株主は募集新株予約権発行差止請求権（247条）を有効に行使することができる。もっとも，新株発行と異なり，新株予約権の場合にはつねに資金調達を目的として発行されるわけではないから，資金調達の目的により判断することで差止めの問題を解決するものでもない（前掲，**WINDOW 15 近年の差止請求事例**参照)。

3・4・4　新株予約権の譲渡と質入れ

新株予約権の譲渡と譲渡制限

新株予約権を譲渡することは，原則として自由である（254条1項。ただし新株予約権付社債の場合には，原則譲渡できない〔254条2項〕)。新株予約権の譲渡は，新株予約権証券が発行された場合と発行されていない場合とで異なる。

⑴　**新株予約権証券が発行されている場合**　証券発行新株予約権の譲渡の場合（新株予約権に関して新株予約権証券が発行されている場合），その新株予約権証券を交付することによる（255条1項)。

⑵　**新株予約権証券が発行されていない場合**　新株予約権証券が発行されていない場合には，その譲渡は意思表示によるが，後述する新株予約権原簿には，新株予約権者の氏名（または名称）および住所が記載または記録される（249条3号)。そして，会社および第三者に対する対抗要件は，新株予約権原簿に氏名（または名称）および住所を記載または記録することである（257条1項)。

⑶　**新株予約権の譲渡制限**　譲渡制限株式と同様に，新株予約権にも譲渡制限が認められている（236条1項6号)。譲渡制限株式の場合と同様に，譲渡の承認を与える機関（別段の定めのある場合を除き，株主総会または取締役会〔265条1項〕)，譲渡の承認を求める者と方法（新株予約権者または新株予約権取得者〔262条～264条〕）が定められている（ただし，譲渡制限株式のような，指定買取人に関する規定〔140条〕はない)。公開会社であっても，会社が新株予約権の譲渡制限を行うことができるとしているのは，例えばストック・オプションに利用する場合には，譲渡制限をしておかないとストック・オプションとしての機能が果た

されないからである。

新株予約権の質入れ

株式と同様に，新株予約権も質入れすることができる（267条1項）。証券発行新株予約権の質入れは新株予約権証券の交付により行われ（267条4項），対抗要件は新株予約権証券の占有である（268条2項）。証券発行新株予約権以外の質入れは，質権者の氏名または名称および住所を新株予約権原簿に記載または記録しなければ，会社および第三者に対抗できない（268条1項）。なお新株予約権に質権を設定した者は，会社に対して，質権者の氏名または名称および住所ならびに質権の目的を新株予約権原簿に記載または記録することを請求することができ（269条1項。例外については，同条2項），これにより登録新株予約権質権者となる。登録新株予約権質権者に関する事項および新株予約権の質入れの効果についても規定を設けている（270条～272条）。

新株予約権証券

証券発行新株予約権の譲渡は，新株予約権証券の交付により行われる。会社は，証券発行新株予約権を発行した日以後，遅滞なく，新株予約権証券を発行しなければならない（288条1項）。しかし，新株予約権者の請求がある時まで，新株予約権証券を発行しないことができるので（288条2項），この場合には新株予約権者から請求があれば発行することになる。新株予約権証券の記載事項は，その証券番号を記載し，代表取締役（または代表執行役）の署名（または記名押印）をし，一定事項を記載しなければならない（289条）。なお，無記名式新株予約権証券の発行のみならず，記名式新株予約権証券の発行も認められており，記名式新株予約権証券の場合には，証券上に，その新株予約権者の氏名（または名称）および住所が記載されるが，下記に述べる新株予約権原簿に氏名（または名称）および住所を記載または記録しなければ，会社に対抗することができない（257条2項）。なお新株予約権者は，無記名式と記名式の新株予約権証券について，それぞれ相互に転換することを請求できる（290条）。

新株予約権原簿

会社は，新株予約権を発行した日以後，遅滞なく，新株予約権原簿を作成しなければならない（249条）。その記載事項は法定されている。無記名式の新株予約権証券の場合，新株予約権原簿に，新株予約権証券の番号，当該新株予約権の内容および数を記載または記録する

(249条1号)。しかしこれ以外の場合には，新株予約権者の氏名（または名称)・住所，その有する新株予約権の内容および数，取得年月日その他の所定の事項を記載または記録しなければならない（249条3号)。この場合には，誰が新株予約権者であるのか等を会社は把握することができる。

3・4・5　新株予約権の権利行使と消却・消滅

新株予約権の権利行使

新株予約権の権利行使は，権利行使期間内（236条1項4号）に行う。証券発行新株予約権を行使する場合には，会社に対して新株予約権証券を提出しなければならない（280条2項)。また新株予約権を行使する日に，権利行使価額の全額を払い込むかまたは金銭以外の財産を給付しなければならない（281条1項・2項)。払込みは払込取扱場所で行われ，金銭以外の財産を給付の場合であっても当該財産の価額が所定の価額に不足するときはその差額を払い込まなければならない（281条2項)。なお，これらの履行債務と会社に対する債権とを相殺することができず（281条3項)，また会社が有する自己新株予約権については，その権利行使をすることができない（280条6項)。

取得条項付新株予約権と新株予約権の消却

前掲*3・4・2*における**新株予約権の内容**において述べたとおり，新株予約権の内容として，新株予約権について，当該株式会社が一定の事由が生じたことを条件としてこれを取得することができる（236条1項7号)。この取得の対価は，多様化されている（236条1項7号ニ〜チ)。これにより発行した新株予約権を，会社は所定の手続により取得することができる（273条〜275条)。そして取得した新株予約権（自己新株予約権）を，会社は消却することができる（276条)。また，一定の場合には，定めらたた会社の新株予約権が交付されることがある（236条1項8号)。

新株予約権の消滅

会社法は，上記の新株予約権の消却とは別に，「新株予約権者がその有する新株予約権を行使することができなくなったときは，当該新株予約権は，消滅する」と規定した（287条)。新株予約権者が権利を行使しないで，行使期間を経過した場合などには，新株予約権は消滅することになる。

なお，新株予約権者には，吸収合併，吸収分割，株式交換により会社が消滅する場合の買取請求権（787条・788条），および新設合併，新設分割，株式移転による場合，その買取請求権（808条・809条）が認められている。

3・4・6　新株予約権の発行の瑕疵

新株予約権の発行等について瑕疵がある場合について，新株予約権の無効と不存在，関係者の責任に関して述べる。なお，新株予約権の差止めについては，上述*3・4・3* 公示と発行差止めを参照。

旧商法では，新株予約権の無効および不存在についての規定がなく，新株予約権付社債につき，株主による発行後の無効確認請求の規定もなかったことから，法が株主による無効確認請求を許さない趣旨であると解した判例があった（東京高判平15・8・20金判1196・35）。そこで，募集株式の発行における無効または不存在の場合と同様の規制（新株予約権発行の無効の訴え・新株予約権発行の不存在）を設けた（828条1項4号・2項4号・829条3号・834条・838条・839条・842条）。裁判手続については，会社組織に関する訴えにおいて規定されている。

関係者の責任についても，募集株式の発行に準じて，不公正な払込条件・金額等で引き受けた者の公正な金額の払込みまたは差額の払込みに関する責任（285条），財産価額が不足した場合の取締役等の責任が定められている（286条）。（関係者の責任について，上述，*3・3・2* **不公正な払込金額等で募集株式を引き受けた者等の責任**の**取締役の差額支払義務**を参照。）

3・5　社債の発行

3・5・1　社債とは

社債とは一般公衆から多額の資金を調達するために，会社の債務（会社による一般公衆から借入れ）を細分化し，しかもそれが有価証券（社債券）として発行されるものである。会社法は社債を「この法律の規定により会社が行う割当てにより発生する当該会社を債務者とする金銭債権であって，……償還されるものをいう」と定義している（2条23号）。株式会社の場合，株式と社債は，ともに会社の外部から資金を調達するものであるが，両者には次のような相違点がある。株式は株式会社における社員権（株主権，会社に対する割合的単位）であることから，株主は会社の構成員として株主総会を通じて会社の経営に関与することができ，また株主の監督是正権を行使することもできる。さらに株主は，会社に配当可能な剰余金がある場合にかぎり配当を受けることができ，出資金の払戻しは認められず，会社解散のときには残余財産分配を受けるのみである（504条～506条）。これに対して社債はあくまでも会社の債務であることから，社債権者は会社の構成員ではなく会社に対して債権を有している者であるにすぎず，配当可能な剰余金の有無にかかわらず確定利息の支払いがなされ，しかも償還期限の到来により必ず償還される。このように異なる点はあるが，株式でも償還することが予定された議決権のない優先株式を発行した場合であるとか，社債でも新株予約権付社債のように新株予約権と社債が結びついているように，新株予約権または種類株式と社債が結びついて株式と社債の特徴を持ち合わせたような中間的な形態も存在する（中間的という意味で，メザニン・ファンド，メザニン・ファイナンスといわれる）。

なお社債の発行は，かつては株式会社のみができると解されていたが（旧有64条1項参照），会社法では定義規定で発行主体を「会社」としていることから も，株式会社のみならず，持分会社（合名会社・合資会社・合同会社）も発行することができるようになった（676条）。

3・5・2　社債の種類

担保付社債と無担保社債

社債はその発行にあたり社債に法定の物上担保を付して発行する担保付社債と，これらの担保を付することなく発行する無担保社債に分けることができる。

担保付社債は，社債権者が多数であること，社債券を交付することにより権利の移転が容易に行われること，それぞれの社債権者に対してそれぞれ担保を提供することは不可能であること等を理由として，発行会社と社債権者の間に信託会社を置くことにより，社債権者を保護しようとするものである。担保権の設定を社債の申込者と個別に行うことはできないことから，発行会社（委託会社）と信託会社（受託会社）との間で信託契約を締結し，受託会社は社債権者のために社債の管理を行うことになる（担信2条1・2項・18条・19条）。受託会社は，その資格が定められており（担信4条・5条），公平かつ誠実に信託事務を処理する義務，ならびに委託会社および社債権者に対して善管注意義務を負っている（担信35条・36条）。受託会社は，担保付社債の管理に関して，担保付社債信託法に定める場合を除き，会社法に定める社債管理者（702条）と同じ権限と義務を負っている（担信35条）。受託会社は総社債権者のために担保権を保存しかつ実行しなければならず（担信36条），社債権者は債権の額に応じて平等に担保の利益を享受することになる（担信37条1項）。担保付社債については，発行会社が発行すべき社債の総額を定めておいて，その額に達するまで同一順位の担保権を有する社債を数回にわたり発行する分割発行を行うことが認められている（担信21条～23条）。

担保付社債信託法による担保付社債ではないが，一般担保付社債（ゼネラル・モゲージ）とよばれる社債もある。この社債は特定の事業を行う会社が特別法に基づいて発行することができるもので，社債権者には先取特権が付与されている。例えば，電力会社は，これを発行できる（電気事業法27条の30）。

記名社債と無記名社債　債券の券面上に債権者が表示されている場合を記名債券，この表示がないものを無記名債券といい，社債にも両者がある。会社はこの両者を発行することができ，社債権者は別段の定めのないかぎり，記名社債を無記名社債とすることまたは無記名社債を記名社債とすることの転換請求を会社に対して行うことができる（698条）。記名社債と無記名社債とでは，その譲渡・質入れおよび第三者への対抗要件について違いが生じる。記名社債については取得者の氏名または名称および住所を社債原簿に記載または記録しなければ，社債発行会社に対抗することができない（688条1項・2項）。無記名社債の場合には，このようなことはなく（688条3項），民法に従う（民86条3項・178条・344条・352条）。

普通社債 新株予約権付社債　新株予約権を付した社債を新株予約権付社債といい（2条22号。新株予約権付社債については後述***3・5・6***），これと異なり，社債権以外の他の権利が付与されていない社債のことを，普通債（普通社債）という。もっとも，普通社債でも，償還時までの利率が毎年上昇するようなステップアップ債と呼ばれるもののように，その内容は多様である。

3・5・3　社債の発行手続

ここでは，普通社債の発行手続について述べる。旧商法と異なり株式会社のみならず持分会社も発行することができるようになったが，以下の説明は，株式会社を中心として行う。

募集事項の決定　会社は，社債を募集することができるが，その決定は，株式会社では，株主総会（295条1項）または取締役（348条），取締役会設置会社では取締役会（362条4項5号。一部を決定してそれを委任することは可）が行い，指名委員会等設置会社の場合には執行役にこれを委任することができる（416条4項）。持分会社の場合には，業務執行社員がこれを行う（590条・591条）。募集にあたり募集事項を決定しなければならず，募集する社債の総額，各社債の金額，利率，社債の償還方法および期限，利息の支払方法および期限，社債券を発行するときはその旨（このことは，社債券を発行しない社債を認めている），各募集社債の払込金額もしくは最低額または算定方法，払込期日，その他の所定事項を決定しなければならない（676条各号，会社規162条）。また，発行時期が異なったとしても，発行する社債の内容が同一であれば同じ種類の社債であるとしたので（681条1号，会社規165条），シリーズ発行や銘柄統合を行うことができるようになった。

通知・申込み　募集株式の発行と同じように，社債を募集する場合には，募集に応じて募集社債の引受けの申込みをしようとする者に対し，会社の商号，募集事項，社債管理者・社債原簿管理人に関する事項を，通知しなければならない（677条1項，会社規163条）。募集社債の引受けの申込みをしようとする者は，その氏名または名称および住所，引き受けようとする募集社債の金額および金額ごとの数，募集社債の最低金額を定めたときは希望する払込金額について記載した書面を会社に交付して申し込む（677条2項。電磁的方法について，677条3項，会社法施行令1条10号）。なお会社が目論見書等を交付しているときは，通知は不要である（677条4項，会社規164条）。会社は，申込者に対して募集社債の割当てを行い，募集社債の金額および金額ごとの数を定めて（申し込んだ数を減少することもできる），払込期日（676条10号）の前日までに通知をしなければならない（678条2項）。

募集社債の引受けをしようとする者が，その総額を引き受ける契約を会社と締結する場合には，申込みおよび割当てに関する規制（677条・678条）は適用されない（679条）。

なお，応募額が募集社債の発行予定額の総額に達しない場合でも，募集社債の全部を発行しない旨を定めておけば（676条11号参照），応募額でもって社債は成立する（打ち切り発行）。

社債は1社のみで発行するのみならず，複数の会社が合同して社債を発行することができる（676条12号，会社規162条2号）。この場合には，合同発行する旨および合同して発行する各会社のそれぞれ負担部分を定めなければならない。

社債の発行方法　社債の発行方法として，会社が直接発行する方法と，第三者を利用して発行する間接発行がある。会社が直接発行するとは，発行会社がその発行事務も行って社債を発行するものであるが，ほとんど利用されていない。現在では，間接発行が利用されている。間接発行にはいくつかの方法があるが，総額引受け・買取引受けと残額引受けについて述べる。総額引受けとは特定人が発行会社との間で社債のすべてを引き受ける契約を締結して社債を発行する方法で，一般には買取引受けといって引受証券会社が共同してすべての社債の買取引受けを行いそれを一般大衆に分売するものである。残額引受け（引受募集）とは，発行会社が第三者に募集の委託を行う場合，社債の応募額がその総額に満たない場合には第三者がその応募不足分を引き受ける方法である。いずれの方法も，発行会社は予定する社債を発行することにより資金調達を行うことができることから，その資金調達を確保することを目的としている。また売出し発行を行うことができるようになった。売出し発行とは，社債の総額を確定することなく，一定期間を定めてその期間内に公衆に対して個別的に社債を発行する方法である。会社法は，社債の種類を定め，発行する社債の内容が同一であれば発行時期にかかわらず同一の種類としたこと（前述 ***3・5・3*** の**募集事項の決定**参照），所定の募集事項以外は株式会社の取締役会は取締役に委任できること（362条4項5号，会社規99条），打ち切り発行の規定（676条11号参照）を定めたことから，これを行うことができるといわれている。

社債券　会社は，社債券を発行する旨の定めがある社債を発行した日以後，遅滞なく発行しなければならない（696条）。社債券には，社債券の番号を記載し，社債発行会社の代表者がこれに署名または記名押印し，商号，社債の金額，社債の種類（社債の種類については，681条1項1号，会社規165条）を記載しなければならない（697条1項）。なお，社債券には，利札を付することができる（697条2項）。社債券が発行されているときの社債の譲渡は，この社債券の交付により行われる（687条）。（その譲渡および会社および第三者への対抗要件については，前述***3・5・2***における**記名社債と無記名社債**を参照のこと。）

社債原簿　株主名簿と同様に，会社は社債を発行すると社債原簿を作成しなければならない（681条）。また会社は，会社に代わって社債原簿の作成および備置きその他の社債原簿に関する事務を行う社債原簿管理人を定めて，これらの事務を委託できる（683条）。社債原簿は，社債，社債権者，社債券等に関する所定の事項を記載する帳簿であり，その記載内容については，無担保社債の場合（681条，会社規165条・166条）と担保社債の場合（担信28条）に分けられ，それぞれ記載または記録すべき事項が法定されている。社債原簿については，それらの備え置きおよび閲覧（684条，会社規167条），社債の譲渡または質入れの際の会社または第三者への対抗要件（688条・693条），社債を発行会社以外の者から取得した者からの社債原簿への記載（691条，会社規168条）等，一定事項が定められている。

3・5・4　社債の管理

社債管理者の設置　社債権者を保護することを目的として，社債管理者を設けることを定めている（702条）。ただし，担保付社債を発行する場合には，この社債管理者は不要であり（担信2条3項），また無担保社債の発行の場合でも，各社債（社債の総額ではなく1社債あたり）の金額が1億円を下らない場合もしくは社債の総額を社債の最低額をもって除した場合の数が50を下回る場合には，社債管理者を設けなくてよい（702条，会社規169条）。これらの例外のうち，無担保社債の場合には，社債権者が最低でも1億円という多額な金額の社債を購入できる者であること，また社債権者が少人数であることから，いずれの場合も社債権者が社債を管理することが可能であることから，社債管理者を設置する必要はない。また，担保付社債の場合には社債に担保という裏付けがあり，しかも受託会社が発行会社との間で締結した信託契約に従いその管理等を行うことから（担信36条以下），社債管理者は不要である。もっとも無担保社債の場合でも社債管理者を設けるとその費用が必要なことから，この出費を避けるためにこれらの例外（各社債の額の例外または発行数の例外）により社債の発行を行う会社も見受けられる。なお，社債管理者の資格は法定されており，銀行，信託会社のほか所定の者のみが社債管理者となることができる（703条，会社規170条）。

社債管理者は，社債発行会社および社債権者集会（後述）の同意を得て，辞任することができるが，この場合他に社債管理者がいなくなるときには，あらかじめ事務を承継する社債管理者を定めなければならない（711条1項）。また社債管理者は，発行会社との社債管理委託契約に辞任および事務を承継する社債管理者に関する定めを設けたときにも，辞任することができる（711条2項）。なお，社債管理者にやむを得ない事由がある場合には，後継の社債管理者を定めることなく，裁判所の許可を得て辞任することができる（711条3項）。（社債管理者の解任ついては，後述，**社債管理者の義務と責任**参照。）

社債管理者の権限

社債管理者の権限には，次のようなものがある。まず①社債管理者は，社債権者のために社債に関する弁済を受けまたは債権実現を保全するために必要な一切の裁判上または裁判外の行為を行うことができる（705条1項）。さらに，②社債権者集会（後述）の決議により，ア．当該社債の全部につきなす支払いの猶予，不履行により生じた責任の免除または和解（706条1項1号），および，イ．前述ア以外で当該社債の全部についてする訴訟行為または破産手続，再生手続，更生手続もしくは特別清算に関する手続に属する行為を行うことができる（706条1項2号）。しかも，③上述②の行為を行うのに必要なときは，裁判所の許可を得て社債発行会社の業務および財産の状況を調査することができる（706条4項）。この他に，社債管理者は発行会社との間で締結された社債管理委任契約にもとづく権限（約定権限）も有することになる。

また社債管理者は，会社法に定める債権者異議手続に関して，社債管理委託契約に別段の定めを設けている場合を除き，社債権者のために社債管理者が異議を述べることができる（740条2項）。なお，社債管理者の報酬，事務処理費用等は，発行会社との契約に定めがある場合を除き，裁判所に申立てをしかつ許可を得て，社債発行会社の負担とすることができ，しかも社債にかかる債権の弁済を受けた額について，社債権者に先立って弁済を受ける権利を有する（741条。なおこの報酬，事務処理費用等については，代表債権者または決議執行者についても適用されている。代表債権者・決議執行者については後頁**社債権者集会**参照）。

社債管理者の義務と責任

上述のように社債管理者はいくつかの権限を有しているが，また義務も負っている。社債管理者と社債発行会社との間には，社債管理委託契約が締結されていることから，契約に基づく義務を負う。これに対して，社債管理者と社債権者との間にはこのような関係がないことから，社債管理者に対していくつかの義務を法定している。すなわち，社債管理者は社債権者のために公平かつ誠実に社債の管理を行わなければならず（公平誠実義務），さらに社債権者に対して善良なる管理者の注意義務（善管注意義務）を負っている（704条）。社債管理者が会社法に違反する行為をしまたは社債権者集会の決議に違反する行為をなし，それにより社債権者に損害を与えたときは，社債管理者は社債権者に対して連帯して損害賠償責任を負う（710条1項）。

社債管理者は，社債発行会社が社債の償還もしくは利息の支払いを怠り，もしくは社債発行会社について支払いの停止があった後またはその前3ヶ月以内に，社債管理者が，①社債管理者の債権について社債発行会社から担保の供与または債務の消滅に関する行為を受けること，②社債管理者と特別の関係がある者（支配・従属関係のある者。会社規171条）に対して社債管理者の債権を譲り渡すこと（特別の関係がある者が当該債権に係る債務について社債発行会社から担保の供与または債務の消滅に関する行為を受けた場合に限る），③社債管理者が社債発行会社に対する債権を有する場合において，社債管理者が社債発行会社との間で相殺をすること，④社債管理者が社債発行会社に対して債務を負担する場合において，社債発行会社に対する債権を譲り受けて相殺したときは，社債管理者が誠実にすべき社債の管理を怠らなかったことまたは損害が当該行為によって生じたものでないことを証明したときをのぞき，社債権者に対し，社債管理者は損害を賠償する責任を負う（710条2項）。

社債管理者が義務に違反しまたは事務処理に不適任のときその他の正当事由

があるときは，裁判所は社債発行会社または社債権者集会の申立てにより，社債管理者を解任することができる（713条）。

社債権者集会

同一の種類の社債権者はその利害関係につき共通するところが多いことから，これを団体としてその利益を保護することが適当であると考えられ，法は社債権者集会という会議体を設けて，社債権者の権利，利益の保護をはかっている（715条以下，担信31条以下）。ここでは会社法における社債権者集会を中心に述べる。

社債権者集会は，株主総会のような常置機関ではなく臨時に構成されるものであり（717条1項），社債の種類ごとに社債権者集会を組織する（715条）。社債権者集会は，法に規定する事項のほか，社債権者の利害に重大なる関係を有する事項について決議を行うことができる（716条）。社債権者集会の招集権者は，発行会社・社債管理者であり（717条2項。担保付社債の場合には，受託会社〔担信31条〕），少数社債権者（社債総額〔償還済の額を除く〕の10分の1以上を有する者）は，発行会社，社債管理者に対して招集を請求することができ，一定の場合には，裁判所の許可を得て招集することができる（718条）。

社債権者集会の招集者は，社債権者集会の日の2週間前までに，知れている社債権者および社債発行会社ならびに社債管理者がある場合には社債管理者に対して，日時・場所・目的その他の所定の事項を，書面または電磁的方法により通知をする（720条1項〜3項・719条，会社規172条）。無記名式の社債券を発行している場合には，招集者は，社債権者集会の日の3週間前までに，社債権者集会を招集する旨および所定の事項を公告しなければならない（720条4項。公告方法については720条5項に注意）。

社債権者集会の決議等に関しては，次のとおりである。社債権者は，社債権者集会において，その有する当該種類の社債の金額の合計額（償還済の額を除く）に応じて議決権を有し（社債発行会社の有する自己の社債を除く），無記名社債の社債権者は，社債権者集会の日の1週間前までに，その社債券を招集者に提示しなければならない（723条）。社債権者集会において決議をする事項を可決するには，出席した議決権者の議決権の総額の2分の1を超える議決権を有する者の同意が必要であるが（普通決議），一定の事項については，議決権者の議決権の総額の5分の1以上で，かつ，出席した議決権者の議決権の総額の3

分の2以上の同意が必要である（724条1項・2項）。社債権者集会については，株主総会（295条以下）と同じように，議決権の代理行使（725条），書面または電磁的方法による議決権の行使（726条・727条），議決権の不統一行使（728条），延期または続行の決議（730条），議事録（731条）の規定が設けられている。また社債発行会社の代表者または代理人の出席を求めることもできる（729条）。

社債権者集会の決議は裁判所に決議の日より1週間内にその認可を求めなければならず（732条），その効力は裁判所の認可により生じしかも当該種類のすべての社債権者に対して効力が生ずる（734条）。会社はこの認可の決定があった場合も，または不認可の決定があった場合も（不認可事由につき〔733条〕），その旨を公告しなければならない（735条）。社債権者集会の決議の執行は，社債管理者もしくは社債管理者がいないときは社債権者集会により選任された代表社債権者（736条。後述）が行うが（737条1項），社債権者集会の決議により別に執行者（決議執行者）を定めたときはその決議執行者が行う（737条1項但書）。

社債権者集会は臨時的なものであり頻繁にこれを開催することは困難であることから，社債総額の1000分の1以上を有する社債権者の中から1人または複数の代表社債権者を選任し，その決議すべき事項の決定を委任することができ，複数の代表者がいる場合にはこの決定は社債権者集会の決議で別段の定めがないかぎり代表社債権者の過半数によりこれを決する（736条1項・3項）。この代表者は，社債権者集会における特別決議により選任される（724条2項）。

3・5・5　社債の償還と社債の利息の支払い

社債の償還

社債は会社の債務であることから，社債権者に対して弁済されなければならない。これを社債の償還という。償還方法等は社債発行条件において定められるが（676条4号，担信19条1項5号），社債は集団的・大量的な会社債務であり，かつ社債権者が一般大衆であることから，通常の借入金と異なる規定を設けている。償還方法として，償還期日に償還することのほか（一括償還），社債発行後一定期間据え置いた後に，償還期日までに随時償還（任意繰上償還）する，または定期的に一定額を抽選により償還すること（定時分割償還・定時償還）が多く行われている。後二者の場合，償還期日までに償還をすべて終えてしまうこともある。社債償還の請求権は各社債権者が個別にこれを行うが，社債管理者があるときは，社債管理者が社債権者のために，弁済を受けまたは債権の実現を保全するのに必要ないっさいの裁判上または裁判外の行為をなす権限を有しているので，社債管理者が償還を受けた場合には，社債券を発行しているときは，社債権者は社債券と引き替えにその支払いを受ける（705条1項・2項）。担保付社債の場合，受託会社が社債管理者と同一の権限および義務を負っている（担信35条・36条）。この場合，その担保権の実行をするのではなく，単に債権の弁済を求めるときは，受託会社によることなく，担保付社債権者はその権利行使ができるとの判例がある（大判昭3・11・28民集7・1008）。

社債権者の償還請求権および社債管理者に対する支払請求権（705条2項）は，10年の時効により消滅する（701条1項・705条3項）。また発行会社がある社債権者に対してなした，弁済，和解その他の行為が著しく不公正なときは，社債管理者，社債権者集会決議により選任された代表社債権者または決議執行者は，訴えをもってかかる行為の取消請求を行うことができる（865条）。

社債の償還とは異なるが，発行会社は償還期日前にその発行している社債を買い入れてそれを償却することができる。これを買入償却という。発行会社は，これを行うことにより社債を消滅することができるので，社債に関する負担を減じることができる。

社債の利息の支払い

社債の利息の支払いについては，会社は募集社債に関する事項にてこれを定め（676条3号・5号），社債原簿に記載される（681条1号）。社債の利払いは，一定期間ごとに支払う方法と償還時一括して支払う方法がある。無記名社債として一定の期間ごとに支払う場合には，利札が社債券についており（697条2項），この利札と引き換えに支払いがなされる（利札が社債券から切り離されて流通している場合もある）。利息の支払いを怠った場合または前述の社債の償還において述べた定時分割償還が行われているときにその償還を怠った場合には，社債権者集会の決議に基づき，当該決議の執行者により，発行会社に，一定の期間内（2ヶ月を下ることはできない）にその弁済を行うべき旨およびその期間内に弁済をしないときには社債の総額について期限の利益を喪失する旨を通知し（739条1項・2項），さらに会社がこれによっても弁済をしなかったときは，当該社債の総額について期限の利益を喪失する（739条3項）。なお，社債権者の利息支払請求権および社債券の欠缺利札の所持人の控除金額支払請求権（700条2項）は，5年の時効により消滅する（701条2項）。

3・5・6　新株予約権付社債

意　義　すでに述べたように（***3・5・2*****社債の種類**），新株予約権（236条以下）と社債とを組合せたものが，新株予約権付社債である。新株予約権が付されていることから，発行できるのは株式会社のみであり，規制についても新株予約権の中で定められている（募集について，248条参照）。

発行手続　新株予約権付社債の発行は，新株予約権と同様に，公開会社の場合は取締役会の発行決議により行われ（240条），非公開会社の場合には，株主総会にてこれを決議する（238条・309条2項6号）。ただし，新株予約権に関して有利発行となる新株予約権付社債を発行する場合には株主総会における特別決議が必要である（238条3項・239条1項・240条1項・309条2項6号）。新株予約権付社債に付された新株予約権の数は，当該新株予約権付社債についての社債の金額ごとに，均等に定めなければならない（236条2項）。

申込み　新株予約権付社債の申込みは，会社からの新株予約権付社債の引受けの申込みをしようとする者に対する通知に従い，申込みを行う（242条・248条）。

譲　渡　新株予約権付社債も譲渡することができるが（前述，***3・5・3*****社債の発行手続**の**社債券**，**社債原簿**参照），新株予約権付社債に付された新株予約権のみを譲渡することはできず（ただし，当該新株予約権付社債についての社債が消滅したときは除く），新株予約権付社債について社債のみを譲渡することはできない（ただし，当該新株予約権付社債に付された新株予約権が消滅したときを除く）ことになっている（254条2項・3項）。証券発行新株予約権付社債に付された新株予約権の譲渡は，新株予約権付社債券の交付により行われる（255条2項）。新株予約権付社債券の占有者は，適法な所持人と推定されている（資格授与的効力。258条3項。なお善意取得について，同条4項）。質入れについても定められているが，これは前述の譲渡と同じような規定となっている（267

条２項～５項・268条２項・３項・272条５項）。証券発行新株予約権付社債券の記載事項も，法定されている（292条）。

新株予約権の行使　新株予約権付社債の新株予約権の行使は，証券発行新株予約権付社債に付された新株予約権を行使しようとする場合には，新株予約権付社債券を株式会社に提示しなければならず，当該社債券に新株予約権が消滅した旨を記載しなければならず，さらに新株予約権の行使により社債が消滅するときは，新株予約権付社債券を株式会社に提出しなければならない（280条３項・４項）。なお，社債の償還後に証券発行新株予約権付社債に付された新株予約権を行使しようとする場合にも，新株予約権付社債券を株式会社に提出しなければならない（280条５項）。

第4編
会社の生成と変動

【本編で学ぶこと】

本編では，株式会社を中心として，会社の設立に関する事項，会社の基本事項の変更に関する事項，会社組織の根幹に関する事項について，おおむね次のような点を説明する。

会社の設立に関する事項では，会社を設立しようとする者（発起人）の存在から設立登記により会社が成立するまでを概観する。この過程における発起人の役割，会社の根本規範である定款の作成，会社に出資する者の義務と責任，会社設立に関与した者の義務と責任，会社設立の瑕疵等を述べる。

会社の基本事項の変更では，定款は会社の私的自治の規範であり会社活動において重要である。特に会社法は多くのことを定款自治に委ねており，例えば機関の設計すら自由度を高めている。法令はすべての会社に適用されるが，定款内容は会社ごとに異なりかつ当該会社にのみ適用されるので，この定款の変更について述べる。

会社組織の根幹に関する事項では，例えば合同会社が株式会社にその組織を変更するように，まず会社組織の変更について述べる。また会社は他の会社と結びついて，その活動規模を変更し会社活動の効率性を高める場合がある。このような企業結合・組織再編に関し，最近の動向を踏まえて，合併，株式交換・株式移転（持株会社・親子会社関係），事業譲渡，企業間の提携，会社分割について説明する。さらに会社は法人のために自然人のような寿命はないが，経営を失敗すれば会社の存亡が危ぶまれ消滅することもある。そこで会社はどのように消滅するのか（解散，清算等），さらに会社を再建する方法（会社更生，民事再生等）を説明する。

本編では，以上の3つの基本事項を理解するとともに，本編により会社（特に株式会社）の全体像をつかむこと，さらに第3編までの説明に本編の説明を投影することにより，本書の全体像を理解したうえで，現在の会社をめぐる法的諸問題を考えていただきたい。

第1章　会社の設立と組織変更

1・1　会社の設立

1・1・1　総　　説

会社の設立とは，会社の実体としての団体を形成し，その団体に法人格を取得させて会社を成立することである。すなわち，定款作成（26条・575条）からはじまり設立登記（株式会社＝911条，合名会社＝912条，合資会社＝913条，合同会社＝914条）に至るまでの一連の手続・要件（手続・要件は株式会社と持分会社では異なり，また持分会社間でも合名会社・合資会社と合同会社では異なる点もある）を満たすことにより会社は成立する（49条・579条）。このようにわが国では会社法の規定に従って設立手続が行われるかぎり，行政官庁の許認可等を要することなく会社成立が認められるという準則主義が採られている（会社の中には，特別法により会社の設立が認められる特許主義の場合，営業について免許を必要とする免許主義の場合もある）。準則主義を採用していることから，必要な手続を経ればいかなる目的の会社をも設立することができることになるので，社会に対して有害な会社を設立することも考えられる。このような場合には，公益を維持するために会社の解散を裁判所が命ずることができる。すなわち，会社の設立が不法の目的をもってなされたとき，会社が正当の理由なくしてその成立後１年内に開業しないまたは１年以上事業を休止したとき，業務執行取締役，執行役または業務を執行する社員が，法令もしくは定款で定める会社の権限を逸脱しもしくは濫用する行為または刑罰法令に触れる行為を継続または反復した場合において，法務大臣から書面による警告を受けたにもかかわらず，なお継続的にまたは反復して当該行為を行ったとき，法務大臣または株主，社員，債権者その他の利害関係人の申立てにより，裁判所がこれを行う（824条）。以下では，株式会社の設立について述べる。

◆ *WINDOW 16* ◆　会社法上の社員

私たちが日頃何気なく用いている「社員」という言葉は，その会社に雇用されそこで働いている者，すなわち従業員または使用人を意味して用いてる場合がほとんどであろう。しかし会社法上の社員とは，その者が従業員または使用人であるかどうかにかかわりなく，会社に出資している会社の構成員をさすのである。すなわち，株式会社では，社員とは株主のことであり，通常は，その有する株式（＝会社に対する法的地位）の数（出資割合）に応じた権利を会社に対して有している（109条1項）。持分会社では社員と呼ばれており，その会社に対する法律上の地位を持分をいう。また持分会社では，社員の責任の態様から，無限責任社員と有限責任社員に分けられる（576条1項5号）。会社法のみならず，法律用語には，私たちが用いている言葉（単語）について，その読み方または意味の異なる場合が見受けられるので，気をつけなければならない。

1・1・2　株式会社の設立方法

株式会社の設立も会社法の規定する手続に従えばよいことから，おおまかにいえば，定款の作成，株主の確定，出資の確定，設立時役員の選任（設立時取締役は必ず選任），設立登記による会社の成立という流れとなる。株式会社の設立方法として，発起設立と募集設立がある。

発起設立（同時設立・単純設立）　発起人が会社設立に際して発行される株式をすべて引き受ける方法で（25条1項1号），少人数の仲間のみで小規模な株式会社を設立するのに向いている。平成2（1990）年の改正前は，すべての発起設立につき，裁判所が選任した検査役の調査を要したため（平成2年改正前商法173条），発起設立による会社設立は僅少であったが，改正後は，発起設立の場合の払込みについても，後述する募集設立と同様に，発起人が定めた銀行等への払込みとなり，会社法もこれを受け継ぎ，銀行等または信託会社，その他法務省令で定めるもの（会社規7条）の払込み取扱い場所において払い込まなければならない（34条2項）。また会社法では，募集設立と異なり払込金保管証明が不要となり（64条参照），払込みがあったことを証明する書面（残高証明等）を設立登記の際に添付すればよい（商登47条2項5号）。この方法によると，おおむね次のような流れとなる。

発起人による定款の作成→公証人の認証→発起人による株式の引受けとその出資の履行→発起人による設立時取締役等の選任→設立登記＝会社の成立。

募集設立　発起人が会社設立に際して発行される株式の一部を引き受け，残りを株主を募集して引き受けさせる方法で（25条1項2号），多額の資金を調達するができることから，資本金の大きい株式会社の設立に向いている。平成2（1990）年の商法改正以前は，発起人は7人必要であり，また小規模な株式会社も面倒な検査役の調査を避けるために，発起設立ではなく募集設立により設立されるものが多かった。この方法によると，おおむね次のような流れとなる。

発起人による定款の作成→公証人の認証→発起人による株式の引受けとその出資の履行→株主の募集→株式の申込み→株式の割当て→出資の履行→創立総会（発起人による設立事項の報告，設立時取締役等の選任等）→設立登記＝会社の成立。

発起人　発起人が定款を作成することから，会社設立の手続が始まる（26条）。発起人は，会社設立を企図してこれを行う者であるが，法律上，発起人とは，定款に発起人として署名または記名押印した者をいう（大判昭7・6・29民集11・1257）。また電磁的記録による場合には，電子署名をいう（会社規224条・225条）。したがって会社設立にあたり何もしていなくても定款に発起人として署名をすれば発起人と解されるが，実際に行為をしたが定款に発起人として署名をしないかぎり発起人ではない（大判大5・10・7民録22・1862）。ただし，発起人ではないが募集設立において当該募集の公告または当該募集に関する書面等に自己の氏名または名称，および株式会社の設立を賛助する旨を記載または記録することを承諾した者は，擬似発起人として責任を問われる（103条4項）。発起人の資格については取締役および監査役とは異なり定めがないことから（331条・335条1項・2項参照），自然人，法人を問わないので，会社が発起人となって子会社を設立することができると解されている。また発起人の員数については1人で足りるので（26条1項），発起人1人のみで株式会社を設立する，すなわち株主が1人である一人会社を設立することができる。

1・1・3　設立中の会社と発起人組合

設立中の会社　設立の登記によって会社が成立（株式会社として法人格を取得）するが，会社の成立する前の過程において会社の前身である実体が形成される。この実体のことを設立中の会社という。設立中の会社は法人格を有せず，権利能力なき社団である。したがって設立中の会社には法人格はないものの，成立後の会社には法人格があることになるので，このような場合には，会社の設立過程およびその成立後を通じて，同一の主体であると考えて処理している（同一性説）。したがって，次のように考えることになる。

発起人が設立中の会社のために行った行為から生ずる権利義務は発起人に帰属する（実質上は設立中の会社に帰属する）→設立中の会社が所定の手続を経て設立登記→株式会社として法人格の付与＝会社の成立（このとき，発起人〔実質的には設立中の会社〕に帰属していた権利義務が会社に帰属する）。

発起人組合　発起人が複数いる場合，会社設立手続を開始する前に，発起人間で会社設立を目的とする組合契約を締結し，その履行として会社の設立に関する行為を行うことになる。この組合を発起人組合という。発起人組合の性質は民法上の組合（民667条以下）であり，発起人組合と設立中の会社とは会社の設立過程においては別個のものでありながら併存している。したがって，発起人が行う定款の作成，株式の引受け，設立事務の執行は，一面では設立中の会社の行為であり，また一面では発起人組合における組合契約の履行行為となる。

1・1・4　設立手続

定款の作成　発起人は定款を作成するが，定款が書面にて作成されるときには発起人全員が署名または記名押印しなければならず（26条1項），電磁的記録による場合には電子署名をしなければならない（26条2項，会社規224条・225条）。作成した定款については，必ず公証人の認証を受けなければ効力が生じない（30条，公証人法62条ノ2～62条ノ8）。公証人の認証を要するのは，定款の内容を明確にし，またその内容を証明するからである。定款とは，会社の組織・活動に関する根本規則であり（実質的意味における定款），またそれらを記載した書面または電磁的方法による記録である（形式的意味における定款)。会社の設立時に作成される定款を，原始定款という。公証人が認証した定款は，会社の成立前は，現物出資等に関する検査役の調査の場合または発行可能株式総数の場合において必要とされるときを除き，変更することができない（30条2項)。なお，募集設立の場合には，創立総会にて定款を変更することができる（96条)。

定款の記載事項

定款の記載事項は，3つに分けることができる。

(1)　**絶対的記載事項（27条）**　定款にかならず記載または記録しなければならず，この記載または記録を欠くときは定款自体が無効となり設立無効原因となる。すなわち，この場合には，形式的意味における定款の形式を欠くことになる。必要的記載事項ともいわれる。絶対的記載事項は，次のとおりである。

①　目的（27条1号)　　会社が行う事業内容のことである。会社がどのようなことを行うのか，取締役の行為はこの目的範囲内であるか否か等，この目的から解釈される事柄は多い。また会社の権利能力に関しても，定款所定の目的は重要な意味を持っている（最判昭27・2・15民集6・2・77，最大判昭45・6・24民集24・6・625)。

②　商号（27条2号)　　商人たる株式会社がその営業上の名称を示すのが商号であり，株式会社はその商号中に，かならず株式会社の文字を用いなければならない（6条2項)。

③　本店の所在地（27条3号)　　本店所在地は，株主総会の招集，裁判管轄，その他多くの点で重要である。ここに本店所在地とは，最小独立行政区画（市町村，東京都および指定都市の区）を示せば足りる。

④　設立に際して出資される財産の価額またはその最低額（27条4号)　　旧商法は，発行予定株式総数（旧商166条1項3号）および会社の設立にあたり発行する株式の数（現行法の設立時発行株式数）を定めることにしていた（旧商166条4項)。会社法は，設立時の株式数より設立時の会社財産を重視し，設立に際して出資される財産の価額またはその最低額を記載することにした。

⑤　発起人の氏名または名称および住所（27条5号)　　発起人の同一性を示すものであり，発起人とは発起人として署名または押印をしたものである（電磁的記録による場合には電子署名も含む)。なお，定款の本文に発起人の氏名およ

び住所の記載または記録がないときであっても，定款に署名をし住所を附記していたならば，これらの記載または記録は発起人の氏名および住所を兼ねると解されている（大判昭8・5・9民集12・12・1091）。

⑥　会社が発行することができる株式総数（発行可能株式総数）　上述の①〜⑤の事項と異なり，本事項は公証人の認証の時に定款に定められていなくてもよいが，必ず，会社の成立時までに定款を変更して記載しなければならない。すなわち，会社が発行することができる株式総数（発行可能株式総数）を公証人の認証の時に定款に定めていない場合には，発起設立の場合には会社成立の時までに発起人全員の同意により，募集設立の場合は創立総会の決議により，定款を変更して発行可能株式総数を定款に定めなければならない（37条1項・98条）。また定款で定めていた場合でも，これを会社成立時までに発起人全員の同意または創立総会決議により定款を変更することができる（37条2項・98条）。この⑥は，会社成立時の定款には，必ず記載されていなければならない。また，この発行可能株式総数との関係で，設立時に発行される株式（設立時発行株式総数）は，設立する株式会社が公開会社の場合にはこの発行可能株式総数の4分の1以上でなければならないが（37条3項），非公開会社の場合にはこの規制は適用されない（37条3項但書）。

⑵　**相対的記載事項**　相対的記載事項とは，定款に定めると法律上の効力を生じるが，定款に定めないとその効力は生じない。このような事項は会社法に多く規定されている（例えば，28条・107条2項等，多くの規定がある）。特に設立にあたっては，28条に定められている変態設立事項については，これを定款に記載または記録しなければ，効力が生じない。また会社が公告を行う方法も，相対的記載事項である（939条1項2項。ただし同条4項に注意）。

⑶　**任意的記載事項**　絶対的記載事項または相対的記載事項以外のものであり，法の強行規定および公序良俗に反しないかぎり何でも規定できる。定款に定めると法律上の効力を生じるが，定款に定めなくても定款には影響がなく，また定款に定めなくてもその効力は否定されない（会社の内部規定として設けておけば，その効力は否定されない）。任意的記載事項として，例えば，定時総会の招集時期，取締役，監査役などの役員等の員数などがある。ただし，いったん定めると，その後に変更するときは，定款変更の手続を必要とする。

(4)　**変態設立事項**　変態設立事項は（28条），発起人が自己または第三者の利益をはかるなどのように恣意的に会社の設立行為を行うと，会社の財産的基盤を揺るがし，株主，債権者に対して不測の事態を生ぜしめるおそれがあることから，特にこれらの事項については定款に定めなければ効力が生じないようにしている（相対的記載事項）。これらの事項については，検査役の調査を必要とする（後述**過当評価の防止**参照）。

①　現物出資（28条1号）　出資の履行は，金銭によるのが原則である。しかし発起人にかぎり，金銭以外の現物を出資することが認められている（28条1号・34条1項）。現物出資として出資することができるのは，動産，不動産，有価証券，債権，特許権等の知的財産権等である（労務の提供・信用は現物出資にあたらない）。これらの場合には，現実に財産を引き渡し，登記・登録等の必要な行為を行わなければならないが，発起人全員の同意があるときは，登記・登録等の必要な行為については，会社の設立後に行うこともできる（34条1項）。これらの財産を評価するにあたり，過大なまたは不当な評価を行うおそれがあることから，このような規制が設けられている。現物出資者たる発起人の氏名または名称，目的財産，目的財産の価額，割り当てる株式の種類および数を，定款に定めなければならない。

②　財産引受け（28条2号）　財産引受けとは発起人が設立中の会社のために，会社の設立を条件に，株式引受人または第三者から一定の財産を譲り受けることを約する契約をいう。現物出資と同じような効果があることから，現物出資の規制を逃れるために行われるおそれがあるのでこれを規制している。定款には，譲り受けを約束した財産，その財産の価額，譲渡人の氏名または名称を定款に定めなければならない。財産引受けについて，判例（最判昭38・12・24民集17・12・1744）・通説は，財産引受けは会社の開業準備行為に該当するが会社の設立行為そのものではないので発起人の権限外の行為であるが，財産引受けのみを例外的に認めていると解している。これに対して，発起人は開業準備行為を行うことができるが，広くこれを行うことができるとするとその濫用のおそれがあることから，財産引受けのみを行うことができると解する見解もある。判例は，定款に記載のない財産引受けは会社成立後の株主総会において追認されても有効とならず（最判昭28・12・3民集7・12・1299），また会社のみな

らず譲渡人もその無効を主張できると判示する（最判昭42・9・26民集21・7・1870）。さらに定款に記載のない財産引受けは会社成立後の株主総会において追認されても，特段の事情がないかぎり無効であるとしつつも，事実関係から特段の事情を認めて旧商法168条1項6号（＝現・会社28条2号）違反を理由にその無効を主張することは，法が予定する会社または株主・債権者等の利益を保護するという意図に基づいておらず，信義則に反して許されないと判示した判例もある（最判昭61・9・11判時1215・125百選〔第3版〕6事件）。

③　発起人が受ける発起人の報酬または特別利益と発起人の氏名または名称（28条3号）　発起人は会社設立のために尽力する者であることから，その労力に対して報酬を支払う。その報酬をここに記載または記録するが，報酬は確定金額で一時的に支払われる。さらに，発起人の功労に報いるために，発起人に対して，剰余金の配当，残余財産の分配，会社設備の優先的利用等の特別な権利を認めることがある。そこでこれらのことを発起人が過大にまたは不当に行うことがないように，定款記載事項としている。

④　会社の負担に帰すべき設立費用（28条4号）　会社の設立にあたり，必要な費用を設立費用という。例えば，事務所の賃借料，広告費（大判昭2・7・4民集6・428百選〔第3版〕7事件）などである。会社に設立費用の負担を無制限に認めると，発起人がそれを濫用するおそれがあるので，定款記載事項としている。なお，28条4号かっこ書で示すような手数料等は，当然に会社が支払わなければならずまた客観性があることから，本条にいう設立費用とはされていない。

株式発行事項の決定　会社の設立の際に発行される株式（設立時発行株式）に関する事項に関しては，発行可能株式総数（37条1項・98条。ただし公証人の認証前に定款に定めなくてもよい）以外には定款の絶対的記載事項として定めなくてもよい。そこで，設立時発行株式に関する事項のうち，①発起人が割当てを受ける設立時発行株式の数，②上記の①の設立時発行株式と引換えに払い込む金銭の額，③設立後の株式会社の資本金および資本準備金の額に関する事項については，定款でこれらを定めていない場合には発起人全員の同意をもってこれらの事項を定めなければならない（32条1項）。発起人にこれを認めるのは，あらかじめ定款で定めると株式の発行直前の事情にも対応することができないことがあるので，むしろ株式の発行直前にこれらを決定するのが適当であると解されているからである。これらは重要な事項であるから，民法上の組合における議決の場合（民670条）と異なり，発起人全員の同意を必要としている。なお設立しようとする会社が種類株式発行会社の場合，上述①の発起人が割当てを受ける設立時発行株式が種類株式の場合にはその内容を定めなければならない（32条２項）。

株式の引受け

⑴　**発起人による引受け**　会社の設立方法が発起設立または募集設立のいずれであっても，発起人は設立時発行株式を必ず１株以上引き受けなければならない（25条２項）。発起人は，会社の設立の時に，出資の履行をした設立時発行株式の株主となる（50条１項）。

⑵　**株主の募集と株式の申込み・引受け**　募集設立の場合，発起人が一部の株式を引き受け，残りについては株主を募集することになる（25条１項２号，57条）。発起人は，所定の事項（定款に関する事項，認証関係の事項，変態設立事項，発起人が出資した財産の価額，払込取扱場所，その他）を設立時発行株式の引受けの申込みをしようとする者に対して通知し（59条１項，会社規８条），設立時発行株式の引受けの申込みをしようとする者は，その氏名または名称および住所，引き受けようとする設立時募集株式の数を記載した書面（または電磁的方法）により発起人に申込みを行う（59条３項・４項，会社施行令１条，会社規230条）。

株式を募集する際に，わが国では申込証拠金の慣行がある。これは株式申込みの際に，申込数に応じた申込証拠金の支払いを要求し，申込証拠金は割当て後は払込金に充当される。この慣行は，実際上必要でありそれ自体不当ないし不合理なものではないと解されている（最判昭45・11・12民集24・12・1901）。なお，割当てがない場合には，その申込証拠金を返還しなければならないが，利息を付けて返還する必要はない。

設立時発行株式の引受けに関する意思表示（引受け，引受けの申込み，割当て，総額引受契約等）については，心裡留保（民93条但書），通謀虚偽表示（民94条１項）による意思表示については，これらの規定が適用されないので（51条１項・102条５項），これらの場合であっても無効を主張することができない。

発起人は会社成立後，設立時募集株式の引受人は創立総会（種類創立総会）に出席して権利を行使した場合には，錯誤（民95条）を理由とする引受けの無効の主張をすること，さらに詐欺もしくは強迫（民96条）による引受けの取消しの主張を，それぞれ行うことができない（51条2項・102条6項。なお消費者契約法7条2項参照）。会社法にこれらの規定が設けられていることについては，株式会社の財産上の基盤を確保すること，画一的に処理することから個人的な理由による無効または取消しを避けることなどが，立法理由として述べられている。これらに対して，未成年者（民4条）および制限行為能力者（民8条・11条・15条），詐害行為（民424条）を理由とする引受けの取消しについては，取り消すことができると解される。

株式の申込みがあると，発起人は割当てをしなければならない。あらかじめ割当方法を定めていないかぎり，発起人の自由裁量（先着順，引受価額の高い順，申込者に案分比例，抽選など）により割当てを行うことができる（割当自由の原則）。割当てにより株式の引受けが確定し，設立時発行株式の引受けの申込人は設立時募集株式引受人となり，割り当てられた株式について払込みの責任を負う（63条1項）。

出資の履行

(1)　**概　要**　発起人は設立時発行株式の引受後遅滞なく出資の履行（金銭の払込みまたは現物出資）をしなければならず（34条1項），設立時募集株式の引受人は払込期日または払込期間内に払込みをしなければならない（63条1項）。払込みは原則として金銭により行われ全額が払い込まれ（全額払込制），発起設立であろうと募集設立であろうと，銀行等の払込みの取扱いの場所（払込取扱機関）に払い込まなければならない（34条2項・63条1項）。また銀行等の払込みの取扱いの場所とは，銀行，信託会社であるが（34条2項），例えば，商工組合中央金庫，信用金庫，信用協同組合，労働金庫等も認められている（会社規7条）。発起人については金銭以外の出資の履行，いわゆる現物出資が認められている（28条1項・34条1項）。（現物出資および財産引受けについては，前述 ***1・1・4*** の**設立手続**の(4)**変態設立事項**参照。）

発起人が出資の履行をしていない場合には，発起人は履行をしていない発起人に対して，期日を定めてその期日までに払込みがなされないときはその権利を失う旨の通知（失権予告付催告）をその期日の2週間前までに行い，これを行っても当該発起人が出資の履行をしなかったときはその権利を失う（36条）。また設立時募集株式引受人が払込みを行わなかった場合には，設立時募集株式の株主となる権利を失う（63条3項）。発起人の場合には失権予告付催告によらないと失権しないが，設立時募集株式引受人の場合には払込みをしなければ当然にその権利を失う。なお，定款に記載した設立に際して出資される財産の価額またはその最低額（27条4号）を満たしている限り，あらためて設立時発行株式引受人を募集する必要はない（これらの額を下回るときには，再募集となる）。

(2)　**仮装払込みの防止**　発起設立であろうと募集設立であろうと，払込取扱機関に全額を払い込まなければならないが，あたかも払込みがあったかのように見せかけることがある。これを仮装払込みといい，その代表例として，預《あずけ》合《あい》と見せ金がある。（仮装払込関与者の責任については，本章，***1・1・6*** **設立関与者の責任**参照。）

(a)　預　合　　預合は発起人が払込取扱機関より金銭を借入れ，その借入金を払込取扱機関に払込金として設立中の会社の株式の払込みにあて（実際は，払込取扱機関の帳簿上での金銭の移動があるだけ），その際，発起人が借入金を返済するまでは払込金を引き出さないことを払込取扱機関との間で約束するものである。形式的には払込みがなされるので会社は設立手続に従い会社は成立するが，会社は成立後であっても払込金を返還してもらえない。このように払込機関に払込金はあるものの，この払込金を会社が利用できないことから，払込みがなかった場合と同じように考えることができる。これでは，会社の資本が充実したとはいえない。払込取扱機関による払込金については，発起設立ではその払込みがあったことを証する書面（残高証明等）が，募集設立ではその保管証明書が株式会社の設立登記に必要である（商登47条2項5号）。払込取扱機関が払込金の保管証明をした場合には，その証明した払込金額について返還制限を付していることを理由として，払込金の返還を会社に対して拒むことはできない（64条2項）。また預合を行った者は，処罰される（965条）。預合による払込みは，無効であると解し得る。なお，最判昭和42年12月14日（刑集21・10・1369）は，増資に関する事件において，株式引受人の会社に対する債権が実際に存在し，かつ会社にこれを弁済する資力がある場合には，その払込みの態様が銀行から借り受けた金銭を株式引受人の会社に対する債権の弁済に充て，株式引受人がこの弁済分に会社からの貸付金を加えて払込みに充てていた場合には，資本充実の原則に反するものではなく，株金払込仮装行為とはいえず，旧商法491条（＝現・会社965条）に該当しないと判示した。

(b)　見せ金　　見せ金とは，発起人が払込取扱機関以外の第三者より金銭を借り入れ，その借入金を株式の払込みにあて，会社が成立した後にこれを引出し，この金銭を借り入れた第三者に対する返済にあてる方法である（一般的には，引き出した金銭を会社が発起人または取締役に貸し付ける形をとり，彼らがそれを借入先の第三者への返済にあてることになる）。見せ金による払込みは，預合とは異なり，実際に金銭が払い込まれている。そこでこのような行為が，預合を防止することの潜脱行為であり有効な払込みであるか否かについては見解が分かれている。判例（最判昭38・12・6民集17・12・1633百選〔第3版〕8事件）は，株式の払込みは資本の充実をはかりこれにより現実に営業活動の資金が獲得されなければならないとし，会社資金を確保する意図はなく一時的に借入金により株式払込みの外形を整え，会社成立後直ちに払込金を払い戻して借入先に返済する場合には，単に外見上株式会社の払込みの形式こそ備えているものの，実質的に払込みがあったといえないとして払込みの効力を否定した。多数説も，個々の取引行為ではなく見せ金全体（一連の行為全体）をみて判断すると，それは計画された仮装払込みであり有効ではないと解する無効説にたっている。これに対して，個々の取引行為は有効であることから，このような払込みであってもその有効性を認め，むしろ引き出した金銭の貸付を行った取締役の責任を問題にすればよいと解する見解もある。他人からの借入金で行われた払込みを見せ金と解するか否か，さらには見せ金と解する行為があったとしても払込みを無効と解するのか有効と解するのかは，その行われた行為を十分に検討したうえで判断することになろう。

(3)　**過当評価の防止**　(a)　変態設立事項の調査　　***1・1・4*** **設立手続**における**変態設立事項**で述べたとおり，変態設立事項については定款に定めることが要求されている（28条）。これらの事項について，発起人が自由に行うことができると，会社財産の基盤が損なわれるおそれがあるので，裁判所の選任する検査役の調査を必要とする（33条1項・2項）。発起人が裁判所に検査役選任の申立てをし（33条1項），裁判所により選任された検査役が必要な調査をし，その結果について裁判所に書面または電磁的記録による報告をし，裁判所は検査役の報告に基づき，その変態設立事項が不当であると認めた場合には，変更する決定をしなければならない（33条1項・2項・4項・7項）。発起人がこの決定に不服のときは，この決定確定後1週間内にその設立時発行株式の引受けを取り消すことができる（33条8項）。この場合には，発起人全員の同意により，裁判所の決定確定後1週間内に，決定により変更された事項についての定めを廃止する定款変更をすることができる（33条9項）。

募集設立の場合は，発起人より検査役の調査報告が創立総会に提出され（87条2項），また創立総会にて選出された設立時取締役等は一定事項を調査しその結果を創立総会に報告しなければならない（93条1項・2項）。創立総会においてこれを不当と認めたときはこれを変更する（定款を変更する）ことができる（96条）。さらにこの創立総会における変更に反対した設立時株主は，当該決議後2週間以内に，その設立時発行株式の引受けに係る意思表示を取り消すことができる（97条）。

(b)　変態設立事項の調査の例外　　変態設立事項のうち，現物出資および財産引受けについては，検査役の調査を必要としない例外がある。

①　少額免除（33条10項1号）　　定款に定めた現物出資および財産引受けの目的財産の価額の総額が，500万円を超えないとき。

②　有価証券に関する免除（33条10項2号）　　現物出資または財産引受けの目的財産が市場価格のある有価証券（証券取引法〔金商法〕2条1項により証券取引法上の有価証券とされるもの）であり，定款に定めた価額が市場価格として法務省令で定める方法（会社規6条）により算定されるものを超えないとき。

③　弁護士等の証明を受けた場合の免除（33条10項3号）　　定款に定めた現物出資または財産引受けの価額が相当であることについて，弁護士，弁護士法人，公認会計士（外国公認会計士も含む），監査法人，税理士，税理士法人により証明を受けたとき。ただしこの場合であっても，これらの目的財産が不動産であるときには，その不動産につき不動産鑑定士の鑑定評価も受けなければならない。

以上が例外となる。しかし，発起設立の場合の設立時取締役等は，③の証明書を調査し，①と②の免除についても定款所定の価額が相当であるか否かを調査しなければならず，さらに現物出資の給付があったか否かを調査しなければならず，また設立手続が法令もしくは定款に違反していないかを調査する（46条1項）。これらの調査により，法令もしくは定款に違反または不当な事項があるときは，発起人に対してその旨を通知しなければならない（46条2項）。募集設立の場合の設立時取締役等は，これらの調査（出資の履行と払込みの調査も含む）をして創立総会に報告しなければならず（93条1項・2項），さらに創立総会においてこれらの調査について説明を求められた場合には説明をしなければならない（93条3項）。なお募集設立の場合の調査に関しては，設立時取締役等が発起人である場合についての特則がある（94条）。

(c)　事後設立の規制　　現物出資および財産引受けについて規制をしても，発起人が会社の成立後に取締役となり会社の成立前に存在する財産を譲り受けることを約束する事後設立を自由に行うことができるとすると，現物出資および財産引受けを規制する法の趣旨が潜脱されてしまう。かつては事後設立の規制は独立した条文であったが（旧商246条），会社法は，事後設立を事業の譲渡・譲受等と同じ規制にした（467条）。これによれば，総資産に占める割合が5分の1（これを下回る割合を定款で定めた場合にはその割合）以上にあたる対価で取得する契約の場合には，株主総会の特別決議の承認を必要とする（467条1項5号・309条2項11号）。

設立時役員等の選任と設立経過の調査

(1)　**発起設立の場合**　(a)　設立時役員等の選任　　出資の履行がなされると，発起人は遅滞なく設立時取締役を選任しなければならない（38条1項）。さらに設立する会社の機関設計に基づき必要となる設立時役員（設立時会計参与，設立時監査役，設立時会計監査人）を選任しなければならない（38条3項）。定款でこれらの設立時役員等が定められている場合には，出資の履行が完了した時に，選任されたものとみなされる（38条4項）。発起人による選任は，発起人が設立時発行株式の引受人としての資格において行うことから，発起人の頭数により決するのではなく，1株1個の議決権に基づきその議決権の過半数によって行う（40条1項・2項）。さらに選任された設立時取締役は，設立する会社の機関設計に基づき必要となる設立時代表取締役（47条。指名委員会等設置会社を除く取締役会設置会社の場合），設立時委員・設立時執行役・設立時代表執行役（48条。指名委員会等設置会社の場合）を，それぞれ選定しなければならない。

(b)　設立経過の調査　　設立時取締役（監査役設置会社の場合は設立時監査役も）は会社成立までは，会社の設立に関する調査を行う。会社はまだ成立していないので，発起人が，依然として，設立中の会社の執行機関である。調査は，変態設立事項関係，出資の履行，設立手続が法令もしくは定款に違反していないかを調査する（46条1項)。これらの調査により，法令もしくは定款に違反し，または不当な事項があるときは，発起人に対してその旨を通知しなければならない（46条2項)。（なお，変態設立事項がある場合については，上述の**「出資の履行」の過当評価の防止**(a)変態設立事項の調査の項を参照のこと。）

(2)　**募集設立の場合**　(a)　創立総会と設立時役員等の選任　　出資が履行されると，発起人は，払込期日または払込期間の末日のうち最も遅い日以後，遅滞なく創立総会を招集しなければならない（65条1項)。創立総会の招集手続・議決権・決議・総会の運営等（67～85条）は，株主総会のそれとほぼ同じである。議決権は，設立時発行株式1株につき1個である（72条1項)。創立総会の決議は，原則として，創立総会で議決権を行使することができる設立時株主の議決権の過半数であって，出席した設立時株主の議決権の3分の2以上の多数による（73条1項。例外として73条2・3項)。創立総会では，設立時取締役を選任しなければならず（88条1項。2項に注意)，また設立する会社の機関設計に基づき必要となる設立時役員等を選任しなければならない（88条1項)。創立総会では，設立時取締役等の選任，設立経過の調査のほか，定款変更，設立の廃止なども決議することができる。

(b)　設立経過の調査　　設立時取締役（監査役設置会社の場合は設立時監査役も）は，会社成立までは，会社の設立に関する調査を行う（93条1項)。また設立時取締役（監査役設置会社の場合は設立時監査役も）の全部または一部が発起人から選任された者であるときには，創立総会で検査役を選任してこれらを調査させ報告させることができる（94条1項)。選任された者は，必要な調査を行いその結果を創立総会に報告しなければならない（94条2項)。このとき，該当する設立時取締役等にこれらの調査報告義務はない。発起人は，創立総会で，会社設立に関する一切の事項を報告しなければならないが（87条)，変態設立事項がある場合には，発起人より検査役の調査報告が創立総会に提出され（87条

２項），創立総会にて選出された設立時取締役等が検査役の報告を調査しその結果を創立総会に報告しなければならない（93条１項・２項）。（なお，変態設立事項がある場合については，上述の**「出資の履行」**の**過当評価の防止**(a)変態設立事項の調査の項を参照のこと。）

(c)　定款変更および設立廃止　　創立総会は，設立の廃止，創立総会の終結その他設立に関する事項に限り決議をすることができるが（66条），創立総会は，定款の変更または設立の廃止をのぞき，創立総会の目的事項以外は決議することができない。したがって募集事項に定める払込み（58条１項３号参照）の後は，発起人は，定款を変更することができないが（95条），創立総会は，招集通知に記載がない場合であっても，定款変更または設立の廃止を決議できる（73条４項・96条）。変態設立事項を不当と認めるときは，定款を変更することができるが（最判昭41・12・23民集20・10・2227），この定款の変更に反対した設立時株主は，当該決議後２週間以内に，その設立時発行株式の引受けを取り消すことができる（97条）。ここにいう変態設立事項に関する定款の変更とは，定款記載の変態設立事項が不当と認められる場合に，監督是正する立場から，これらの事項を縮小または削除するためにのみ認められ，創立総会であらたに変態設立事項を追加したり既存の規定を拡張したりするような定款変更はできないと解されている（前掲・最判昭41・12・23）。また，発行可能株式総数を定款で定めていない場合には，創立総会決議により定款を変更して発行可能株式総数を定めなければならない（98条）。また定款を変更して，すべての株式の内容として取得条項付株式に関する事項（107条１項３号）を定款に定めまたは変更するときは，設立時株主全員の同意を得なければならない（73条３項）。創立総会において設立廃止を決議した場合には，会社は不成立となる。

設立の登記

(1)　**登記手続**　発起設立の場合は，設立時取締役または設立時代表執行役（指名委員会等設置会社の場合）の必要な調査が終了した日（指名委員会等設置会社の場合は，調査終了の通知を受取った日）または発起人が定めた日のいずれか遅い日から２週間以内に（911条１項），募集設立の場合は，創立総会終結の日，変態設立事項に関する定款変更をしたときはその決議の日から２週間を経過した日，または種類創立総会における決議を行った日（もしくはその日から２週間を経過した日）のいずれか遅い日から２週間以内に

(911条2項), 会社を代表する者が本店の所在地の登記所で設立登記をしなければならない (911条1項・2項, 商登47条1項)。設立の登記の申請書には, 必要な書面を添付しなければならない (商登47条2～4項)。設立登記には, 資本金の額の1000分の7 (ただし最低額15万円) の登録免許税を要する (登税2条・9条・別表第1第24号(1)イ)。なお合名会社および合資会社は6万円 (別表第1第24号(1)ロ), 合同会社は資本金の額の1000分の7 (ただし最低額6万円。別表第1第24号(1)ハ) となっている。支店を設けるときは, 当該支店が本店所在地の管轄区域内にある場合を除き, 支店の所在地の登記所で, 支店の所在地における登記を, 本店の所在地における設立登記をした日から2週間以内に行わなければならない (930条1項1号)。この支店の所在地における登記事項は, 商号, 本店の所在場所, 支店の所在場所であり (930条2項。なお, 商登48条2項に定める事項も登記する), また本店の所在地においてした登記を証する書面を添付しなければならない (商登48条1項)。

(2)　**登記事項**　登記すべき事項は, 目的, 商号, 本店および支店の所在場所, 資本金の額, , 発行可能株式総数, 発行する株式の内容のほか基本的な事項であり, 911条3項に詳細に定められている。支店における登記については, 上述のとおりである。

(3)　**登記の効果**　(a)　会社の成立　　本店の所在地において設立の登記をすることによって, 会社は成立する (49条)。これにより, 設立時株主は株主となり, 設立時取締役等は株式会社の機関となり, 発起人が設立中の会社のためになした行為の効果 (発起人に帰属していた権利義務) は会社に帰属することになる。払込金も会社に帰属するので, これを利用することができる。もっとも, 会社成立前に, 会社が成立後にその営業活動に必要な準備を行うこと, すなわち開業準備行為の効果については, 発起人は設立中の会社の執行機関として会社の設立に必要な行為を行う者であり, 会社の設立自体を目的とする行為およびそのために必要な行為を行う権限を有するものの, この権限を超える行為については, 設立後の会社の営業開始のための準備行為といえども, 定款に記載または記録した財産引受けのみを行うことができるにすぎないと解されている (最判昭38・12・24民集17・12・1744, 多数説)。したがって, 開業準備行為を発起人が行った場合, 判例は民法の無権代理に関する規定の類推適用によりその責任を認めている（最判昭33・10・24民集12・14・3228）。なお，発起人の開業準備行為については，これを発起人の権限と解する見解もある（もっとも無制限に認めているわけではない）。

(b)　権利株の譲渡制限の解除　　会社が成立する前の株式引受人の地位（権利株）の譲渡は，当事者間においては有効であると解されているが，成立後の会社に対しては効力が生じない（35条・63条2項）。会社の成立前にこのような株式引受人の地位（権利株）の成立を認め，これを会社にも対抗することができるとすると，権利株が取引の対象となることから，会社成立時に株主を確定することが難しくなることなど，会社の設立の手続が滞ってしまい，また会社の成立自体が不確実となるおそれが生ずる。そこで，権利株の譲渡を規制しているのであり，会社が成立した場合にはこの規制を解除する。株式としての譲渡が認められる。

(c)　株券の発行　　株券発行会社（117条7項参照）は，会社が成立した後は，遅滞なく株券を発行しなければならない（215条1項）。また株券発行会社の株式譲渡は，株券の交付によらなければ，その効力は生じない（128条1項）。

(d)　株式の引受けの無効・取消し主張の制限　　設立登記により会社が成立することから，株式の引受けの無効または取消しを主張することは制限される（51条1項・2項）（募集設立について，上述**「株式の引受け」(2)株主の募集と株式の申込み・引受け**を参照）。

1・1・5　瑕疵ある会社設立

会社設立の無効

株式会社が登記により成立した場合であっても，その手続に瑕疵がある場合には，設立を無効としなければならず，また場合によっては会社の不存在と解さなければならないことがある。会社が設立されている以上，一般原則に従ってその設立の無効を認めることになると，会社と取引をしている者との関係等，法律関係の安定性が害されることになる。そこで会社法は設立の無効について規定を設け（828条），設立の無効を主張することができる者および無効を主張することができる期間を限定し，しかも主張の方法も訴えのみを認めることにより，法律関係を画一的に確定するようにしている。すなわち，設立無効の主張は会社成立の日から2年以内に訴えによってのみ主張することができ（828条1項1号），しかも訴えを提起できる者は株主等であり，株主等とは，株主，取締役または清算人，監査役設置会社の場合＝株主，取締役，監査役または清算人，指名委員会等設置会社の場合＝株主，取締役，執行役または清算人である（828条2項1号）。なお設立無効の訴えの被告は，その会社である（834条1号）。なお，会社法は，株主が提起した会社設立無効の訴えについても，裁判所は被告である会社の申立てにより原告株主に対して相当の担保の提供を命ずることができる（836条1項）。従来の商法にはこのような規定がなかったが，会社組織に関する他の訴えとの関係，濫訴防止の観点から，このような規定があらたに設けられた。

無効原因　無効原因については，法で定められていない。そこで，無効原因として，意思表示に瑕疵または欠缺があるような株主の主観的原因（主観的無効原因）と，設立手続違反という客観的な原因（客観的無効原因）が考えられる。株式会社は会社の財産に信頼を置くものであるから，株主の個性は株式会社では重視されない（持分会社においては，その社員の個性が重視されるのと異なる）。そこで客観的な原因を無効原因とし，無効原因を広く解すると会社の成立自体が不安定となりまたそれをあまりにも狭めてしまうと法規制が無意味となることから，設立手続のうち特に重大な瑕疵を無効原因と解している。無効原因として，例えば，①定款の絶対的記載事項が欠けているかまたは違法なこと（27条1項。記載事項には発起人の署名も含む），②定款に公証人の認証を欠くこと（30条），③会社法32条に規定する事項につき発起人全員の同意を欠くこと（ただし，発起人全員の同意がないことは無効原因ではないと解する見解もある），④募集設立の場合に創立総会が開催されないこと（65条），⑤設立登記が無効なこと（49条・911条）等である。

しかしながら，たとえ無効原因が存在する場合であっても，その瑕疵が軽微であるときは設立無効にならない。例えば，判例では，①に関して定款の本文に発起人の氏名および住所の記載を欠くときでも定款に署名をし住所を附記していたならば，これらの記載は発起人の氏名および住所を兼ねると解されているし（大判昭8・5・9民集12・12・1091），また個々の株式の引受けが無効となりまたは取り消されたとしても，その株式を引き受けていた者が会社に加入しないだけであり，このことは直接的には会社設立の無効原因とはならない。

設立無効の判決

⑴　**画一的効力（対世的効力・対世効）**　原告の主張が認められて設立無効の判決が確定すると，訴訟当事者のみならず，すべての者（第三者）に対しても効力を有する。これは無効の効果を画一的に処理するためであり，対世的効力または対世効という（838条）。また設立無効が確定した場合には，裁判所書記官は，職権で，遅滞なく会社の本店所在地を管轄する登記所にその登記を嘱託しなければならない（937条１項１号イ）。これに対して，原告が敗訴した場合には，訴訟当事者間のみにおいてその効力を有する（民訴115条１項１号）。したがって第三者を拘束しないことから，会社設立後２年以内であれば，他の株主等の主張権者が設立無効の訴えを提起することができる。なお，敗訴原告に悪意または重大な過失があるときは，会社に対して損害賠償責任を負う（846条）。これは濫訴を防止するためである。

⑵　**遡及効の否定**　設立無効の判決は会社の設立を無効とする形成判決であるが，会社，株主，第三者の間にすでに生じた権利義務には影響を与えない（839条）。すなわち遡及効が否定されている（判決効果の不遡及の原則）。このことは，法律上は会社の設立は無効であるが，設立登記によって外見上存在する事実上の会社の存在を認めたものであり，会社に関してすでに生じた法律関係を無効とすることにより生ずる不測の事態を避けることになる。したがって，設立無効の判決が確定したときは，すでになされた法律関係については，事実上の会社を有効に設立した会社と同一視することができるとしても，このような事実上の会社の存続を将来に向かっても認めることができない。そこで設立無効の判決が確定した場合には，有効に成立した会社が解散するのと同様に考え，清算手続に入ることになる（475条２号）。この場合には利害関係人の請求により裁判所の選任する清算人によって，清算手続が行われる（478条４項）。

会社の不存在

会社の設立無効は，会社の設立登記はなされたが設立手続に無効原因がありそのために会社の設立が無効となることである。これに対して，設立登記はあるものの，会社の実体がまったくないときには，そもそも会社は不存在であると考えられている（例えば，最決昭40・６・24刑集19・４・469）。会社の不存在は設立手続の瑕疵が著しい場合であり，このような場合には設立無効の場合と異なり，一般原則により，誰でも，いつでも，いかなる方法によっても会社の不存在を主張できる（例えば，大判大12・

◆ *WINDOW 17* ◆　会社設立の取消し

株式会社には認められていないが，持分会社である，合名会社，合資会社，合同会社には，会社設立の無効のみならず（828条），会社設立の取消しも認められている（832条）。これは，持分会社においては，社員の個性が重要視されていることによるから，主観的原因を理由として取り消される。会社設立取消しは，社員が民法その他の法律の規定により設立にかかわる意思表示を取り消すことができるとき，または社員がその債権者を害することを知って持分会社を設立したときである（832条）。前者の場合は当該社員が原告であり持分会社が被告となり，後者の場合は当該債権者が原告であり持分会社および当該持株会社の社員が被告である（832条・834条18・19号）。取消権者（社員または債権者）は会社成立の日から2年内に訴えをもってのみ主張することができ（832条柱書），会社設立の無効の場合と同様に，裁判管轄（835条），裁判手続（836条・837条），取消し判決の効果（838条・839条）についても定められている。株式会社では，その実態は別として，理論的には株主の個性は重要視されないことから（会社財産が重要視される），株主におけるこれらの主観的な瑕疵を理由とした設立の取消しは認められず，本文にあるような設立に関する客観的な瑕疵を理由とする会社設立の無効しか認められていない。なお，これらの会社の特徴については，**第1編第1章*1*・*2***を参照。

7・12民集2・468，大判昭9・9・21刑集13・1199)。会社の設立手続の途中で頓挫してしまい設立登記に至らなかったにもかかわらず（会社の不成立），会社として活動しているような場合も，会社は存在していない。

1・1・6　設立関与者の責任

設立関与者の責任については，以下に述べる民事上の責任のほかに，罰則が設けられている（960条以下)。

会社が成立した場合の責任

(1)　**現物出資財産等の価額不足てん補責任**　現物出資または財産引受けの目的財産の会社成立時における価額が，定款に定めた価額に著しく不足する場合は，発起人および設立時取締役は，連帯して会社に対して不足額を支払わなければならない（52条1項)。検査役の調査を受けたものについては，その財産の現物出資者または譲渡人ではない発起人および設立時取締役は，この現物出資財産等の価額不足てん補責任を負わない（52条2項1号）。従来は，この責任は資本充実責任で無過失責任であると解されていたが，会社法は，発起設立の場合においてはこれを職務を行うにつき注意を怠らなかったことを証明すれば責任がない，すなわち過失責任とした（52条2項2号）。募集設立の場合には，検査役の調査を経た場合をのぞき，103条1項により，無過失責任のままである。これは，現物出資を行うことができる発起人と金銭による出資しかできない株式引受人との間の公平の確保の要請から，このような規制となったといわれている。

⑵　**出資を仮装した場合の責任**　発起人が出資の履行または現物出資の給付を仮装した場合（以下，仮装払込みという），その出資額の払込みまたは給付をしなければならず（52条の2第1項），また株式引受人が仮装払込みをした場合も同様である（102条の2第1項），またこの仮装払込みに関与した発起人および設立時取締役として法務省令で定める者は（会社規7条の2，18条の2），その職務を行うにつき注意を怠らなかったことを証明しない限り，仮装払込みをした発起人または株式引受人と連帯してその支払いを行わなければならない（52条の2第2項・3項，103条2項）。この場合，これらの支払いをしない限り，仮装払込みをした発起人または株式引受人は設立時株主および株主としての権利を行使することができない（52条の2第4項・102条3項。なお，52条の2第5項・103条4項に注意）。

⑶　**損害賠償責任**　発起人も設立時取締役または設立時監査役も，それぞれ会社の設立過程において善管注意義務を負うことになる。そこでこの義務に違反した場合には任務懈怠責任，すなわち損害賠償責任である（53条）。損害賠償責任の内容は，次のとおりである。

(a)　会社に対する責任　　発起人，設立時取締役または設立時監査役の責任として，まず会社に対する責任があげられる。発起人は設立中の会社の機関として，会社を設立する任務を負っており，設立時取締役または設立時監査役は，会社設立手続においてはその調査機関としての任務を負っている。これらの任務を懈怠したときには，連帯して会社に対する損害賠償責任を負う（53条1項・54条）。この責任は，作為・不作為を問わない。

(b)　第三者に対する責任　　次に第三者に対する責任がある。発起人，設立時取締役または設立時監査役がその職務を行うにあたり悪意または重大な過失があり，これによって第三者に損害が生じたときには，第三者に対して連帯して損害賠償責任を負う（53条2項・54条）。この責任は，取締役の第三者に対する責任と同じように考えられ，第三者の保護を強化するもので不法行為責任の他に法が認めた特別の法定責任と解されている（ただし，取締役の第三者に対する責任と同様に，諸見解がある）。判例上は，第三者に過失がある場合には過失相殺が認められ（大判昭15・3・30民集19・639），また第三者の範囲には株主または株式引受人も含むと解されている（大判昭2・2・10民集6・20）。

⑷　**責任免除等**　上述⑴，⑵および⑶(a)の責任については，全株主の同意による責任免除の規定がある一方（55条），株主代表訴訟に関する規定が適用される（847条）。

会社不成立の場合の責任

会社の設立手続に着手したが中途で挫折し設立登記に至らないように，会社が成立しないときは，発起人のみが，連帯してその責任を負う（56条）。会社が成立後にその無効判決が確定した場合は，会社の不成立にはあたらない。56条の規定は，株式引受人および第三者を保護することを目的とする。発起人は会社の設立に関して行った行為について，発起人は連帯して責任を負うが，この行為については，発起人の権限の問題とも絡み，その行うことができる範囲については諸見解がある。さらに発起人は，たとえ定款に定めがあっても（28条4号），会社の設立に関して支出した費用を負担しなければならない（56条）。発起人は株式引受人との関係では，連帯して株式引受人に対して払込金を返済しなければならない。この責任は無過失責任であると解されているが，創立総会で発起人の意思に反して設立廃止決議がなされたときには，この発起人の責任を適用することについては異論を唱える見解もある（例えば株式引受人の側に会社不成立の原因があることから，設立に関して支出した費用を負わないと解する見解がある）。

その他の設立関与者の責任

⑴　**擬似発起人の責任**　発起人とは，定款に発起人として署名または記名押印した者をいい（大判昭7・6・29民集11・1257），また電磁的記録による場合には電子署名をいう（会社規224条・225条）。定款に発起人として署名（上記の記名押印・電子署名を含む）はしていないが，発起人らしい外観を呈する者については発起人ではないことから発起人としての責任はない。しかし，このような者であっても，株式

の募集の広告その他の株式の募集に関する書面または電磁的記録に自己の氏名または名称および会社の設立に賛助する旨の記載をしまたは記録することを承諾した場合は，発起人と同一の責任を負う（103条4項）。発起人とみなされることから，擬似発起人は，現物出資財産等の価額不足てん補責任（52条），仮装払込みの場合の責任（52条の2），任務懈怠に基づく会社および第三者に対する損害賠償責任（53条），会社不成立の場合の責任（56条）を負うことになる。この擬似発起人の責任は，外観法理または禁反言の法理に基づくものである。

⑵　**現物出資財産等に関する証明をした者の責任**　現物出資または財産引受けの財産（現物出資財産等という）について，定款に定められたこれらの価額が相当であることが弁護士，公認会計士はじめ特定の専門家によって証明されている場合には，検査役の調査が不要とされている（33条10項3号。**過当評価の防止と変態設立事項の調査の例外**参照）。上述の現物出資財産等の価額不足てん補責任（52条）に関して，この証明をした弁護士等は，その証明をしたことについて注意を怠らなかったことを証明することができない限り，発起人および設立時取締役と連帯して会社に対して不足額を支払わなければならない（52条3項）。

⑶　**払込取扱機関の責任**　発起設立にせよ，募集設立にせよ，払込みは払込取扱機関に対してなされる。募集設立の場合にはこの払込金については，発起人の請求により保管証明をしなければならない（64条1項）。しかも払込取扱機関による払込金の保管証明書は，株式会社の設立登記に必要である（商登47条2項5号）。払込取扱機関が払込金の保管証明をした場合には，その証明した払込金額について返還制限を付していることを理由として，払込金の返還を払込取扱機関が会社に対して拒むことができない（64条2項）。保管証明をした場合，その払込金を会社成立時まで保管する義務があり，会社成立前に発起人または設立時取締役等に払込金を返還してもこのことをもって会社に対抗することができない（最判昭37・3・2民集16・3・423）。また保管証明をした払込金については，払込取扱機関は会社の成立後の返還請求に応じなければならず，たとえ仮装払込みであっても保管証明をした以上は，保管証明責任により返還しなければならない（東京高判昭48・1・17判時690・21。なおこの判決は，保管証明責任の根拠が会社の資本の充実をはかることにある以上，保管証明責任が発生した後

に資本の充実があるときは，これに応じて保管証明責任が減免されると述べる)。さらに保管証明をした払込取扱機関の64条2項に基づく債務は，商行為によって生じた債務であると解されている（最判昭39・5・26民集18・4・635)。この払込取扱機関の保管証明責任は，禁反言の法理に基づく。

1・2　商号・登記・公告と定款の変更

1・2・1　商号・登記・公告

総　説　ここでは，商号，登記，公告に関して述べるが，これらの事項は，すでに述べた会社の設立において，重要であることは言うまでもない（例えば，設立登記により会社は成立するなど)。

会社の商号　会社の名称である商号は，当該会社の種類に従い，その商号中に，株式会社，合名会社，合資会社，合同会社の文字を用いなければならなず，他の種類の会社であると誤認されるような文字を用いてはならない（6条)。さらに，会社でない者は，その名称または商号中に会社であると誤認されるおそれのある文字を用いてはならない（7条)。また何人も，不正の目的をもって，他の会社であると誤認されるおそれのある名称または商号を使用してはならず，これに違反する名称または商号の使用によって営業上の利益を侵害され，または侵害されるおそれがある会社は，その営業上の利益を侵害する者または侵害するおそれがある者に対し，その侵害の停止または予防を請求することができる（8条。商12条と同旨)。

商号に関しては，不正競争防止法からの規制もある。また商業登記法27条では，他人のすでに登記した商号につき，その他人と本店の所在場所が同一住所の会社は，会社が行う営業のいかんにかかわらず，当該他人と同一の商号を登記することが禁止されている。

自己の商号を使用して事業または営業を行うことを他人に許諾した会社は，その会社が当該事業を行うものと誤認して当該他人と取引をした者に対し，当該他人と連帯して，当該取引によって生じた債務を弁済する責任を負う（9条。商14条同旨)。これは名板貸に関する規定である（旧商法の名板貸に関する判例として，最判昭43・6・13民集22・6・1171〔営業が異なる場合〕，最判昭41・1・

27民集20・1・111〔誤認について〕，最判平7・11・30民集49・9・2972〔類推適用の例〕）。

登　記　登記は，その会社の内容等を公示することであるが，会社と取引をする者等は，この登記のみを拠り所とするのではなく，登記による公示と商法・会社法に定める通知または公告事項の公示により，会社の情報を得て取引等を行うことができ，株主は差止請求を行うことができるなど，会社制度の中でも重要な役割を果たすものである。例えば，株式会社にせよ，持分会社にせよ，登記により会社は成立するので（49条・579条），成立した会社と取引を行うことは，法人としての会社と取引をすることであり会社を代表した者（個人）と取引を行うものではない（取引の法的効果が，会社との間で生ずる）。会社法により登記すべき事項は，当事者の申請または裁判所書記官の嘱託により，商業登記法の定めるところに従い商業登記簿に登記する（907条）。登記を怠ると，これを怠った者（例えば，代表取締役）は，100万円以下の過料に処せられる（976条1号）。登記した事項に変更が生じたり，またはその事項が消滅したときは，当事者は，遅滞なく，変更の登記または消滅の登記をしなければならず（909条），登記すべき事項のうち官庁の許可を要するものの登記の期間については，その許可書の到達した日から起算することになっている（910条）。

会社が本店と支店を有している場合，原則として本店の所在地で所定の登記事項を登記しなければならないが（911～929条），支店の所在地でも登記をしなければならない（930条～932条）。しかし，支店の所在地での登記事項は，①会社の商号，②本店の所在場所，③登記をする支店の所在場所である（930条2項）。これは，商業登記のコンピュータ化により，支店の所在地から本店の所在地における登記情報にアクセスすることが容易であるからと説明されている。

登記の効力（公示力）については，登記前と登記後で異なる。すなわち登記前の効力（登記の消極的効力）とは，登記すべき事項については，それがすでに存在しているとしても，登記前においては，これを善意の第三者に対抗することはできない（908条1項前段）。これに対して登記後の効力（登記の積極的効力）とは，登記すべき事項について登記をすると，これを善意の第三者に対しても対抗することができる（908条1項前段）。ただし，善意の第三者が正当な事由によってその登記があることを知らなかったときは，善意の第三者に対抗することはできない（908条1項後段）。また不実の登記に関して，故意または過失によって不実の事項を登記した者は，その事項が不実であることを善意の第三者に対抗することができない（908条2項）。これらの登記に関する効力は商法総則における登記の効力（商9条）と同じである。これらに関する旧商法の判例として，登記前の効力の例として最判昭和35・4・14民集14・5・833，登記後の効力の例として最判昭和49・3・22民集28・2・368，不実登記の例として最判昭和47・6・15民集26・5・984がある。

公　告　会社法には，公告に関する規定が多くある。実体の見えない会社の内容を，この公告を通して知ることができる。かつては，公告方法は定款の絶対的記載事項であり，官報または新聞への掲載により行われていた。現在は，コンピュータの普及，インターネットの利用により，電磁的方法による電子公告制度も認められている。

会社法は，公告方法として，①官報に掲載する方法，②時事に関する事項を掲載する日刊新聞紙に掲載する方法，③電子公告（2条34号），これらのいずれかを定款で定めることができる（939条1項）。③の電子公告を公告方法として定めるときは，事故その他やむを得ない事由によって電子公告による公告ができない場合には，①または②の方法によることを定めなければならない（939条3項）。さらに，①から③のいずれの方法も定めていない場合には，①の官報に掲載する方法とすることが定められている（939条4項）。

具体的な会社の電子公告は，基本的には，自社のホームページに公告内容を掲載することで足りる（株式会社の場合，911条3項28号・29号，会社規220条参照）。もっとも紙媒体の①および②と異なり，電子公告をして直ちにそれを削除されると，公告の意味をなさないことから，特定の日の一定期間前に公告すること，計算書類の公告期間等，所定の事項に関する公告期間の定めを設けている（940条）。また公告（計算書類に関する公告を除く）を電子公告によりしようとする会社は，公告期間中，当該公告の内容である情報が不特定多数の者が提供を受けることができる状態に置かれているかどうかについて，法務省令（後述の電子公告規則をさす）で定めるところにより，法務大臣の登録を受けた調査機関に対し，調査を行うことを求めなければならない（941条。電子公告規3条)。調査機関に関しては，その登録，電子公告調査，その調査義務などの諸規定が設けられているが（942条～959条・977条)。電子公告規則（平成18年法務省令14号）は，電子公告調査，調査機関などに関する規制を定めている。

なお，平成16年の商法改正により，資本減少，準備金減少，合併，会社分割における債権者保護のための公告制度が緩和された。これらは，会社法でも受け継がれ，官報に公告し，かつ，知れている債権者には，各別にこれを催告しなければならないが，会社が債権者に対する公告を，官報に加え，日刊新聞紙または電子公告によっても行った場合には，原則として知れている債権者に対する各別の催告を要しない（資本金または準備金の減少の場合＝449条3項，合併の場合＝789条3項・799条3項・810条3項，吸収分割をする場合における不法行為によって生じた吸収分割株式会社の債務の債権者に対するものを除く会社分割の場合＝789条3項・799条3項・810条3項)。

1・2・2　定款の変更

総　説　会社は，その会社の根本規範（規則）として定款を作成しているが，行いたい事業が定款に記載されていないのでそれを定款の会社の目的規定に付加したい，逆にまったく行う予定もない事業をその定款の会社の目的規定から削除したいなど，定款の記載事項（絶対的記載事項に限らず，相対的記載事項，任意的記載事項も含む）を変更しなければならない場合がある。そこで会社法は，定款変更について規定を設けている。持分会社（合名会社，合資会社，合同会社）の定款変更は，定款に別段の定めがある場合を除き，総社員の同意を必要とする（637条)。

株式会社の定款変更は，次のとおりである。定款変更には株主総会による承認を必要とし（466条）かつ定款変更の議案の要領を株主総会の招集通知に記載または記録しなければならない（298条1項，会社規63条7号チ・73条)，さらに承認は株主総会において議決権を行使することができる株主の議決権の過半数にあたる株式を有する株主または定款で定める割合以上（ただし3分の1以上の割合を定めなければならない）を有する株主が出席し，その議決権の3分の2以上（これを上回る割合を定款で定めるときはその割合以上）の賛成を得なければならない（309条２項11号。特別決議）。安易に定款変更を認めると株主の利害にも影響があることから，普通決議ではなく特別決議としている。さらに種類株式を発行している会社のときは（種類株式発行会社〔２条13号〕），定款変更がある種類の株主に損害を及ぼすときは，その種類の株主からなる種類株主総会（２条14号）における承認も必要である（322条。なお，ある種類の株式の内容として譲渡制限株式とすることまたは取得条項付とすることの場合には，111条２項参照）。

定款を変更して会社が発行する全部の株式の内容として譲渡制限の規定（107条１項１号）を設けるときは，株式の全部に譲渡制限が課せられることにより株主の投下資本の回収が困難になるので，特別決議ではなく，当該株主総会において議決権を行使することができる株主の半数以上（これを上回る割合を定款で定めた場合にあっては，その割合以上）が出席し，当該株主の議決権の３分の２以上（これを上回る割合を定款で定めるときはその割合以上）の多数をもって行わなければならない（309条３項１号）。なお株式譲渡制限を設けると株主の利害に重大な影響を及ぼすことから，株式譲渡制限のための定款変更に対して，株主総会前に反対の意思を会社に通知しかつ総会において反対をした株主には，その有する株式の買取請求権を認めている（116条１項１号２号・２項）。

非公開会社において，株主平等の原則の例外として認められる，剰余金の配当を受ける権利，残余財産の分配を受ける権利，株主総会における議決権に関する事項（109条２項）に関する定款変更については，総株主の半数以上（これを上回る割合を定款で定めた場合にあっては，その割合以上）であって，総株主の議決権の４分の３以上（これを上回る割合を定款で定めた場合にあっては，その割合）に当たる多数をもって行わなければならない（309条４項）。

また定款を変更して発行する全部の株式の内容として取得条項付株式とする場合（110条），種類株式会社がある種類の株式を取得条項付とする場合（111条１項）には，それぞれ株主または種類株主全員の同意を得なければならない。

株主総会決議が不要な定款変更

株主総会の決議を要せずに，定款変更をすることがある。

①184条２項は，株式分割をするときには，取締役会は株式分割の効力が生ずる日（183条２項２号）における発行可能株式総数をその日の前日の発行可能株式総数に分割割合を乗じて得た範囲内で増加する定款の変更をすることができると定めている。ただし，発行されている株式の種類が２

つ以上の場合には，この例外を用いることはできない。次に②単元株（188条）を採用する会社が，株式の分割と同時に1単元の株式数を増加しまたは単元株制度を導入する場合に一定の条件を満たしているときには，株主総会決議を不要としている（191条）。③単元株（188条）を採用する会社が，1単元の株式数を減少しまたは単元株の定めを廃止する場合には，取締役の決定または取締役会設置会社にあっては取締役会決議によって，定款を変更したりまたは廃止することができる（195条1項）。

なお，一定の事由が生じたときに，法により定款の定めが廃止されることがある。すなわち，非公開会社の種類株式発行会社において，種類株主総会にて取締役または監査役を選任できる旨の定款の定めがあるときに，会社法または定款で定めた員数を欠き，その員数に足りる取締役または監査役を選任することができないときは，その定款の定めは廃止されたものとみなされる（112条）。

1・3　会社の組織変更

意　義　会社がその法人格の同一性を維持しつつ，他の種類の会社に組織を変更することを会社の組織変更という。これは，例えばいったん成立した会社を解散してあらたに会社を設立するなどの煩雑さを伴うことなく，他の種類の会社に変更することができる。会社法は，会社を株式会社と持分会社に分け，持分会社として合名会社・合資会社・合同会社を規定した（575条以下）。そこで株式会社と持分会社間の組織変更をいわゆる組織変更とし，持分会社間の会社の種類の変更は定款変更となった（638条）。以下では，組織変更を述べ，定款変更による持分会社間の種類の変更についても述べる。

株式会社から持分会社へまたは持分会社から株式会社への組織変更は，組織変更計画の作成からはじまる（743条）。

(1)　**株式会社から持分会社への組織変更**　株式会社から持分会社への組織変更計画では，組織変更後の会社が，合名会社・合資会社・合同会社のいずれであるのかをはじめとして，組織変更後の会社に関する基本事項，組織変更後の会社の定款に関する事項，組織変更の効力が生ずる日（効力発生日。これは変更することもできる〔780条〕），その他の所定の事項を，それぞれ定めなければならない（744条）。組織変更計画の内容その他法務省令（会社規180条）で定める事項は，本店において組織変更計画備置開始日（775条2項）から効力発生日までの間，開示される（775条1項）。株主および債権者は，営業時間内にこの閲覧謄写等を行うことができる（775条3項）。効力発生日の前日までに，組織変更計画について総株主の同意を得なければならない（776条1項）。

新株予約権（新株予約権付社債も含む）が発行されているときには，新株予約権者の保護を図っている（744条1項7号・8号・777条・778条）。また，債権者の保護手続として，株式会社は，組織変更に関する必要事項を公告しかつ知れている債権者にはこれを催告しなければならず，これにより会社債権者は一定の期間内（1ヶ月を下ることはできない）に異議を述べることができる（779条1項～3項）。なおこの期間内に債権者が異議を述べないときには，当該債権者は，組織変更について承認したものとみなされる（779条4項）。効力発生日に，この組織変更の効力が生じるので，株式会社から持分会社（合名会社・合資会社・合同会社のいずれかを定めたもの）に変更する。その後2週間以内に，本店所在地において，組織変更前の会社について解散の，組織変更後の会社については設立の登記をそれぞれ行わなければならない（920条）。

⑵　**持分会社から株式会社への組織変更**　持分会社から株式会社への組織変更計画では，組織変更後の会社に関する基本事項，組織変更後の会社の定款に関する事項，組織変更の効力が生ずる日（効力発生日。これは変更することもできる〔780条〕），その他の所定の事項を定めなければならない（746条）。効力発生日の前日までに，組織変更計画について，定款に別段の定めがある場合を除き，総社員の同意を得なければならない（781条1項）。債権者保護手続，組織変更の効力の発生，登記は，上述の⑴　株式会社から持分会社への組織変更と同様である（ただし，債権者保護手続は，読替がある〔781条2項〕）。

組織変更の無効　会社法は，組織変更の効力が生じた日から6ヶ月以内に，訴えにより，その無効を主張することができると規定している（828条1項6号）。主張権者も，組織変更の効力発生日において組織変更する会社の株主等もしくは社員等であった者，または組織変更後の会社の株主等，社員等，破産管財人もしくは組織変更について承認しなかった債権者と定められている（828条２項６号。株主等および社員等については，同項１号参照）。被告は，組織変更後の会社である（834条６号）。

定款変更による持分会社間の種類の変更

持分会社間（合名会社・合資会社・合同会社間）における別の種類の持分会社への変更は，組織変更ではなく定款変更による単なる持分会社の種類の変更である。この変更は，定款に別段の定めがない限り，総社員の同意によって，現在の種類の持分会社から別の種類の持分会社となることの定款を変更することでこれを行う（637条）。

合名会社は，有限責任社員を加入させるまたは社員の一部を有限責任社員とする定款の変更で合資会社となり，社員の全部を有限責任社員とする定款の変更で合同会社となる（638条１項）。

合資会社は，社員の全部を無限責任社員とする定款の変更で合名会社となり，社員の全部を有限責任社員とする定款の変更で合同会社となる（638条２項）。なお，社員の退社により，無限責任社員または有限責任社員のいずれかのみとなった場合には，残った社員により合名会社または合同会社となる定款変更があったとみなされる（639条）。

合同会社は，社員の全部を無限責任社員とする定款の変更で合名会社となり，無限責任社員を加入させるまたは社員の一部を無限責任社員とする定款の変更で合資会社となる（638条３項）。

定款変更により別の種類の持分会社となったときは，定款変更の効力が生じた日から２週間以内に，その本店所在地において，種類の変更前の持分会社について解散の登記をし，種類変更後の持分会社については設立の登記をしなければならない（919条）。

第2章　会社組織の統合・分離

2・1　総　　説

現在の企業は孤立しては存在せず，資金融資，商品や原材料等の取引関係のほか，株式相互保有，企業グループ，役員派遣など，なんらかの形でほかの企業と結びついている。この結びつきがある程度強いつながりになると，組織法的な意味を持つ企業結合の状況が生じる。最近では，純粋持株会社を中核としたあらたな企業集団が生まれるとともに，国内だけでなく国境を越えた企業買収等によって，企業グループの国際的な再編が生じているが，これらの目的を達成するために以下の手段を利用できる。

平成17年前商法では企業結合法的視点からの体系的な規制を行わなかったが，平成17年会社法では，会社組織の統合および分離に関する規制につき，合併，会社分割，株式交換・株式移転等の組織法上の行為を組織再編行為として統一的に整備し（会社法第5編），事業譲渡・譲受け，企業提携契約（事業賃貸借・経営委任・利益共同・カルテル），株式取得による企業買収や資本提携等の取引法上の行為と区別している。その構造的な特徴は，合併，会社分割，株式交換・株式移転等の手続面の共通性に着目し，以下の類型ごとに横断的な包括規定を置いている点にある。すなわち，(i)吸収型再編　①吸収合併消滅会社，吸収分割会社，株式交換完全子会社（782条～792条），②吸収合併存続会社，吸収分割承継会社，株式交換完全親会社（794条～801条），(ii)新設型再編　①新設合併消滅会社，新設分割会社，株式移転完全子会社（803条～812条），②新設合併設立会社，新設分割設立会社，株式移転設立完全親会社（814条・815条）に区分している。なお本章では株式会社を中心に説明する。

【図表　会社の種類と組織再編の組み合わせ】

吸収合併		存続会社		
		株　式	合　同	合名／合資
消滅会社	株式	○	○	○
	合　同	○	○	○
	合名／合資	○	○	○

新設合併		新設会社		
		株　式	合　同	合名／合資
消滅会社	株式・株式	○	○	○
	株式・持分	○	○	○
	持分・持分	○	○	○

吸収分割		承継会社		
		株　式	合　同	合名／合資
分割会社	株　式	○	○	○
	合　同	○	○	○
	合名／合資	×	×	×

新設分割		新設会社		
		株　式	合　同	合名／合資
分割会社	株　式	○	○	○
	合　同	○	○	○
	合名／合資	×	×	×

株式交換		親会社		
		株　式	合　同	合名／合資
子会社	株　式	○	○	×
	合　同	×	×	×
	合名／合資	×	×	×

株式移転		新設親会社		
		株　式	合　同	合名／合資
子会社	株　式	○	×	×
	合　同	×	×	×
	合名／合資	×	×	×

2・2　合　　併

2・2・1　合併の意義

合併の意義と効果

合併とは，２社以上の会社が契約により１社に合同することである。当事会社の一部または全部が清算手続を経ずに解散・消滅して，その権利義務の全部が存続会社または新設会社に包括的に移転するとともに，その株主は対価として存続会社または新設会社の株式を取得して株主になるか，金銭等の財産の交付を受けるという効果が生ずる。個別の権利義務についての移転行為は必要ではなく，また契約によって一部の権利義務の移転を留保することも認められない。従業員との労働契約，身元保証契約あるいは賃貸借契約のような高度の信頼関係に基づく継続的な法律関係も原則として移転する。

合併は複数企業間の結合関係が残らない点で完全な企業統合であり，企業拡大による競争力の強化，競争の回避や経営の合理化など規模の利益を目的とするほかに，新技術の獲得，業績不振会社の救済，証券取引所の上場基準の維持などの目的でも利用される。

合併の種類

合併には吸収合併と新設合併がある。吸収合併は当事会社のうちの１社が存続して，ほかの会社の権利義務のすべてが存続会社に承継されて解散する形態であり（２条27号），新設合併は合併当事会社の全部が解散すると同時に新会社を設立して権利義務のすべてが新設会社に承継される形態である（同条28号）が，新設合併は登録免許税額の高さ，営業の許認可や株式上場の再申請手続が必要等の理由で実務上は利用が少ない。

合併の自由と制限

合併の自由が広い範囲で認められ（748条），株式会社間だけでなく，存続会社または設立会社が持分会社である場合や持分会社間での合併，さらに清算中の会社の合併も可能である（474条１号）。

これに対して，独占禁止法では，合併によって一定の取引分野における競争を実質的に制限することとなる場合および合併が不公正な取引方法によるものである場合は禁止される（独禁15条１項）。国内売上高合計額が一定規模以上の会社の合併は，公正取引委員会にあらかじめ合併計画を届け出て（同条2項），届出受理の日から原則として30日を経過するまでは合併をすることができない（同条2項・3項）。

合併対価の柔軟化　会社法は合併対価の柔軟化という方針の下に，存続会社の株式の交付に代えて，金銭のみを交付して存続会社の株主構成を維持する交付金合併や存続会社以外の株式，社債，新株予約権，新株予約権付社債等を対価とすることを認めた。存続会社の親会社株式を消滅会社株主に交付するいわゆる三角合併によって，外国企業が日本の子会社を利用して日本企業を実質的に合併することも可能となる。また簿価債務超過会社であるか実質債務超過会社であるかを問わず，これらの会社を消滅会社とする吸収合併等が合併対価の柔軟化にともなって認められる（795条2項）。

2・2・2　合併手続

合併手続の特色　株式会社の合併手続は合併契約の作成および契約締結にはじまり，株主総会での承認を経て合併登記で終了する一連の複雑な手続である。合併の条件や相手会社の財産状態は当事会社の株主および会社債権者にとって重要な問題であるので，合併契約や各当事会社の貸借対照表等の書面の備置を義務づけるなど，開示規制を充実させるとともに，個別催告などの債権者保護手続も別に定めている。

通常の合併手続　以下では，存続会社または設立会社および消滅会社が株式会社である場合について説明する。

(1)　**合併契約**　(a) 合併契約の成立　　合併をするにはまず当事会社の代表取締役等が株主総会での合併契約の承認決議を停止条件とする合併契約を締結し（748条），合併の条件，存続会社または新設会社における必要な措置・体制や合併手続の進行時期などの事項を決定するが，株主保護のために合併に関する法定事項を記載した合併契約またはその電磁的記録を作成し，本店に備え置くことが要求されている（782条・794条・803条・815条）。

(b)　合併契約　　合併契約の法定事項は以下のとおりである。

(i)　吸収合併の場合（749条1項）　①存続会社および消滅会社の商号および住所，②存続会社が消滅会社の株主に対して，その株式に代わる金銭等を交付するときは，以下の事項，(ア)存続会社の株式の場合には当該株式の数またはその数の算定方法ならびに存続会社の資本金および準備金の額，(イ)存続会社の社債の場合には当該社債の種類および種類ごとの各社債の金額の合計額と算定方法，(ウ)存続会社の新株予約権である場合には当該新株予約権の内容および数または算定方法，(エ)存続会社の新株予約権付社債である場合には社債および新株予約権に関する上記事項，(オ)存続会社の上記株式等以外の財産である場合にはその財産の内容および数もしくは額またはその算定方法，③消滅会社の株主に対する金銭等の割当てに関する事項，④消滅会社が新株予約権を発行しているときは，存続会社が当該新株予約権者に対して交付する存続会社の新株予約権または金銭に関する以下の事項，(ア)存続会社の新株予約権を交付する場合には当該新株予約権の内容および数または算定方法，(イ)新株予約権付社債に付された新株予約権である場合には，当該社債にかかる債務を存続会社が承継する旨ならびに当該社債の種類および種類ごとの各社債の金額の合計額と算定方法，(ウ)金銭を交付する場合にはその額または算定方法，⑤消滅会社の新株予約権者に対する存続会社の新株予約権または金銭の割当てに関する事項，⑥吸収合併の効力発生日である。

(ii)　新設合併の場合（753条1項）　①新設会社の定款規定はすべて記載する必要があるほか，②機関設計に応じた役員の氏名や名称，③消滅会社の株主に交付する新設会社の株式の数またはその算定方法，割当て事項，新設会社の資本金および準備金の額，消滅会社の株主に社債，新株予約権，新株予約権付社債等を交付する場合の記載事項は吸収合併とほぼ同様である。しかし消滅会社の株主に新設会社の株式をまったく交付しないことは認められない（ただし特定の種類株主に対する例外措置として，同条3項）。なお，新設合併の効力発生日は会社設立の登記日であり，その日に消滅会社の権利義務が新設会社に承継される（754条）。

(2)　**合併決議**　合併契約を承認する株主総会の決議を合併決議といい，原則として効力発生日の前日までに特別決議の方法で承認されなければならない(783条1項・795条1項・309条2項12号)。存続会社または新設会社の定款に株式の譲渡制限の規定があるか，あらたに設ける場合や合併対価として譲渡制限株式等を交付する場合には，制限が強化される側の会社では特殊決議や総株主の同意，種類株主総会の承認等，決議要件が加重されている（783条2項～4項）。

なお，合併に反対の株主等には株式買取請求権（785条・797条・806条）および新株予約権の買取請求権（777条・808条）が認められるほか，合併が法令・定款違反で株主に不利益が生じるおそれがある場合には差止請求権（784条の2・796条の2・805条の2）が認められる。

⑶　**株主および債権者の保護手続**　⒜　合併情報の事前開示　　株主が合併比率の公正さを確認し，また債権者がみずからの債権の弁済の可能性を判断するためには，合併についての情報提供が不可欠である。そこで代表取締役または代表執行役は合併契約その他法務省令で定められた事項（会社規182条・191条）を記載した書面または電磁的記録を備置開始日から合併効力発生日後6ヶ月を経過する日まで会社の本店に備え置き，株主および会社債権者に閲覧・謄写させなければならない（782条・794条）。

⒝　合併情報の事後開示　　株主および債権者に対して，合併手続の適法性を間接的に担保しまた合併無効の訴え提起の判断資料を提供するために，合併後の存続会社または新設会社の代表取締役ないし代表執行役は，消滅会社から承継した権利義務および合併に関する事項として法務省令が定める事項（会社規200条・211条），すなわち合併効力発生日，株式買取請求権ならびに債権者異議手続の経過，消滅会社から承継した重要な権利義務，合併契約その他の重要事項等を記載した書面または電磁的記録を合併効力発生日（新設合併では会社成立日）から6ヶ月間本店に備え置き，株主および会社債権者に閲覧・謄写させなければならない（801条・815条）。

⒞　その他の債権者保護手続　　債権者からの合併異議の機会を提供するために，合併に関する事項および1ヶ月を下らない一定の異議申出期間について，官報での公告および会社にとって債権者と認識すべき者（＝知れたる債権者）への個別の催告通知を行なうことが義務づけられている（789条1項2項・799条1項2項・810条1項2項，会社規199条・208条）が，官報とともに定款で定めた日刊新聞にも掲載するときには個別の催告は不要である（789条3項・799条3項・810条3項）。なお合併に異議を述べた債権者への弁済もしくは担保の提供，または弁済のための相当の財産の信託会社への信託が認められているが，合併が債権者に損害を与えるおそれのないときにはこれらの保護手続をとる必

要はない（789条5項・799条5項・810条5項）。

簡易合併と略式合併　存続会社の規模が消滅会社に比べて著しく大きく，存続会社の株主の利益に重大な影響を及ぼす危険性のない場合には，機動的な組織再編を実現するために，合併，会社分割，株式交換・株式移転等の際に，簡易組織再編行為と略式組織再編行為の規定を設け，原則として総会決議を不要とする。

(1)　**簡易合併**　吸収合併存続会社が対価として消滅会社の株主に交付する財産等の金額の合計が存続会社の純資産額の5分の1を超えない場合には合併承認総会が不要な簡易合併を行うことができる（796条2項，会社規196条）。ただし存続会社に合併差損が生じる場合（795条2項）や法務省令で定める一定数以上の株式を有する株主（通常は議決権を行使できる株式数の6分の1を超える株式を有する株主）が公示日より2週間以内に反対の通知をした場合等では，株主総会決議が必要とされる（796条3項，会社規197条）。

(2)　**略式合併**　吸収合併の際に，総株主の議決権の10分の9以上を直接または間接的に有する特別支配会社（468条1項）の従属会社が存続会社または消滅会社のいずれになる場合であっても株主総会決議を必要としない（784条1項・796条1項）。なお略式組織再編の場合は，法令・定款違反に加え，合併条件が著しく不当な場合にも株主の差止請求権が認められる（784条の2・796条の2）。

2・2・3　合併無効の訴え

合併無効原因　合併手続により会社に著しい損害が生じるような場合には一般原則に従い，株主または監査役はその差止めを請求できる（360条・385条）が，合併の効力が生じた後は合併無効の訴えによる是正措置のみに制限されている（828条1項7号・8号）。

合併無効原因について会社法上の規定はないが，合併契約が無効または取消された場合，合併契約が作成されずまたは法定要件を充足していない場合，合併決議が存在せずまたは決議に無効・取消原因がある場合，情報開示手続に不備がある場合，債権者保護手続に欠ける場合，新設会社の定款が作成されない場合，独占禁止法による合併制限に違反する場合など，重大な手続違反は無効原因となる。なお合併比率の不公正は合併無効原因とはならないとの説が有力である（最判平成5・10・5資料版商事法務116号）。

無効の主張　合併無効の訴えの提起は，各会社の株主等（株主，取締役，監査役，執行役，清算人）または破産管財人，合併を承認しない債権者のみに認められ，合併登記後6ヶ月内にかぎり行うことができる（828条1項・2項）。なお会社は悪意の株主・債権者の訴え提起には相当の担保の提供を請求しうる（836条）。このほか独占禁止法15条2項および5項に違反する場合には，公正取引委員会に提訴権が与えられる（独禁18条1項）。

合併無効判決の効力　無効判決の効力は第三者にも及ぶ（838条）。しかし遡及効は否定される（839条・843条）ので，判決の確定によって会社は将来に向かって分割され，存続会社または新設会社と株主，第三者との間に生じた権利義務には影響しない。すなわち合併前から存在する財産や債務は元の会社に当然に復帰することになるが，存続会社または新設会社が合併後に負担した債務は当事会社の連帯責任となり（843条1項），合併後取得した財産は当事会社の共有となる（同条2項）。

2・3　会社分割

2・3・1　会社分割の意義と種類

個別企業や企業グループの再編成を行うために，ある会社の事業の全部または一部を複数の会社に分離独立させることを会社の分割というが，これは一般的には会社の合併の反対現象として理解されている。すなわち特定事業部門の独立専業化による経営の効率化や合理化，さらに不採算事業部門の切離しによる収益性の向上などを目的として行われる。

会社法は，会社がその事業に関して有する権利義務の全部または一部を，既存の他の会社に承継させる吸収分割（2条29号）と分割により新設される会社に承継させる新設分割（同条30号）について規定する。新設分割が複数の事業部門を持つ会社が各事業部門を独立させ経営の効率化をはかるために利用しやすい制度であるのに対して，吸収分割は持株会社の下にある複数の子会社の重複する事業部門を各子会社に集約することで組織の再編成を実現するのに適した制度である。なお会社分割に際して事業を承継する会社は株式を発行し，その株式を分割する会社にすべて割り当てるが，交付された株式の全部または一部を分割会社の株主に全部取得条項付種類株式の取得対価または剰余金の配当（現物出資）として交付することも可能である（758条8号参照）。

2・3・2　会社分割手続

会社分割によって会社の権利義務が包括移転し，分割会社の株主が設立会社等の株主になるなど，株主に重大な影響が生じる。また会社財産の移転や債務の免責的承継等によって会社債権者にも影響が及びさらに労働契約の承継は従業員の権利にかかわる問題である。そこで分割会社と承継会社との間の吸収分割契約の締結（757条）や新設分割計画の作成（762条）および株主総会での特別決議による承認（783条1項・795条1項・309条2項12号）が必要とされるが，合併等と同様に簡易組織再編ないし略式組織再編に該当する場合には，総会決議は不要となる（784条・796条）。また反対株主の株式買取請求権（785条1項・797条1項・806条1項），異議申出等の債権者保護手続（789条1項2号・799条1項2号）および事前事後の情報開示制度（782条・791条・794条・801条・811条・815条），分割手続等に瑕疵があった場合の無効の訴え（828条）や判決の効力（838条・839条・843条），さらに差止請求権（784条の2・796条の2・805条の2）についても合併等の他の組織再編行為と共通の包括規定として定められている。なお労働者については，会社分割に伴う労働契約の継承等に関する法律（労働契約承継法）による保護がはかられている。

会社法は吸収分割については，分割の登記日（商374条ノ9・374条ノ25参照）ではなく，当事会社間で定めた効力発生日に分割した会社の権利義務が包括して承継されることにしている（759条1項）。これに対して新設分割では会社設立手続を伴うことになるので，新会社の成立の日である（764条1項）。

分割契約・分割計画の作成

(1)　**吸収分割**　既存会社への吸収を前提としており，分割契約では吸収合併契約に相当する以下の法定事項について決めなければならない（758条）。すなわち，①当事会社の商号および住所，②承継する資産，債務，雇用契約その他の権利義務に関する事項，③承継会社に承継させる株式に関する事項，④分割会社に対してその事業に関する権利義務の全部または一部に代わる金銭等の分割対価を交付するときは，算定方法等の対価に関する事項，⑤分割会社の新株予約権者に承継会社の新株予約権を交付するときは，内容および数または算定方法，⑥承継会社の新株予約権の割当てに関する事項，⑦吸収分割の効力発生日，⑧効力発生日に全部取得条項付種類株式の取得，剰余金の配当をするときにはその旨についてである。

⑵　**新設分割**　新設分割計画では以下の事項が法定されている（763条）。すなわち，①新設会社の目的，商号，本店所在地および発行可能株式総数，その他の定款事項，②新設会社の設立時取締役および機関設計に応じた役員の氏名や名称，③分割会社から承継する資産，債務，雇用契約その他の権利義務，④分割会社に対して交付する株式の数，その数の算定方法，ならびに新設会社の資本金および準備金，⑤共同して新設分割するときの株式割当事項，⑥分割会社に対して交付する社債等の数，その算定方法，ならびに新株予約権の内容および数またはその算定方法，⑦共同して新設分割する場合の社債等の割当て，⑧分割会社の新株予約権者に新設会社の新株予約権を与える場合の内容，⑨会社成立日に全部取得条項付種類株式の取得，剰余金の配当をするときにはその旨についてである。

2・4　株式交換・株式移転

2・4・1　純粋持株会社の創設

平成9年の独占禁止法9条の改正によって純粋持株会社の設立が認められたことにあわせて，平成11年改正商法で完全親子会社関係の創設手段として株式交換および株式移転の制度が設けられ，平成17年会社法では組織再編行為の1つとして整備された。

株式交換が既存の会社間での完全親子会社関係を創設する制度（2条31号）であるのに対して，株式移転は既存の会社が単独もしくは共同して完全親会社を新設する制度（同条32号）である。いずれも完全子会社となる既存の会社の株主が保有する株式すべてを完全親会社となる会社に強制的に移転させることで，完全親子会社関係を創設する方法である。株式交換では通常は子会社となる会社の株主に親会社となる会社の株式を割り当てるが，株式以外の現金等を対価として交付することもできる（768条1項2号）。

2・4・2　株式交換

手続の特色　株式交換により，完全親会社となる会社は完全子会社となる会社の発行済株式のすべてを取得する一方で，完全子会社となる会社の株主は通常は完全親会社の株主となる。そこで株主の権利保護の視点から，株式交換契約の締結（767条）のほかに株主総会の特別決議による承認（783条・795条），株式交換に関する事前事後の情報開示（782条・791条・794条・801条），反対株主の株式買取請求権（785条・797条），差止請求権（784条の2・796条の2），簡易組織再編（796条2項），略式組織再編（784条1項・796条1項），また手続等に瑕疵があった場合の無効の訴え提起（828条1項11号・2項11号），対世効・遡及効等の判決の効力（838条・839条・844条）等について，合併等の組織再編と共通の一連の手続を設けている。なお，株式交換では会社債権者に重大な影響が生じることが少ないので，会社債権者からの異議は限定される。

株式交換契約　当事会社の代表取締役等が株式交換契約を締結して株式交換手続を進めることになるが，株式交換契約では吸収合併契約にほぼ相当する以下のような法定事項を決めなければならない（767条・768条）。すなわち，①当事会社の商号および住所，②完全子会社の株主に対して，その株式に代わる金銭等を交付するときは，内容・算定方法や割当て等の対価に関する事項，③完全子会社が新株予約権を発行しているときは，完全親会社が当該新株予約権者に対して交付する同会社の新株予約権または金銭に関する事項および新株予約権の割当てに関する事項，④株式交換の効力発生日である。

2・4・3　株式移転

株式移転は完全親会社をあらたに設立する手段である点で株式交換とは異なる。株式移転の承認決議は株式交換における株式交換契約の承認決議に相当するものといえるが，株式移転の場合には株式移転日までは完全親会社となる会社は成立していないので，完全子会社となる会社での承認決議のみで足りる。

株式移転計画の法定事項は新設合併契約にほぼ準じた内容である（773条）。

そのほか，株主総会の特別決議による承認（804条），株式移転に関する事前事後の情報開示（803条・811条・815条），反対株主の株式買取請求権（806条），株式移転の無効の訴え（828条1項12号）や対世効・遡及効等の判決の効力（838条・839条・844条），差止請求権（805条の2）等について，合併等の組織再編と共通の一連の手続を設けている。なお株式移転では，完全親会社の成立の日に完全子会社からすべての株式を取得する（774条）。

2・5　事業譲渡と企業提携契約

2・5・1　事業の譲渡

事業譲渡の特色

複数の事業を営む会社が企業分割によって経営の合理化・効率化をはかるために，子会社等に一部の事業部門を譲渡し，さらに会社の事業全部を譲渡して事業の転換をはかることがある。また逆に事業譲受けによって企業規模の拡大や新規事業への進出が可能となる。このように事業の譲渡および譲受けは合併や会社分割と同様な経済的効果を有するので，会社法だけでなく，独占禁止法でも規制される（独禁16条1項）。ただし合併や会社分割とは異なって会社の全財産の包括承継ではなく，個別的な財産権の移転（個別承継）が行われる。例えば会社資産の所有権などは，各個の権利ごとに移転行為および対抗要件の充足や個別的な債務引受けの手続が必要となる。なお，事業全部の譲渡の手段を使って行われる事実上の合併の場合といえども株主の移転は生じず，会社も当然には解散しない。そこで譲渡会社では株主総会での解散決議を行なった上で，清算手続の中で株主に事業譲渡の対価として取得した譲受会社の株式を分配する方法が実務上ではとられている。

事業譲渡と株主総会の特別決議

事業全部または重要な一部の譲渡および事業全部の譲受けは組織再編行為と同様に株主への影響も大きいので，株主総会の特別決議が必要とされる（309条2項11号・467条1項1・2・3号）。対象となる事業譲渡とは，一定の事業目的のため組織化され，有機的一体として機能する財産の全部または重要な一部を1個の債権契約で移転する場合（最大判昭40・9・22民集19・6・1600では，会社法21条と同様に，事業譲渡の要件には得意先関係などの経済的価値のある事実関係を含み，譲渡会社は競業避止義務を負うものとするが，否定的な見解が多い）である。なお重要な財産の処分および譲受けは取締役会決議で足りる（362条4項1号）。

また子会社は親会社の実質的な事業の一部であるので，一定の要件に該当する子会社株式の譲渡にも特別決議が必要とされる（467条1項2号の2）。

事業の全部を譲受ける会社および事業の重要な一部を譲渡する会社については，前者では対価として交付する財産の帳簿価額の合計額が当該会社の純資産額の5分の1を超えないとき，後者では当該譲渡によって譲渡する資産の帳簿価額が当該会社の総資産額として法務省令で定める方法により算定される額の5分の1を超えないときには，簡易組織再編行為と同様に，株主総会決議が不要とされる（467条1項2号［簡易事業譲渡］・468条2項［簡易事業譲受け］）。また特別支配会社である親会社と子会社の間での事業譲渡については，略式組織再編行為と同様に，総会決議は必要とされない（468条［略式事業譲渡］）。ただし簡易組織再編行為の場合と同様に，一定割合の株主が反対の意思を表明したときには総会決議が必要となる（468条3項）。また事業譲渡に反対の株主には株式買取請求権が認められる（469条）。

2・5・2　企業提携契約

企業提携契約と株主総会の特別決議

複数会社間での契約による継続的な企業結合関係は，一般的には企業提携とか業務提携とよばれ，企業結合の重要な手段として盛んに利用されている。資本提携，技術提携や販売提携などの企業提携契約の内容は原則として当事会社間で自由に決定され，それが重要な財産の処分および譲受けのほか，重要な業務執行事項に該当する場合には取締役会での承認が必要とされるにすぎない（362条4項）。しかし，会社法は株主保護の立場から経営形態の変更につながる特定の企業提携ないし業務委託については，事業譲渡の場合と同様に株主総会での特別決議を要求している（467条1項4号・309条2項11号）。

事業全部の賃貸借

会社の事業の全部を一括して賃貸する契約であるが，これにより事業財産の占有は賃借会社に移転し，賃借会社がその名義と計算において経営を行い，賃貸会社に賃料を支払うことになる（民601条）。経営困難から事業を賃貸する場合には，賃貸会社が賃借会社の支配下に入り，その後は合併へと進むことが多い。

経営の委任　会社の経営を他の会社に委任する契約であるが，事業全部の賃貸借とは異なり，経営はつねに委託会社の名義で行われる。経営の委任には，①経営に関する総括代理権を受託会社に与え，損益の計算も受託会社に帰属し，委託会社は一定額の報酬を請求できるだけで，実質的には事業の賃貸借に近い内容をもつ狭義の経営委任契約と，②委託会社が広範な指揮権を発揮し，受託会社はいわば委託会社の事業の一部分を分担するにすぎず，損益の計算も委託会社に帰属し，受託会社は一定の報酬を受けるにとどまる経営管理契約に分けることができる。

損益共通契約　複数の会社が法律上の独立性を保ちながら損益の共同計算を行なう契約である。各当事会社は独自の経営と損益計算を放棄し，統一的な指揮のもとで事業活動をし，所定の比率での損益の分配を受けることになる。内部関係は民法上の組合であり，コンツェルンに移行するための準備段階として理解される。

その他の企業契約　前述の諸契約に準ずると理解されるものに販売カルテルがある。しかし，複数の会社がその事業全部をあげて販売カルテル契約ないしは協定に参加し，全製品について生産の割当てを受け，商品のすべてが共同販売会社を通じて販売される場合にかぎられるので，実際に株主総会決議が必要となる契約例はほとんどない。

企業提携と株式取得　企業提携契約には種々の内容が考えられるが，実務上は株式取得や株式の相互保有による資本提携が他の手段と組み合わされて利用されることが多い。なお，株式大量取得による企業買収のほか，第三者割当増資も現経営陣の支配権の維持や変動と深く結びついているだけに株式取得規制のあり方が問題となる。

企業間の結合関係の形成と結びつく株式取得は，既発行株式または新株式の取得によって行われる。前者には，①支配株主などの大株主との相対取引，②証券市場での株式買付，③証券市場外での不特定多数株主からの公開買付けの方法があり，後者には新株の第三者割当増資の方法がある。会社法は既存株主保護の視点から，新株の不公正発行を差止めの対象とし（210条），また第三者割当てでの新株の有利発行には株主総会の特別決議を要求している（199条第2

項3項・309条2項5号)。また投資者保護の視点から金融商品取引法による規制がある。

2・6　買収防衛策

2・6・1　敵対的企業買収の意義

通常，企業買収とは，流通市場での買入れ，公開買付け，相対取引による取得，第三者割当てによる取得等によって株式を取得し，対象会社の支配権を取得することを意味するが，これに対して，敵対的企業買収とは，対象会社の経営者の同意または協力を得ることなく，対象会社の株式を取得して実質的支配権を獲得することをいい，買収防衛策とは，このような敵対的買収の実現を困難にする措置をいう。

もし対象会社の株式価値が，あるべき企業価値を大きく下回り，その原因が企業経営にあるとすれば，経営陣を交替させることは，効率的な経営に向けた措置として社会経済上のメリットがあるものと考えられる。そのため，買収者が対象会社を買収して支配権を取得できれば，買収者は経営陣を交替させ，対象会社の経営を改善し，企業価値を高めることで利益を得ることも可能となろう。したがって，敵対的企業買収は，会社経営者が効率的な経営を行い，株式価値があるべき企業価値を反映していなければ，敵対的企業買収の対象になる可能性が高まることから，会社経営者に対し効率的な経営を行わせる規律的効果があるといわれている。

しかし，買収者が自己の短期的利益を獲得するために敵対的企業買収を実施し，企業の長期的利益やステークホルダーの利益を犠牲にするような場合にまで，あるべき企業価値が実現されるよう想定されているわけではない。その場合には，むしろ企業価値を損なう結果にもなりかねないからである。経営陣を交替させることは，対象企業の長期的な経営戦略を変更させる可能性もある。いわゆるグリーンメーラーが高値の買戻しを目的として買収を実施する場合や，対象会社の個々の資産の売却を目的として買収を実施する場合（解体型買収）なども，対象会社の株主全体の長期的利益の増大を図ったものとはいえないであろう。

実際，立会外取引でニッポン放送の35%の株式を取得したライブドアに対抗し，ニッポン放送が属するグループ企業（フジテレビ）を対象に発行済株式の1.44倍に当たる新株予約権が発行された事案において，裁判所は，株主全体の利益の保護という観点から新株予約権の発行を正当化する特段の事情がある場合には，例外的に経営支配権の維持・確保を主要な目的とする発行も不公正発行に該当しないとし，以下のような濫用目的をもって株式を取得した当該敵対的買収者は株主として保護するに値しないとした（東京高決平17・3・23判時1899・56）。すなわち，①真に会社経営に参加する意思がないにもかかわらず，ただ株価をつり上げて高値で株式を会社関係者に引き取らせる目的で株式の買収を行っている場合（いわゆるグリーンメイラーである場合），②会社経営を一時的に支配して当該会社の事業経営上必要な知的財産権，ノウハウ，企業秘密情報，主要取引先や顧客等を当該買収者やそのグループ会社等に移譲させるなど，いわゆる焦土化経営を行う目的で株式の買収を行っている場合，③会社経営を支配した後に，当該会社の資産を当該買収者やそのグループ会社等の債務の担保や弁済原資として流用する予定で株式の買収を行っている場合，④会社経営を一時的に支配して当該会社の事業に当面関係していない不動産，有価証券など高額資産等を売却等処分させ，その処分利益をもって一時的な高配当をさせるかあるいは一時的高配当による株価の急上昇の機会を狙って株式の高価売り抜けをする目的で株式買収を行っている場合など，当該会社を食い物にしようとしている場合があげられる。

2・6・2　企業買収防衛策

総　説　そのため，前述のような企業の長期的利益を損なう敵対的企業買収に対して，対抗措置を発動できるかどうかが問題となる。買収防衛策は，やはり企業価値の脅威となる敵対的企業買収から対象会社の長期的利益を守るためであって，現経営陣の地位を維持することが目的であってはならない。このような買収防衛策は，その制度設計の時期に応じて２つに分けることができ，第１に，敵対的買収者が具体的に現れた段階で制度を導入する有事導入型防衛策，第２に，買収者が具体的に登場しない段階で事前に制度を導入しておき，有事になった段階で防衛策を発動する平時導入型防衛策がある。

有事導入型防衛策　従来，多用された買収防衛策の方法として，第三者割当増資がある。会社法では，公開会社は原則として授権株式数の範囲内では取締役会の決議で機動的に募集株式等を発行できるので（199条1項・2項・200条1項・201条1項），募集株式の発行等を友好的な第三者（ホワイトナイト）に行うことで，買収者の持株比率を低下させることができるのである。もっとも，第三者割当増資によれば，その主要な目的が資金調達にない場合には，これは著しく不公正によるものとして差止め（210条2号）の対象になる可能性があるし，有利発行に該当すれば，株主総会の特別決議も要求される（201条1項・199条2項・3項・309条2項5号）。この意味では，完全な防衛策として利用できるわけではないし，さらに有事に他人に頼って資金の供与を受ける必要があるので，確実性が高いわけでもなく，有事導入型には限界があるといわざるをえない。

平時導入型防衛策　そのため，平時に買収防衛策を導入できるかどうかが問題となる。平時導入型防衛策には，主として①ライツ・プラン型と②事前警告型があり，①は，敵対的買収者が一定割合の対象会社の株式を取得した場合，時価よりも有利な条件で対象会社の株式を引き受けることができる権利（ライツ）を，あらかじめすべての株主に付与する仕組みのことである。この権利が行使されると，買収者が保有する対象会社の株式が希釈化されることになる。このような防衛策の最初の導入事例とされるニレコの事件では，結論として，新株予約権が行使され新株が発行された場合には，既存株主が予測し難い損害をこうむるものであるから，ニレコによる新株予約権の発行は，ニレコの取締役会に与えられている権限を逸脱してなされた著しく不公正な方法によるものといわざるをえないと判示され，差止めが認められた（東京高決平17・6・15判時1900・156）。これに対して，②は，対抗措置の内容そのものは企業ごとに異なるが，買収者が買収提案の目的や内容等について情報開示を要求する対象会社の独自のルールに従わない場合には，あらかじめ定められた株式分割や新株予約権の発行等の防衛策が発動されることを事前に公表して，警告する方法である。このような防衛策は，事業報告での開示が義務づけられている（会社規118条3号）。

◆ *WINDOW 18* ◆　買収防衛策の導入状況

「東証上場会社コーポレート・ガバナンス白書2015」83頁（http://www.jpx.co.jp/equities/listing/cg/tvdivq0000008jb0-att/white-paper15.pdf）によると，買収防衛策を導入している会社は，東証上場会社のうち14.6％に相当する497社であったとされる。買収防衛策の採用は，本白書による調査開始時点である2006年の132社から2008年に461社へと増加したが，その後はこの水準に留まり，東証と大証の市場統合により母集団が大幅に増えてもなお500社を下回っている状況であるという。

市場区分毎に見ると，市場第１部で導入している会社は21.6％，市場第２部で9.9％，マザーズで4.6％，JASDAQ で5.0％であり，また，会社規模との関係を見ると，おおむね規模の大きい会社において買収防衛策を導入している傾向にあるが，１兆円以上の区分では，減少する傾向も見られるとされる。さらに，外国人株式所有比率で見ると，20％以上30％未満のランクにおいて26.2％と最も導入比率が高く，次に10％以上20％未満のランクにおける23.7％となっている。

第3章　会社の消滅と倒産処理

3・1　会社の消滅

3・1・1　会社の解散

総　説　会社の解散とは，会社の法人格の消滅をきたす法律事実である。会社法上の解散事由として，①定款で定めた存続期間の満了（471条1号・641条1号），②定款で定めた解散事由の発生（471条2号・641条2号），③株主総会の決議（471条3号。ただし特別決議〔会社309条2項11号〕）または総社員の同意（641条3号），④合併（合併により当該会社が消滅する場合に限る。471条4号・641条5号），⑤破産手続開始の決定（471条5号・641条6号），⑥解散を命ずる裁判（471条6号→824条1項，641条7号→824条1項），⑦解散判決（471条6号→833条1項・641条7号→833条2項）である。この他に，⑧持分会社においては社員が欠けた場合（641条4号）も解散事由であり，⑨株式会社については休眠会社を整理する規定により解散する（みなし解散。472条）。

解散を命ずる裁判　これには，上述　3・1・1の⑥解散命令と⑦解散判決がある。

⑴　**解散命令**　解散命令は，824条1項各号所定の事由があるとき，法務大臣，株主，社員，債権者，その他の利害関係人の請求により，裁判所が公益を維持するために会社の存立を認めず解散を命ずることができる（824条1項）。株主，社員，債権者，その他の利害関係人が解散を請求する場合には，裁判所は会社の申立てにより（会社は解散を請求する者の悪意を疎明しなければならない〔824条3項〕），解散を請求する者に対して相当の担保を供すべことを命じることができる（会社824条2項）。

⑵　**解散判決**　解散判決は，社員または株主からの請求によりなされる。持分会社（合名会社・合資会社・合同会社）においては，「やむを得ない事由」があるときは，持分会社の社員は裁判所に解散を請求できる（833条2項。旧商法に

おける合名会社の裁判例として，最判昭61・３・13民集40・２・229百選〔第３版〕82事件）。これに対して，株式会社では「やむを得ない事由」があるときという要件のほかに，「株式会社が業務の執行において著しく困難な状況に至り，当該株式会社に回復することができない損害が生じ，又は生ずるおそれがあるとき」（833条１項１号）または「株式会社の財産の管理又は処分が著しく失当で，当該株式会社の存立を危うくするとき」（833条１項２号）という要件が必要であり，しかも総株主の議決権の10分の１（これを下回る割合を定款で定めた場合にあっては，その割合）以上を有する株主または自己株式を除いた発行済株式の10分の１（これを下回る割合を定款で定めた場合にあっては，その割合）以上の数を有する株主が，訴えをもって解散を請求することができる（833条１項柱書。東京地判平元・７・18判時1349・148）。

解散判決は，各会社における社員または株主間の利害調整（特に少数社員または少数株主の保護）をはかるためのものである。したがって，例えば，会社の持分を対立する２大勢力で占めていて株主総会（社員総会）を開催しても何も決めることができないとき，大株主が会社を支配し少数株主を圧迫しているときなどに，株式の譲渡による投下資本の回収などの他の方策もない場合に，これらを打開する最終手段として会社の解散判決の請求が認められる。したがって株式会社の場合には，少数株主の利益保護をはかる必要がある場合でも，所定の要件との関係からこれが認められない場合もありうる。例えば，大株主が取締役として会社の経営権を握り会社を経営し，これにより少数株主が不利益をこうむったとしても，833条１項所定の要件を満たさない限り，解散請求は認められない。このように持分会社と株式会社との間で要件が異なることについては，これらの会社の特徴からこの違いが生ずると解したり，解散請求制度の本質は異ならないが株式会社の多数株主の帰責事由・行為の影響の程度などより高度なものを条文上要求していると解したりしている。

休眠会社　株式会社については，休眠会社を整理する規定により，解散したものとみなされる場合がある（472条）。会社としての事業活動をすでに行っていないなど，登記簿上には株式会社として存在するものの，なんら会社としての活動をしていない会社を休眠会社という。これらの会社を放置すると，登記簿上の会社と実際の会社とがかけ離れたものとなること，登記簿上に会社が存在するかぎり他人による商号の選択の幅を狭めたり，名目だけの会社を買収して利用するなど，種々の弊害が生ずる。そこで会社法は，取締役等の任期が最長10年まで認められることから（332条2項），当該会社に関する登記があった日から12年経過した会社（休眠会社）について，法務大臣が休眠会社に対して2ヶ月以内に本店所在地を管轄する登記所に事業を廃止していない旨の届出をすべきことを公告し（届出に関する事項については，会社規139条参照），休眠会社がこの2ヶ月以内にこの届出をしないまたは休眠会社に関する登記を行わないときは，解散したものとみなされることになった（472条1項）。登記簿上も，登記官の職権により解散登記がなされる（商登72条）。解散したとみなされた株式会社であっても，解散したとみなされた日から3年以内は，株主総会の特別決議により会社を継続することができる（473条・309条9項11号）。

会社の継続　会社が解散した場合であっても，会社を継続することができる場合がある。その場合とは，***3・1・1*** **会社の解散**で述べた，①定款で定めた存続期間の満了（471条1号・641条1号），②定款で定めた解散の事由の発生（471条2号・641条2号），③株主総会の決議（471条3号）または総社員の同意（641条3号），⑨株式会社については休眠会社を整理する規定により解散する場合（472条）である。①から③については，清算が結了するまでに，株式会社においては株主総会の特別決議により（473条・309条9項11号），持分会社においては社員の全部または一部の同意を得て（642条1項），会社を継続することができる。なお持分会社の場合，会社の継続に同意しなかった社員は，持分会社が継続することとなった日に退社する（642条2項）。⑨については上述の「**休眠会社**」の項で述べたとおりである。

3・1・2　清　　算

概　説　合併または破産手続により会社が解散した場合をのぞき，会社が解散すると，その後始末の手続として清算がある。すなわち，現務の結了，債権の取立て，債務の弁済，残余財産の分配を行うことである。会社は解散しても清算手続中は存続するが（株式会社の場合には清算株式会社，持分会社の場合には清算持分会社という），それは清算の目的の範囲内において存続している（476条・645条）。例えば，株式会社においては，例外はあるものの自己株式の取得（155条）ができないこと（509条2項参照）をはじめ一定の行為を行うことができないし（509条1項），持分会社についても，あらたに社員を加入させることができないことをはじめ同様の規定が設けられている（674条）。清算には，法定の手続に従いこれを行う法定清算と，定款または総社員の同意により任意にこれを行う任意清算があるが，会社の種類によりその利用できる形態が異なる。

(1)　**持分会社の清算**　持分会社には，法定清算と任意清算が認められているが，法定清算はすべての種類の持分会社（合名会社・合資会社・合同会社）が行うことができるのに対して（644条），任意清算は合名会社と合資会社のみがこれを行うことができる（668条1項かっこ書。合同会社には認められていない）。法定清算（644条以下）は，業務執行社員が清算人となるのが原則であるが，定款で定める者，社員の過半数の同意により定める者が清算人となることもでき（647条1項），これらの者が清算人となることができないときは，裁判所が利害関係者その他の所定の者の申立てにより清算人を選任する（647条2項。さらにその他一定の場合の清算人の選任については，647条3項・4項参照）。清算人が，清算持分会社の業務を執行する（650条1項）。

任意清算は，会社財産の処分方法を定款または総社員の同意をもってこれを行うことであるが，①定款で定めた存続期間の満了（641条1号），②定款で定めた解散の事由の発生（641条2号），③総社員の同意（641条3号）により解散した場合に限られている（668条1項）。この場合には，解散の日より2週間以内に所定の財産目録（会社規160条）および貸借対照表（会社規161条）を作成しなければならない（669条）。また解散後の清算持株会社の債権者の保護手続（670条）および合名会社・合資会社の社員の持分を差し押さえている債権者に関する規定も設けられている（671条）。

580条に定める社員の責任は，解散の登記をした後5年以内に請求または請求の予告をしなかった債権者に対しては，登記後5年を経過した時に消滅する（673条）。

(2)　**株式会社の清算**　株式会社には，任意清算が認められず法定清算のみが認められている（471条以下）。これは，株式会社の株主は有限責任（出資をなすのみ）であり，債権者保護をはかる必要があること，さらに株主間の公正を確保することが必要であると考えられるからである。法定清算はさらに通常清算と特別清算に分けられる。

以下では，株式会社の法定清算（通常清算および特別清算）について説明する。

通常清算　合併または破産手続により会社が解散した場合をのぞき，会社が解散した場合には，原則として取締役が清算人となるが，定款で定める者または株主総会の決議により選任された者も清算人となる（478条１項）。これらの者が清算人となることができないときは，裁判所が利害関係者その他の所定の者の申立てにより清算人を選任する（478条２項。さらにその他一定の場合の清算人の選任ついては，478条３項・４項参照）。清算株式会社においては必ず１人または２人以上の清算人を必要とするが（477条２項），定款の定めにより清算人会，監査役または監査役会を設けることができる（477条２項）。なお清算開始の時に，監査役会を置く旨の定款の定めのある清算株式会社は清算人会を置かなければならず（477条３項），また公開会社または大会社であった清算株式会社は監査役を置かなければならない（477条４項）。清算人が清算株式会社の業務を執行する（482条１項）。なお取締役に関して清算開始の時に指名委員会等設置会社であった場合には，監査委員以外の取締役のみが清算人となり（478条６項），当該会社が公開会社または大会社である監査等委員会設置会社の場合には監査等委員である取締役は監査役となる（477条５項）。

清算人は，裁判所の選任した清算人の場合を除き，株主総会の決議によりいつでも解任することができ，また重要な事由があるときは一定の要件を満たす株主（例えば，６ヶ月前より総株主の議決権の100分の３以上を有する株主）の申立てにより裁判所は清算人を解任することができる（479条１項～３項）。

清算人は会社を代表するが（483条１項・２項），定款，定款の定めに基づく清算人の互選，または株主総会の決議により，代表清算人を定めることもできる（483条３項）。もっとも取締役が清算人となる場合，代表取締役を定めていたときは，当該代表取締役が代表清算人となる（483条４項）。なお清算人については，取締役等に関する規定が多く適用されている（491条）。

清算人は就任後遅滞なく会社財産の現況を調査して財産目録および貸借対照

表を作成して株主総会に提出または提供し承認を求めなければならない（492条1項・3項。なお清算人会設置会社の場合には，清算人会の承認を受けなければならない〔同条2項〕)。また清算事務を行う。すなわち，現務の結了，債権の取立ておよび債務の弁済，残余財産の分配を行うことである（481条各号)。

現務の結了とは，会社の解散当時まだ完了していなかった業務を完了することである。債務の弁済は法定手続に従い行わなければならないが（499条～503条)，清算株式会社の債権者に対して，一定期間内（2ヶ月以上）に債権を申し出る旨を官報に公告しかつ知れている債権者には格別に催告する（499条1項)。この公告には，当該期間内に申出をしないときは清算から除斥される旨を付記しなければならない（499条2項)。この期間内は，債権者に対して弁済できないが，一定の場合（少額の債権，清算株式会社の財産につき存する担保権によって担保される債権，他の債権者を害するおそれがない債権）には，裁判所の許可を得て，その弁済をすることができる（500条)。条件付債権，存続期間が不確定な債権その他その額が不確定な債権であっても，裁判所の選任した鑑定人の評価に従いこれを弁済することができる（501条1項・2項)。この期間が経過すると，債権の申出をした債権者および知れている債権者に弁済をする。債権の申出をしなかった債権者は，除斥される（503条)。

これらのことが終了し，残余財産がある場合には分配される。清算人（または清算人会）により，残余財産の種類と株主に対する残余財産の割当てに関する事項が決定される（504条1項)。残余財産の分配は，種類株式を発行しておりそれらについて別に定めをおいている場合を除き（504条2項)，株式の数に応じて行われる（504条3項)。なお，残余財産が金銭以外の場合についても，その分配に関する規定を設けた（505条，会社規149条)。

清算事務が終了すると，清算人は遅滞なく決算報告を作成しなければならない（507条1項，会社規150条。清算人会設置会社の場合には，清算人会の承認が必要〔507条2項〕)。決算報告は，株主総会に提出（または提供）されその承認を受けなければならず，株主総会の承認があると清算人の損害賠償責任が解除されたものとみなされる（507条3項・4項)。これにより清算が結了し，会社は消滅する。また清算結了の登記を行う（929条)。この登記があっても，まだ終了していない清算事務がある場合には，それが実際に終了するまでは会社は消滅しないと解されている。

特別清算　会社事業が破綻して解散する場合，破産法に基づく破産手続を行うことができるが，時間・費用等を要することから，破産手続と通常清算との中間的存在として特別清算手続が設けられている（510条以下）。特別清算は，清算の遂行に著しい支障をきたすような事情があると認められるとき，または会社に債務超過（清算株式会社の財産がその債務を完済するのに足りない状態をいう）の疑いがあるときに認められる（510条）。

清算の遂行に著しい支障をきたすような事情があると認められるときには，債権者，清算人，監査役，または株主の申立てにより（511条），裁判所が特別清算開始の原因となる事由があると認めるときは，特別清算の開始を命ずる（514条柱書。認めない場合については，同条各号参照）。清算株式会社に債務超過の疑いがあるときは，清算人は必ず申立てをしなければならない（511条2項）。通常の清算と異なり，清算人は債権者，清算株式会社および株主に対して公平誠実義務を負い（523条），裁判所は，清算人が清算事務を適切に行っていない場合，その他重要な事由があるときは，債権者もしくは株主の申立てまたは職権により，清算人を解任することができる（524条1項）。また特別清算開始の命令があると，清算株式会社の清算は裁判所の監督に属し（519条1項），清算監督上必要な処分等を，職権により行うこともできる（540条〜543条・545条。なおこれらは，債権者，清算会社はじめ，所定の者の申立てによる場合もある）。また裁判所は，清算株式会社の財産の状況を考慮して必要があるときは，所定の者の申立てによる場合のほか，職権により，一定事項について調査委員（533条参照）による調査を命じることができる（522条）。

清算人の職務は，通常清算の場合の清算人のそれと同様であるが，会社財産の処分その他の一定の行為については，監督委員が選任されているときはその同意を，監督委員が選任されていないときは裁判所の許可を必要としている（535条）。裁判所は監督委員を1人または2人以上選任することができ（527条1項），監督委員は，所定の行為に関する裁判所の許可（535条1項）に代わり清算人に同意を与えるが（527条1項），また善管注意義務を負っている（531条1項）。

特別清算でも，通常の清算と同様に債務の弁済をしたり，債務の一部免除等を行うことができる。しかしこれらは例外的であり，通常は協定に基づいて行われる。清算株式会社は，債権者集会に協定の申出を行うことができる（563条）。協定においては，協定債権者の権利の全部または一部の変更に関する条項を定めるが（564条），この権利の内容の変更は協定債権者の平等を原則とするものの，不利益を受ける協定債権者の同意がある場合または少額の債権について別段の定めをしても衡平を害しない場合その他協定債権者間に差を設けても公平を害しない場合には，協定債権者間に差を設けることができる（565条）。協定は，債権者集会において議決権を行使することができる出席した議決権を有する債権者の過半数の同意であり，しかも議決権者の議決権の総額の３分の２以上の議決権を有する者の同意を得なければならい（567条１項）。また，協定が可決されたときは，裁判所の認可も必要である（568条～570条）。このように協定に従って債権者への弁済がなされるが，協定の実行上必要があるときは，協定の条件を変更することができる（572条）。

裁判所は，特別清算が結了したとき（例えば，協定が実行され協定で定めた債務の弁済が完了したとき），および特別清算の必要がなくなったときは，清算人，監査役，債権者，株主または調査委員の申立てにより，特別清算終結の決定をする（573条）。これにより，会社は消滅する。なお，特別清算開始後，協定の見込みがないとき，協定の実行の見込みがないとき，特別清算によることが債権者の一般の利益に反するときは，裁判所は職権で破産法に従って破産手続開始の決定をすることができる（574条）。

3・2　会社の倒産処理

会社が倒産状態になった場合，その債務をどのように処理するのかについて，現行法上の規制を，その目的から２つに分けることができる。まず清算型といわれ，会社財産を解体して，会社自体を清算してしまうものである。これには，破産と先に述べた特別清算が該当する。これに対して再建型といわれ，何とか会社の更生再建を目指して行われる倒産処理がある。再建型には，会社更生，民事再生がある。ここでは，株式会社を中心に，破産およびこれらの再建型の倒産処理を順に概観する。

◆ WINDOW 19 ◆　特定調停法

会社更生法，民事再生法と同様に，民事調停を利用して倒産手続と同じような機能を果たす場合が見受けられるようになり，民事調停法（昭和26・6・9法律222号）の特例として「特定債務等の調整の促進のための特定調停に関する法律（以下，特定調停法という）」（平成11・12・17法律158号）が平成12（2000）年2月17日より施行されている。特定調停法は支払不能に陥るおそれのある債務者等の経済的再生に資するために設けられた（特定調停1条）。まず特定債務者とは，金銭債務を負っている者であって，支払不能に陥るおそれのあるものもしくは事業の継続に支障を来すことなく弁済期にある債務を弁済することが困難であるものまたは債務超過に陥るおそれのある法人であると規定した（特定調停2条1項）。この特定債務者が申立人となって特定調停が行われるが，申立人はその財産状況を示し，関係権利者（特定債務者に対して財産上の請求権を有する者または財産上に担保権を有する者［特定調停2条4項］）の一覧を提出し（特定調停3条2項・3項），裁判所が特定調停によって解決することが相当であると認める場合には，特定調停の成立を不能もしくは著しく困難にするおそれがあるときまたは特定調停の円滑な進行を妨げるおそれがあるときは，申立てにより，特定調停が終了するまでの間，担保を立てさせるか否かにかかわらず，特定調停の目的となった権利に関する民事執行手続の停止を命ずることができる（特定調停7条）。裁判所は，特定調停を行う調停委員会を組織する民事調停委員として，事案の性質に応じて必要な法律，税務，金融，企業の財務，資産の評価等に関する専門的な知識経験を有する者を指定し（特定調停8条），調停委員会の提示する調停条項案は，特定債務者の経済的再生に資するとの観点から，公正かつ妥当で経済的合理性を有する内容のものでなければならないとされている（特定調停15条）。

3・2・1 破　　産

破産法（平成16・6・2法律75号）第1条は破産法の目的を，「支払い不能又は債務超過にある債務者の財産等の清算に関する手続を定めること等により，債権者その他の利害関係人の利害及び債務者と債権者との間の権利義務関係を適切に調整し，もって債務者の財産等の適正かつ公平な清算を図るとともに，債務者について経済生活の再生の機会の確保を図ること」であると規定している。このことから，会社がこのような状態になったときは，一連の手続に従い，会社の財産を破産管財人が管理および処分し（破78条），破産債権者に対して配当を行い，会社を消滅させるものである。破産は，株式会社の解散事由の１つである（471条５号。なお持分会社の場合は，641条６号）。破産は，破産法の規定に基づき行われる。破産は，会社に支払不能または債務超過（債務者がその債務につき，債務者の財産をもっても完済することができない状態）等の破産手続開始の原因がある場合（破15条・16条。持分会社のうち，合名会社および合資会社のときは，支払不能の場合に限られる〔破16条２項〕），債権者，債務者，株式会社の取締役または持分会社の業務執行社員により破産申立てを行うことができる（破18条・19条）。申立ての後，審査その他の必要な手続を経て，この申立てに基づき破産手続開始の決定がなされる（破30条）。なお，特別清算開始後，裁判所は職権で破産法に従って破産手続開始の決定をすることもできる（574条。上述 ***3・1・2* 特別清算**参照）。会社の取締役，執行役，監査役および清算人は破産に関する説明義務が課せられ，また会社の重要な財産についてもその内容を書面により裁判所に提出しなければならない（破40条・41条）。破産手続開始の決定がなされると，破産管財人が選任され，かつ会社財産の管理処分権は取締役から破産管財人へ移ることになる（破31条１項・74条１項・78条１項）。破産手続開始の決定がなされると，破産法に特別の定めがある場合（例えば別除権〔破65条〕）をのぞき，破産債権者は破産手続以外により権利を行使することができず（破100条），また破産管財人も債権者への配当（破193条以下）の準備を行う。配当は破産財団に属する財産に基づき，各破産債権者に対して行われる（破193条１項）。これにより債権者は債権を少しでも回収することができる。最後配当（破195条）が行われた後，債権者集会の終結または計算報告への異議を述べる期間が経過したときは（破88条４項・89条２項），裁判所は破産手続終結の決定を行う（破220条１項）。

後述する民事再生法と同じように，簡易配当（破204条）および同意配当（破208条）が設けられ最後配当に代わりこれらが利用されることが考えられ，また，裁判管轄も拡大され，会社の場合には手続を進めるのに相応しい裁判所においてこれを行うことができるようになった（破５条～７条）。

3・2・2　会社更生

会社更生は，会社更生法（平成14・12・13法律154号）の規定に基づき行われる。会社更生法は窮境にあるが再建の見込みのある株式会社について，更生計画の策定およびその遂行に関する手続を定めること等により，債権者，株主その他の利害関係人の利害を適切に調整し，株式会社の事業の維持更生をはかることを目的としている（会更1条)。会社更生は，①破産手続開始の原因となる事実が生ずるおそれがある場合，②弁済期にある債務を弁済すると，事業の継続に著しい支障をきたすおそれがある場合，当該会社，当該会社の資本金の額の10分の1以上にあたる債権を有する債権者または総株主の議決権の10分の1以上を有する株主の申立てにより行われる（会更17条)。①と②については，それらの事実を疎明しなければならない（会更20条)。裁判所は更生手続開始の申立てがあった場合，更生手続の目的を達成するために必要があると認められるときは，利害関係者の申立てまたは職権により，更生手続開始の決定があるまでの間，会社の業務および財産に関し保全管理人による管理を命ずることができる（会更30条1項)。また裁判所は更生手続開始の決定をすると同時に管財人を選任し（会更41条・42条)，管財人には会社事業の経営ならびに財産の管理および処分する権利が専属し（会更72条)，さらに管財人は更生計画案を作成し裁判所に提出する（会更184条1項)。更生計画案の作成と提出は，更生会社，届出をした更生債権者，更生担保権者，または株主も行うことができる（会更184条2項)。計画案の提出は，更生手続開始決定の日から1年内となっている（会更184条3項)。更生計画案が関係人集会（会更114条）にて承認された後，裁判所は更生計画の認否を決定する（会更199条1項)。裁判所が認可すると更生計画の効力が生じ（会更201条・203条〜208条)，管財人は速やかに，更生計画の遂行または更生会社の事業の経営ならびに財産の管理および処分の監督を開始しなければならない（会更209条1項・2項)。更生計画が遂行された場合，金銭債権額の3分の2以上の額が弁済された時において，当該更生計画に不履行が生じていない場合（ただし，裁判所か当該更生計画が遂行されないおそれがあると認めたときを除く)，または更生計画が遂行されることが確実であると認める場合は，裁判所は管財人の申立てまたは職権により更生手続終結の決定をなし（会更239条1項)，これにより会社更生手続が終了する（会更234条5号)。なお，更生手続廃止の決定（会更241条）の確定，その他の事由によっても会社更生手続は終了する（会更234条1号〜4号)。

3・2・3　民事再生

1990年代前半から始まった日本経済の低迷により（いわゆるバブル崩壊により），企業の倒産が多くみられるようになった。しかし，当時は，上述した破産法・会社更生法が改正前であったこと，また別の手段もあったが（整理〔旧商381条～403条〕・旧和議法），これらのほかに会社を存続させ事業を再生するような手続が整備されていなかったことから，企業再建型の新しい法制が検討され，これに基づき民事再生法（平成11・12・22法律225号）が制定され，その後，個人の再生手続を加えたり，その他の改正をしながら今日に至っている。

民事再生法第1条は，「経済的に窮境にある債務者について，その債権者の多数の同意を得，かつ，裁判所の認可を受けた再生計画を定めること等により，当該債務者とその債権者との間の民事上の権利関係を適切に調整し，もって当該債務者の事業又は経済生活の再生を図ることを目的とする」と規定している。これを会社にあてはめると，会社の事業を存続して会社を再建することをその目的としているといえよう（株式会社のみならず持分会社も）。再生手続の申立ては債務者が行うが，債権者も行うことができる場合がある（民再21条）。裁判所は，これらの要件を満たす申立てがあったときは，申立ての棄却事由がある場合（民再25条）を除き，再生手続開始の決定をする（民再33条1項）。再生債務者は，原則的に，再生手続開始後も業務を遂行し財産の管理・処分権を有し，また債権者に対しては公平かつ誠実にこれらの権利を行使し再生手続を追行する義務を負う（民再38条）。これにより株式会社の場合には取締役がそのまま経営を担うことになり，当該会社の事業・経営に精通した者が会社の再建をみずからの手で行うことになる。裁判所が再生債務者の事業の再生のために必要であると認めた場合には，裁判所の許可を得て会社の事業の全部または重要な一部を譲渡することができる（民再42条1項）。裁判所が許可をする場合には，知れている再生債権者または債権者委員会があるときは債権者委員会の意見を聴き，しかも労働組合等の意見を聴かなければならない（民再42条2項・3項）。この事業譲渡の場合，株式会社が債務超過のときには，再生債務者の申立てにより株主総会の特別決議（309条2項11号）に代わる許可（代替許可）を得て行うことができる（民再43条）。

債権届出期間満了後，裁判所の定める期間内に，再生債務者等（民再2条2

◆ *WINDOW 20* ◆　私的整理に関するガイドライン

本文で述べた特別清算，破産法等の法律上の手続とは異なり，私的整理と呼ばれる方法もある。私的整理は，法定の倒産処理によらず，会社と債権者との間で話し合いをして会社の清算または再建を行うことである。私的整理はあくまでも会社と債権者との間で任意に行われることから，会社または債権者にとって柔軟に対応できる反面，法定の規制に服するものでないので，画一的な処理が行われないという危険性もある。そこで金融機関との関係で，「私的整理に関するガイドライン研究会」が平成13（2001）年９月19日に「私的整理に関するガイドライン」を公表した。このガイドラインによれば，会社が過剰債務により経営困難な状況にありそのために会社更生法・民事再生法により再建を行わなければならない場合でも，これらによると事業価値が著しく毀損されて再建に支障が生じるようなときには，会社と金融機関等とで私的整理によることを合意することで再建を行うことができる。金融機関等は債務の猶予・減免を行うが，会社も経営責任を明確化し，また株主（特に支配株主）もその責任を果たすことになる。

号）は再生計画案を作成して裁判所に提出し（民再163条），所定の場合を除き，裁判所は再生計画案を債権者集会の決議に付する決定を行う（民再169条）。再生計画案が債権者集会で可決されると（民再172条の３），裁判所は不認可事由がないかぎり，認可の決定を行う（民再174条）。また再生株式会社が自己の株式を取得する場合，資本金の減少を行うには，再生計画に必要な事項を定めなければならず（民再161条），再生計画においてこれらを変更する場合には，裁判所の許可を得て，必要な条項を定めることができる（民再154条３項・166条）。再生計画においてこれらの定めをしたときは，会社法の規定によらず，再生計画によりこれを行うことができる（民再183条）。

企業再建を迅速に行うために，簡易再生（民再211条以下）と同意再生（民再217条以下）の規定が設けられている。簡易再生は，届出再生債権者の総債権について裁判所が評価した額の５分の３以上にあたる債権を有する届出再生債権者が，書面により再生計画案に同意し，かつ債権調査および確定手続を経ないことにも同意している場合は，裁判所は，債権届出期間の経過後一般調査期間の開始前に，再生債務者等の申立てにより簡易再生の決定を行う（民再211

◆ *WINDOW 21* ◆　債務の株式化

株式会社においては，その負っている債務を株式化すること（デット・エクイティー・スワップ）が，最近，見受けられるようになってきた。これは，会社が負っている債務，すなわち債権者から見ればその債権を株式に変えることである。形式的には，株式会社が新株を発行するにあたり，債権者がそれを引き受け，出資の履行として，債権者が当該会社に対して有している債権を現物出資する形を取ることになる。多額の債務を負っている株式会社にとって，今までは債務の支払いのためにわずかしか残っていない資産を売却したり，または他から借金するなどの支援を受けて，債務の一部でもよいから返済する努力をしていたが，債務の株式化によれば，債務額に相当する株式の発行でこれを帳消しにすることができる。一方の債権者にとっては，債権を直接回収する方法ではないものの，債権放棄または債権額の減額要求をのむことによる損失ではなく，会社に対して有している債権を現物出資の形を経るものの株式とすることにより，あらたな払込金を用意することなく債務者である株式会社の株式を取得することにより，債務者である株式会社の株主となることができ，この株式所有を背景に会社経営に直接関与することもできるし，当該株式会社の業績が回復して株式価格が高くなればそれを売却することができる。このように，債務者である株式会社もまた債権者も，双方がこれにより完全ではないものの，前者は会社として何とか倒産に至らず（もっとも債務の株式化後に株主となった債権者に経営権を握られてしまうことがあるが），後者においても形を変えて債権額を回収することができる（これも必ず再建に成功して株式を売却することができるとは言い切れないが）。

会社法では，債務を株式とすることを，募集株式の発行等の規制の中で，金銭以外の財産の出資に関する条文中で，これを認めた。すなわち「現物出資財産が株式会社に対する金銭債権（弁済期が到来しているものに限る。）であって，当該金銭債権について定められた第199条第1項第3号の価額が当該金銭債権に係る負債の帳簿価額を超えない場合　当該金銭債権についての現物出資財産の価額」の場合には，裁判所の検査役を不要としている（207条9項5号）。これにより債務の株式化を利用して会社を再建または維持することが，可能となった。

条）。これにより，再生債権の調査および確定手続を経ずに再生計画案を決議するための債権者集会が裁判所により招集される（民再212条）。簡易再生の決定があった場合において，再生計画認可の決定が確定したときは，すべての再生債権者の権利は，再生計画の権利の変更に関する一般的基準（民再156条）に従い変更される（民再215条）。同意再生は，届出債権者のすべてが，書面により，再生債務者等が提出した再生計画案に同意し，かつ，再生債権の調査および確定手続を省略することにも同意している場合は，裁判所は債権届出期間の経過後一般調査期間の開始前に，再生債務者等の申立てにより同意再生の決定を行う（民再217条）。同意再生の決定が確定すると，再生計画案について再生計画認可の決定が確定したものとみなされる（民再219条）。

また，第三者がその会社の譲渡制限株式を所有することにより会社を再生することができるような手段も設けられた。これは，あらかじめ裁判所の許可を得た上で，再生債務者が再生計画に譲渡制限株式の募集に関する条項を定める（民再154条4項・166条の2）。この場合には，再生計画が債権者集会で可決され，裁判所の再生計画の決定があると（民再169条～174条），株式会社の決議（199条2項・309条2項5号）を要することなくこれを行うことができる。再生に全面的にバックアップする者がいる場合には，これを利用して非公開会社の再生を行いやすくなった。

このように民事再生法による会社の再建は，会社を把握している現経営陣である取締役がそのまま残ること，迅速な再生をはかること，さらに裁判所の関与による債務弁済の確保等の利点がある。中小企業のみならず，証券取引所に上場している会社も，民事再生法による申立てをする例が現れている。

判例索引

大審院

最高裁判所

高等裁判所

東京高決平16・8・4金判1201・4………207
東京高判平17・1・18金判1209・10………116
東京高決平17・3・23判時1899・56….208, 285
東京高決平17・6・15判時1900・156‥208, 286
東京高決平21・12・1金判1338・40………208
東京高決平21・5・12判タ1282・273…….208
名古屋高判平23・8・25判時2162・136……99
福岡高判平24・4・13金判1399・24…………78
東京高判平24・5・31資料版商事法務340・30
……………………………………………42
名古屋高判平25・3・15判時2189・129……78
大阪高決平25・11・8判時2214・105………74

地方裁判所

東京地判昭30・7・8下民6・7・1353……55
仙台地判昭45・3・26判時588・38…………11
神戸地判昭51・6・18下民27・5〜8・378
……………………………………………61
東京地判昭56・3・26判時1015・27…………79
福井地判昭60・3・29判タ559・275…………39
東京地判昭60・10・29金判734・23…………42
東京地判昭63・1・28判時1263・3…………47
東京地判平元・7・18判時1349・148…….289
東京地決平元・7・25判時1317・28………209
東京地決平元・9・5判時1323・48………207
東京地判平2・4・20判時1350・138……72, 85
東京地判平2・4・27判タ748・200…………12
大阪地決平2・6・22判時1364・100…….209
東京地判平2・9・3判時1376・110…….118
大阪地決平2・6・22判時1364・100…….209
長崎地判平3・2・19判時1393・138…122, 123
京都地判平4・2・5判時1436・115…….118
東京地判平7・9・20判時1572・131………74
東京地判平8・6・19判タ942・227………117
東京地判平10・6・29判時1669・143………71
東京地判平10・7・17判時1654・148………38
東京地判平11・4・21判時1680・142………39
浦和地判平11・8・6判時1696・155………66
大阪地判平12・9・20判時1721・3……31, 109
札幌地判平14・9・3判時1801・119………76
東京地判平16・9・28判時1886・111…….111
東京地決平18・2・10判時1923・130………75
大阪地判平20・4・18判時2007・104…….107
宮崎地判平22・9・3判時2094・140………62
東京地判平23・2・18判時2190・118………76
東京地判平26・6・26金判1450・27…………81
山口地裁宇部支平26・12・4金判1458・34
……………………………………………208

事項索引

た

な

は

ま

や

ら

執筆者紹介・執筆分担（＊執筆順）

片木晴彦（かたぎ　はるひこ）

現在，広島大学大学院法務研究科　教授

担当章　第１編第１章，第２章，第３編第１章，第２章２・１～２・７

主要著作等　『会社法１・２〔第５版〕』有斐閣アルマシリーズ（2005年，有斐閣）
『新しい企業会計法の考え方』（2003年，中央経済社）

髙橋公忠（たかはし　きみただ）

現在，九州産業大学商学部　教授

担当章　第２編第１章，第２章，第４編第２章２・１～２・５

主要著作等　「株式市場とコーポレート・ガバナンス」森淳二朗編『東アジアのコーポレート・ガバナンス』（2005年，九州大学出版会）
「公開会社における企業情報開示規制」『社団と証券の法理』（1999年，商事法務研究会）

久保寛展（くぼ　ひろのぶ）

現在，福岡大学法学部　教授

担当章　第２編第３章，第４章，第５章５・１，第４編第２章２・６

主要著作等　『アクチュアル企業法〔第２版〕』（共著）

藤林大地（ふじばやし　だいち）

現在，西南学院大学法学部　准教授

担当章　第２編第５章５・２，第３編第２章２・８

主要著作等　「不実開示に対する発行会社の故意・過失の意義――我が国の法改正とアメリカ・カナダ・イギリス法の動向を中心に――」金融法務事情62巻13号25頁（2014年）

砂田太士（すなだ　たいじ）

現在，福岡大学法学部　教授

担当章　第３編第３章，第４編第１章・第３章

主要著作等　『兼任取締役と忠実義務―アメリカにおける法理の展開と日本法―』（1994年，法律文化社）
『新現代商法入門〔第３版〕』（共著）（2006年，法律文化社）

αブックス

プリメール会社法〔新版〕

2016年10月5日　初版第1刷発行

著　者　髙橋公忠・砂田太士
　　　　片木晴彦・久保寛展
　　　　藤林大地

発行者　田　靡　純　子

発行所　株式会社 法律文化社

〒603-8053
京都市北区上賀茂岩ヶ垣内町71
電話 075(791)7131　FAX 075(721)8400
http://www.hou-bun.com/

＊乱丁など不良本がありましたら，ご連絡ください。
　お取り替えいたします。

印刷：中村印刷㈱／製本：㈱藤沢製本
装幀：アトリエ・デコ

ISBN 978-4-589-03789-3